동북아시아의 상호인식과 혐오

이 저서는 2017년도 정부(교육부)의 재원으로 한국연구재단의 지원을 받아 수행된 연구임.
(NRF-2017S1A6A3A02079082)

ORTHEAST ASIA DIMENSION

동·북·아·다·이·멘·션
연구총서

9

동북아시아의
상호인식과
혐오

원광대학교 한중관계연구원
동북아시아인문사회연구소 편

경인문화사

19세기 후반부터 20세기 초까지 미국과 서유럽, 즉 서구는 유례없는 번영을 맞이했다. 17세기 이후 유럽에서 시작된 계몽주의와 과학혁명 그리고 자본주의와 민주주의의 발달 속에서 세계를 주도하게 된 것이다. 서구의 패권은 단순히 물질적인 힘에 의한 것만이 아니었다. 그것은 지식과 사상의 승리이기도 했다. 합리적인 사고, 천부적 인권사상, 민주주의 공동체를 표방하는 서구의 사상은 이후 세계를 주도하게 되었다. 그렇다면 19세기 이후에 인류는 합리적인 판단을 하고, 인간의 존엄과 권리를 소중히 여기며, 바람직한 공동체를 구성하며 살아갔을까? 꼭 그렇다고는 볼 수 없다. 서구는 합리성과 인권과 민주주의를 표방하면서도, 자신들 이외의 비서구를 야만으로 간주해 학대하고 침략했다. 그러나 다른 한편 비서구를 잠재적인 위협으로 느끼며 두려워했는데, 이를 가장 잘 나타내는 것이 1895년 독일의 황제 빌헬름 2세가 주장한 황화론黃禍論이다. 비서구를 침략하며 식민지로 삼는 서구 열강이 오히려 상대를 미워하고 두려워한 셈이었는데, 이것이 바로 동양에 대한 서구의 혐오이다.

그 후 세계적으로 합리성, 인권, 민주주의가 확산하면서 인류의 상호 이해는 깊어갔지만, 동시에 상대 공동체에 대한 혐오도 여러 가지 형태로 진화하며 21세기인 오늘에 이르고 있다. 제국주의와 식민주의, 오리엔탈리즘이 남긴 역사적 상처를 뒤로 하고 보편적 시민사회, 인류 공동체의 의식이 세계로 확산되어 갔지만, 다른 한편으로는 여전히 세계 지역국가 사이에서, 아시아에 대한 서구인의 인식 및 서구에 대한 아시아인의 인식에서, 동북아 국가 사이에서 오해와 불신, 혐오와 갈등은 꺼지지 않고 남아있는 잔불이 되살아나듯 커지며 세계 공동체, 혹은 동북아 공동체의 평화와 안정의 질서를 흔들고 있다. 오늘날 다양한 형태의 지역 공동체에 대한 혐오의 역사적 연원을 밝히고, 그 완화 방안을 모색하는 것은 학술적으로 대단히 중요한 과제라고 할 수 있다.

이 책은 원광대학교 한중관계연구원 HK+동북아시아인문사회연구소에서 수행하고 있는 "동북아 공동번영을 위한 동북아시아다이멘션(NEAD) 토대 구축"사업의 연구 성과를 담은 아홉 번째 연구총서다. 이번 총서에는 제6차 국제학술회의 〈동북아 혐오의 지정학, 그 역사성과 현재성〉(2021.12.16.)과 "동북아시아 혐오·차별·배제"라는 주제로 수행했던 연구소 심포지움(2022.01.11./01.18.)을 통해 연구 아젠다를 공유하고 참여해주신 교수님들의 글을 모았다. 국제학술대회에서는 국내뿐만 아니라 중국, 몽골, 일본, 네덜란드에서 활동하시는 교수님들이 함께 참여해 발표해 주셨고, 두 차례에 걸쳐 진행된 심포지움은 주로 연구소 교수님들이 발표를 맡아주셨다. 장효강 교수님(중국 장춘사범대학교), 엔. 알탄투그스 교수님(몽골국립대학교), 량영성 교수님(일본 도쿄외국어대학교), 최난경 교수님(네덜란드 암스테르담 자유대학교)을 비롯해 연구소의 여러 교수님들이 학술대회나 심포지움에서 발표한 글을 이후 다시 학술논문 형태로 다듬어주셨기에 이 총서가 완결된 형태로 세상에 나올 수 있었다. 총서가 나올 때까지 노고를 아끼지 않고 함께 해주신 모든 연구자들께 먼저 깊은 감사를 전하고 싶다.

본 총서는 〈동북아시아 상호인식의 근원〉, 〈아시아인 혐오의 역사적 구조〉, 〈동북아 세계의 혐오와 차별〉 총 3부로 구성되어 있다. 본 총서는

동북아시아가 서로를 어떻게 인식하고 있었는지, 서양인의 아시아인 혐오
는 어떤 것이었는지, 동북아 세계의 혐오와 차별은 어떤 모습으로 나타났
는지를 다루고 있다. 이를 통해 19세기부터 오늘날까지 동북아시아를 중
심으로 세계 각지에서 나타났던 혐오의 양태와 역사적 연원을 밝히고, 그
완화 방안을 모색했다.

　제1부 〈동북아시아 상호인식의 근원〉에서는 19세기부터 오늘날까지
동북아시아 각국이 서로를 어떻게 인식하고 있었는지를 다루고 있다.
　조성환의 「문명의 두 얼굴: 후쿠자와 유키치와 다나카 쇼조의 '문명론'
과 '조선론'을 중심으로」는 『문명론의 개략』으로 유명한 근대 일본의 대
표적인 사상가 후쿠자와 유키치福沢諭吉의 문명 개념 및 조선 인식을 일본
최초의 환경운동가로 알려져 있는 다나카 쇼조田中正造의 그것과 비교해서
고찰하고 있다. 그리고 이를 통해 다나카 쇼조가 주창한 도덕과 종교를
중심으로 하는 문명론, 동학농민군에 대한 높은 평가를 조명했다.
　김홍중의 「필냑의 동아시아 소설의 장르와 동서東西 문제」는 근대 러
시아 문학가 필냑이 자신의 작품을 통해 중국과 일본을 어떻게 묘사했는
지를 분석하고 있다. 필냑의 동아시아 산문은 러시아 문학사에서 최초로
동아시아를 주제로 한 문학 작품인데, 이는 러시아의 동양 인식을 엿볼
수 있게 해준다.
　윤현명의 「중일전쟁기 일본 정치 지도층의 대 중국 인식과 전쟁 수행
논리: 대 중국 멸시와 군사적 굴복을 중심으로」는 1937년부터 1941년까
지의 중일전쟁 당시, 일본 정치 지도층이 중국에 대해 어떤 인식을 갖고
있었는지, 그 인식이 전쟁 수행에 어떤 영향을 끼쳤는지를 분석하고 있다.
그중 특히 주목할 만한 것은 전쟁의 장기화 및 중국과의 전쟁이 미국과의
전쟁으로 확대되어가는 수순을 조명한 것이다. 이는 오늘날의 전쟁에도
많은 것을 시사해준다.

엔. 알탄투그스의 「현대 몽골인의 중국 인식과 그 역사적 뿌리」는 현대 몽골인이 중국을 어떻게 인식하고 있는지를 분석하고 있다. 특히 이 연구는 현대 몽골인의 반중 감정에 주목하는데, 필자는 몽골에서의 반중 감정은 인위적인 것이 아닌, 중국의 위협이라는 그 나름의 실질적인 이유에서 비롯된다고 주장하고 있다. 동북아시아의 국제관계라는 맥락에서 대중 관계를 생각할 때, 곱씹어볼 문제이기도 하다.

제2부 〈아시아인 혐오의 역사적 구조〉에서는 19세기부터 오늘날까지 서구가 아시아를 어떻게 인식하고 있었는지를 다루고 있다.

최난경의 「서양인의 아시아인 혐오」는 19세기부터 오늘날까지 북미와 서유럽에서 아시아인에 대한 편견과 혐오가 어떻게 존재해 왔는지를 분석하고, 그것이 가지는 정치적·사회적 함의를 고찰하고 있다. 코로나19의 확산을 계기로 서구에서 아시아인, 특히 중국인을 포함한 동아시아인을 겨냥한 혐오의 감정이 확산되고 있는 상황에서 주목할 만한 연구라고 할 수 있다.

장효강의 「아편전쟁 후의 중국의 개항과 서구 인종주의 사조」는 아편전쟁 이후 서구의 인종주의가 중국에 어떻게 유포되었는지를 분석하고 있다. 그리고 문명에 관한 서구 중심주의를 비판하며 중국 학술계가 그 대안을 제시할 것을 제안하고 있다.

권의석의 「이중적인 차별: 일제의 3·1운동 탄압과 잔학 행위에 대한 영국의 반응」은 일제의 한반도 식민지배에 대한 영국 당국의 반응과 그 배경을 분석하고 있다. 일제의 한반도 병탄을 지지하던 영국 당국은 이후에 일제의 식민 지배가 강압적이라는 것을 인지하고, 일본에 이를 개선하도록 요구했다. 이 연구는 그러한 영국의 요구는 인도주의라는 측면에서 긍정적인 부분도 있었지만, 결국 영국과 영국인의 보호라는 한계를 벗어나기 힘들다고 평가한다.

유지아의 「점령기 일본의 미군성폭력대책과 일본여성 멸시관: 판판걸パンパンガール에서 아메조アメ女로」는 그동안 거의 주목받지 못했던 전후 점령기 일본에서 행해진 미군의 성폭력에 대해 분석하고 있다. 이 연구는 점령기 일본 여성에 대한 미군의 멸시적인 이미지가 이후에도 연속성을 띠며 이어졌다고 서술하고 있으며, 이를 점령 체제의 어두운 그림자라고 평가한다.

제3부 〈동북아 세계의 혐오와 차별〉은 1920년대부터 오늘날까지 동북 아시아에서 나타난 혐오와 차별의 양태를 다루고 있다.

박성호의 「관동대지진 이후 일본 출판콘텐츠에 나타난 혐한 의식:『간 토 대지진과 작가들의 심상풍경』을 중심으로」는 출판콘텐츠인『간토 대 지진과 작가들의 심상풍경』을 중심으로 관동대지진 이후에 나타난 혐한 의 모습을 다루고 있다. 이 연구에서 주목할 만한 것은 통상 바람직한 감 정이라고 여겨지는 '공감'이 혐오를 강화시킬 수 있다는 대목이다.

량영성의 「레이시즘과 1952년 체제」는 1952년에 성립한 일본의 외국 인 관리제도를 "1952년 체제"로 평가하고, 이것이 어떻게 레이시즘이 되 는지를 분석하고 있다. 이 연구는 최근 재일조선인을 겨냥한 일본 사회의 극우 현상을 이해하는데 좋은 참고가 된다.

조정원의 「시진핑 시대 중국의 혐한 현황과 원인, 완화 방안」은 중국 의 혐한 현황 그리고 그 완화 방안을 제시한 연구이다. 이 연구는 중국의 혐한은 대다수가 아닌 일부의 현상이라고 평가하고 있으며, 그럼에도 중 국 내 혐한 정서를 완화하기 위한 여러 가지 노력을 제시하고 있다. 한중 우호 관계의 증진 나아가 동북아에서의 혐오 확산 방지를 위해 좋은 참고 가 되는 연구라고 할 수 있다.

이 책은 서구나 동북아의 여러 지역국가에서 다른 공동체에 대한 혐오 가 어떤 형태로 나타나고, 그 기원은 어디에 있는지를 분석했다. 그리고 이를 완화하기 위한 방안을 찾고자 한국, 중국, 일본은 물론 몽골, 영국, 미국의 사례까지 분석했다. 이 책에서 살펴보았듯이, 혐오는 단순히 지금 현재 누군가를 싫어하는 사적 감정의 문제가 아니라, 과거로부터 내려온 집단적이고 정교한 인식 체계이다. 다수가 소수를 억누를 때, 강자가 약자를 탄압할 때 강력한 힘을 발휘했고, 이것은 결국, 폭력·인권유린 심지어 제노사이드로 나타나기까지 했다. 과거 1923년 관동대지진 당시 일본인에 의한 조선인 학살이 그 대표적인 사례이다. 또 오늘날 코로나19의 확산을 계기로 서구에서 중국인을 포함한 동양인 배척이 강해지고 있는 것도 같은 맥락이다. 즉, 혐오는 과거에도 있었고 합리성·인권·민주주의가 확산된 오늘날에도 존재하는 것이다. 하지만 긴 시계열로 볼 때, 인류의 역사는 인간의 존엄성이 강화되는 방식으로 발전해왔다. 그러므로 혐오를 극복하고 평화와 공존의 토대를 찾는 것은 21세기 현재, 동북아시아뿐만 아니라 글로벌 세계 속에서 인류가 해결해야 하는 절실한 과제를 점검하는 일이자, 인류사를 발전시킬 수 있는 새로운 도전이 될 수 있다. 그런 의미에서 이 책이 단순한 학술적 성과를 넘어, 동북아시아의 평화와 번영 그리고 상호 신뢰의 씨앗을 심고 기르는데 작은 기여를 할 수 있기를 희망해 본다.

2022년 12월
김정현
원광대학교 한중관계연구원 원장
HK+동북아시아인문사회연구소 소장

11

1부   동북아시아 상호인식의
                근원

문명의 두 얼굴*

: 후쿠자와 유키치와 다나카 쇼조의 '문명론'과 '조선론'을 중심으로

조성환

원광대학교 동북아시아인문사회연구소 HK교수

1. 들어가며: '문명개화론'을 다시 묻다

『왜 중국·한국은 근대화되지 못하는가?』[1] 이것은 최근에 일본에서 활발하게 간행되고 있는 한중韓中 비판 서적 또는 혐한서적 중의 하나이다.[2] 세키 헤이石平와 도요다 아리츠네豊田有恒의 대담 형식으로 구성되어 있는데, 책 제목에 '근대화'가 들어 있는 점이 주목할 만하다. 아마도 이 주제야말로 일본의 우월성과 한중의 열등성을 부각시키기에 알맞은 소재라고 생각했을 것이다. 흔히 '동아시아의 근대화'라고 하면 일본이 선두 주자이고 한중이 후발 주자로 알려져 있기 때문이다.

---

* 이 글은 조성환, 「문명의 두 얼굴: 후쿠자와 유키치와 다나카 쇼조의 문명론과 조선론을 중심으로」, 『한국종교』 51, 원광대학교 종교문제연구소, 2022에 수록된 내용을 보완한 것임.

1) 石平·豊田有恒, 『なぜ中国·韓国は近代化できないのか』, 東京: 勉誠出版, 2018.

2) '혐한서적'은 일본어로는 '嫌韓本'이라고 하는데, 일본 야후Yahoo Japan의 쇼핑 사이트에서 '嫌韓本'으로 검색하면 286건의 서적이 나온다. 물론 이 228건이 전부 혐한서적이라고 볼 수는 없지만, 일본에서는 '혐한서적'이라는 장르가 독립적으로 존재한다는 사실은 확인할 수 있다. [https://shopping.yahoo.co.jp/search?p=%E5%AB%8C%E9%9F%93%E6%9C%A C&cid=0&b=1] (검색일 2022. 10. 2.)

아울러 제3장의 제목은 "서양문명을 거절한 중국·한국"이다. 이로부터 근대화는 서구화를 의미하고, 중국과 한국은 일본과 같은 '서구적 근대화'에 뒤졌으며, 그런 열등성이 지금까지 이어지고 있다는 것이 이 책의 주요 논지임을 알 수 있다. 그런데 이런 논리의 기원을 거슬러 올라가 보면 19세기 말의 개화사상가 후쿠자와 유키치福沢諭吉(1835~1901)에까지 도달할 수 있다. 흔히 '문명개화론자' 또는 '일본 근대화의 상징'으로 알려져 있는 후쿠자와는 근대화는 곧 서구화이고, 서구화가 바로 문명화라고 보았다. 아울러 근대화에 뒤진 야만국이자 미개국인 중국(청나라)과 한국(조선)은 일본의 주도로 문명화를 이루어야 한다고 주장하였다. 그런 의미에서 후쿠자와는 오늘날까지 이어지고 있는 근대화를 기준으로 한 동아시아 우열론의 선구에 해당한다고 할 수 있다.

후쿠자와의 문명론은 그가 1875년에 쓴 『문명론의 개략文明論の概略』에 체계적으로 서술되어 있다. 그런데 『문명론의 개략』은 10년 뒤에 쓴 「탈아론脫亞論」(1885)과 같이 고찰할 필요가 있다. 그의 문명론은 탈아론에 나타난 아시아 인식, 특히 조선 인식과 떼려야 뗄 수 없는 관계에 있기 때문이다. 그래서 후쿠자와의 문명론을 제대로 이해하려면 그의 아시아론, 특히 조선론을 같이 검토해야 한다. 후쿠자와의 조선론은 그가 1882년에 창간한 《시사신보時事新報》에 주로 실려 있다.3) 이른바 '조선개혁'과 관련된 논설들이 그것이다. 따라서 후쿠자와의 문명론과 조선론은 《시사신보》 연구와도 병행하지 않으면 안 된다. 특히 1894년에 발발한 동학농민혁명과 청일전쟁에 대한 후쿠자와의 논설에는 그의 문명관과 조선관이 응축되어 있다. 일본을 '문명국'으로, 중국과 조선을 '야만국'으로 규정하고, 청일전쟁을 '문명과 야만의 전쟁'이라고 보았기 때문이다.

---

3) 《시사신보時事新報》의 역사에 대해서는 慶應義塾大学出版会 홈페이지에 28회에 걸쳐 연재된 都倉武之(도쿠라 다케유키)의 〈時事新報史〉를 참고하기 바란다. [https://www.keio-up.co.jp/kup/webonly/ko/jijisinpou/1.html]

이와 같은 후쿠자와의 인식은 당시 일본의 지식인들에게는 결코 생소한 것이 아니었다.4) '무교회주의'의 창시자이자 김교신의 스승으로 저명한 우치무라 간조內村鑑三(1861~1930)조차도 청일전쟁을 '의전義戰'이라고 했을 정도였기 때문이다. 그러나 그는 이후에 전쟁의 실상을 알고 철저한 비전론자非戰論者로 전환하였다.5) 이러한 상황은 일본 최초의 환경운동가로 알려져 있는 다나카 쇼조田中正造(1841~1913)도 마찬가지였다. 그 역시 청일전쟁 당시에는 "동양의 평화를 회복하기 위함"이라는 정부의 명분에 찬성하였고, '문명 대 야만의 전쟁'이라는 인식을 가지고 있었다. 그러나 러일전쟁 발발 직전인 1903년 2월부터는 태도를 바꾸어서 비전론非戰論을 주장하기 시작하였고, 그 이전에 쓴 「조선잡기」(1896)에서는 동학농민군에 대해서 "문명적"이라는 찬사를 보내기도 하였다.6) 쇼조의 비전론은 톨스토이가 1904년 6월에 *The Times of London*에 "Count Tolstoy on the War: Bethink Yourselves"라는 제목의 비전론을 싣기 1년 전의 일이다.7)

한편 쇼조의 문명론은 이후에 "참된 문명은 자연을 황폐화하지 않고 사람을 죽이지 않는다"(1912)라는 명언으로부터 알 수 있듯이, 오늘날 전 지구적으로 화두가 되고 있는 생태문명의 차원으로까지 발전하였다. 이 또한 과학기술과 자본주의적 산업문명을 지향했던 후쿠자와와 좋은 대조를

---

4) 小松裕, 『真の文明は人を殺さず: 田中正造の言葉に学ぶ明日の日本』, 小学館, 2011, 85. 한국어 번역본으로는 고마쓰 히로시, 오니시 히데나오 역, 『참된 문명은 사람을 죽이지 아니하고』, 상추쌈, 2019, 104. 이하 '고마쓰 히로시, 『참된 문명은 사람을 죽이지 아니하고』'로 약칭.

5) 이에 대해서는 박은영, 「우치무라 간조內村鑑三의 비전론非戰論에 관한 연구: 의전론에서 비전론으로의 사상적 전환을 중심으로」, 『일본사상』 24, 한국일본사상 사학회, 2013을 참고하였다.

6) 고마쓰 히로시, 『참된 문명은 사람을 죽이지 아니하고』, 103-108; 小松裕, 『田中正造の近代』, 現代企劃室, 2001, 305~307. 이하 '小松裕, 『田中正造の近代』'로 약칭.

7) Susanna Fessler, "Anesaki Masaharu's Reception of Leo Tolstoy and His Failed Attempt at Finding the Faith", *The Journal of Transcultural Studies*, Issue 1-2, 2018, 72.

보이고 있다. 따라서 다나카 쇼조의 문명론과 동학론은 후쿠자와의 문명론과 아시아론을 상대화시키고, 그것의 한계를 성찰할 수 있는 좋은 거울이 된다.

그런데 종래에 후쿠자와 유키치의 문명론에 대해서 이러한 접근은 별로 시도되지 않았다. 대부분 그 자체로만 이해되어 왔지, 그것을 동시대의 다른 문명론과 비교하여 객관화하는 분석은 별로 없었다. 일본에서는 2001년에 다나카 쇼조 연구자인 고마쓰 히로시小松裕가『田中正造の近代』(2001)에서 다나카 쇼조의 문명론을 다루면서 후쿠자와 유키치의 문명론과 비교 고찰한 적이 있고, 한국에서는 2018년에 원광대학교에서 있었던 '토착적 근대화'를 주제로 한 학술대회에서 야규 마코토柳生眞가 다나카 쇼조의 문명론을 논하면서 후쿠자와의 문명론을 비판한 적이 있는 정도이다.8) 마찬가지로 후쿠자와의 조선론에 관한 선행 연구의 경우에도, 주로《시사신보》에 실린 '조선개혁론'이나 '조선문명화론' 관련 사설들을 분석 대상으로 삼고 있지,『문명론의 개략』에서 전개되고 있는 문명론까지 시야에 넣어서 문명론과 조선론을 같이 조망한 시도는, 앞서 소개한 고마쓰 히로시의 연구 이외에는 좀처럼 찾아보기 어렵다.

이러한 문제의식을 바탕으로 이 글에서는 먼저 후쿠자와 유키치의『문명론의 개략』에 나타난 문명론의 본질과 특징을 개략적으로 살펴보고, 그것을 바탕으로《시사신보》에 나오는 조선론, 특히 청일전쟁에 대한 인식을 고찰한 뒤에, 마지막으로 다나카 쇼조의 문명론 및 동학론과 비교하고자 한다.

---

8) 야규 마코토,「다나카 쇼조의 토착적 근대화 운동」, 2018년 원불교사상연구원 한일공동학술대회《근대 한국종교의 토착적 근대화 운동》자료집, 원광대학교 원불교사상연구원, 2018. 이하 '야규 마코토,「다나카 쇼조의 토착적 근대화 운동」'으로 약칭.

2. 본론

1) 후쿠자와 유키치의 문명론과 조선론

(1) 후쿠자와 유키치의 '공리주의적 문명관'

『문명론의 개략』에 나오는 후쿠자와 유키치의 문명론에 대해서는 이미 많은 연구자들에 의해 연구가 되었기 때문에, 여기에서는 논의의 편의상 그의 문명론이 어떤 특징을 지니고 있는지에 대해서만 살펴보고자 한다. 먼저 후쿠자와의『문명론의 개략』에 나오는 '세계문명 3단계론'을 소개하면 다음과 같다.

> 지금 **세계의 문명**을 논하면, 유럽 국가들과 아메리카합중국을 **최상의 문명국**
> 이라고 하며, 투르크, 지나(=중국), 일본 등 아시아의 여러 나라는 **반개화국**半開化
> 國이라고 말하고, 아프리카 및 오스트레일리아 등은 **야만국**이라고 일컫는다.[9]

여기에서 후쿠자와는 인류 문명의 발달 정도를 '야만-반개半開-문명'의 세 단계로 구분하면서, 유럽과 미국을 '최상의 문명국'이라고 평가하고 있다. 반면에 조선과 같은 아시아는 아직 문명에 이르지 못한 '반개화'의 상태로 분류하고 있다. 그렇다면 이러한 구분은 과연 어디에 근거한 것일까? 후쿠자와에게 있어 문명과 야만을 가르는 기준은 무엇일까?

최근에『문명론의 개략』을 한국어로 번역한 성희엽에 의하면, 후쿠자와의 분류법은 1828년에 프랑스의 자유주의 사상가 프랑수아 기조François Guizot가 쓴『유럽 문명의 역사』[10]에 나오는 '문명발전 3단계론'을 따른 것

---

9) 후쿠자와 유키치, 성희엽 옮김,『문명론 개략』, 소명출판, 2020, 108. 이하 '후쿠자와 유키치,『문명론 개략』'으로 약칭. 강조는 인용자의 것(이하도 마찬가지).

10) 원제는 "Histoire de la civilisation en Europe: Depuis la chute de l'Empire romain jusqu'a la revolution francaise"이고, 2014년에 한글로 번역되었다. 프

이라고 한다.[11] 따라서 후쿠자와의 『문명론의 개략』은 그보다 약 반세기 전에 프랑스 역사가가 쓴 유럽 중심적 문명발달사관을 그대로 받아들인 것임을 알 수 있다.

그런데 『유럽문명의 역사』는 이 책의 서평자 신동규에 의하면, "치밀한 사건의 인과 관계를 조명하는 선행연구도 아니요, 그렇다고 이론적 지침서는 더더욱 아니다".[12] 이 책의 핵심 주장도 유럽의 그리스도교 문명의 우월성, 그중에서도 특히 프랑스의 역할을 강조하는 데 있다고 한다. 예를 들면 다음과 같다.

> 신과의 관계가 바로 유럽 문명이 타 지역의 문명에 비해 우월한 이유이다. 유럽 문명은 '신의 섭리의 계획' 안에서 형성되어 정해진 길을 따라 발전하고 있는 최고의 가치이다.[13]
> 프랑스가 도덕적으로나 사회적으로 구원받기 위해서는 다시 한번 그리스도교화 될 필요가 있다.[14]
> 새로운 사상과 제도가 유럽 전체에 전파된다면, 그 출발지는 프랑스였다.
> 그 어떤 위대한 사상도, 또 그 어떤 중요한 문명의 원리도 프랑스를 거치지 않고서 세상을 정복한 경우는 없다.[15]

랑수아 기조, 임승휘 옮김, 『유럽 문명의 역사: 로마 제국의 몰락부터 프랑스 혁명까지』, 아카넷, 2014.

11) 후쿠자와 유키치, 『문명론 개략』, 108에 나와 있는 번역자 각주 59번 참조.

12) 신동규, 「서평: 프랑수아 기조, 임승휘 옮김, 『유럽 문명의 역사: 로마제국의 몰락부터 프랑스 혁명까지』」, 『서양사론』 124, 한국서양사학회, 2015, 280. 이하, '신동규, 「서평: 프랑수아 기조, 임승휘 옮김, 『유럽 문명의 역사: 로마제국의 몰락부터 프랑스 혁명까지』」'로 약칭.

13) 신동규, 「서평: 프랑수아 기조, 임승휘 옮김, 『유럽 문명의 역사: 로마제국의 몰락부터 프랑스 혁명까지』」, 280.

14) 신동규, 「서평: 프랑수아 기조, 임승휘 옮김, 『유럽 문명의 역사: 로마제국의 몰락부터 프랑스 혁명까지』」, 281.

15) 신동규, 「서평: 프랑수아 기조, 임승휘 옮김, 『유럽 문명의 역사: 로마제국의 몰락부터 프랑스 혁명까지』」, 283.

여기에서 기조는 '신'을 기준으로 삼아서 문명의 우월을 논하고 있다. 즉 유럽문명은 신과 관계를 맺어 왔기 때문에 우월하고, 그중에서도 특히 프랑스의 역할이 두드러졌다는 것이다. 반면에 후쿠자와의 『문명론의 개략』에는 '신'이나 그리스도교의 이야기는 나오지 않는다. 그렇다면 후쿠자와는 무엇을 기준으로 해서 문명의 정도를 나누고 있는 것일까? 그가 말하는 문명이란 구체적으로 어떤 상태를 말하는 것일까?

> 문명론이란 사람의 정신 발달에 관한 논의이다.(『문명론 개략』 71쪽)
> 따라서 문명론은 달리 '인간정신 발달론'이라고도 말할 수 있다.(『문명론 개략』 73쪽)
> 지금의 유럽 문명은 곧 지금 세계의 사람들의 **지혜**人智로 간신히 이룰 수 있었던 최고의 지위라고 말할 수 있을 뿐. 그렇다면 지금 세계의 각 나라에서, 가령 그 모습이 야만이든 아니면 반개이든 적어도 **자기 나라 문명의 진보를 꾀하는 자라면 유럽 문명을 목적으로 삼아 논의의 본위를 정하고.** 이 본위를 바탕으로 사물의 이해득실을 이야기하지 않으면 안 된다. 이 책 전체에 걸쳐 논하고 있는 이해득실은 모두 다 유럽 문명을 목적으로 정하여 이 문명을 위해서 이해가 있고 이 문명을 위해서 득실이 있다고 말하는 것이니, 학자들은 그 큰 취지를 그르치지 말지어다.(『문명론 개략』 117쪽)

여기에서 후쿠자와는 문명론을 "인간의 정신 발달에 관한 논의"라고 정의한 뒤에, 그 정신 발달을 '지혜人智'로 바꿔 말하고 있다. 그런데 여기에서 말하는 '지혜'란 우리가 흔히 생각하는 '동양의 지혜'나 '붓다의 지혜'를 가리키는 것이 아니다. 왜냐하면 "유럽 문명을 문명의 목적으로" 삼는다고 명시하고 있기 때문이다. 따라서 후쿠자와가 말하는 지혜는 어디까지나 '유럽적 지혜'임을 알 수 있다. 그렇다면 그것은 기조가 말한 '그리스도교적 지혜'를 가리켜야 할 것이다. 그런데 이후의 후쿠자와의 서술을 따라가다 보면 꼭 그런 것만도 아님을 알 수 있다. 예를 들면 다음과 같다.

시험 삼아 묻겠다. 덕행의 군자들아. 나날이 먹고 입는 물건이 어디에서 왔
느냐. 하나님上帝의 은택이 아무리 넓고 크다고 한들 옷은 산에서 생기지 않고
음식은 하늘에서 떨어지지 않는다. 하물며 세상의 문명이 차츰 나아지면 그 편
리함은 단지 의복과 음식뿐만이 아니라 증기와 전신의 **이로움**도 있고, 정령과
상업의 **편리함**에서야. 이 모두 **지혜의 선물**이 아닌 것은 없다.(『문명론 개략』
332-333쪽)

이에 의하면 후쿠자와가 말하는 지혜란, 철학이나 종교에서 말하는 소
크라테스나 예수와 같은 성인의 지혜가 아니라, 인간에게 이로움과 편리
함을 만들어 낼 수 있는 '이성 능력'을 가리킴을 알 수 있다. 또한 문명의
의미도 그러한 편리한 이기利器가 발달한 상태, 즉 '물질문명'이 발달한 사
회를 가리킨다. 이로부터 그가 서두에서 문명론을 '인간 정신 발달론'이라
고 정의했을 때의 정신 역시 물질을 발명할 수 있는 인간의 '도구적 이성'
을 말함을 알 수 있다.

일찍이 후쿠자와의 이러한 측면에 주목한 연구자는 고마쓰 히로시였
다. 그는 『다나카 쇼조의 근대』(2001)에서 마루야마 마사오丸山眞男의 『문
명론의 개략』을 읽다』[16]를 인용하면서, 후쿠자와는 덕德과 지智 중에서 지
智를 문명의 추진력으로 보았다고 하였다.[17] 아울러 후쿠자와 유키치를
동시대의 나카에 조민中江兆民(1847~1901)이나 다나카 쇼조와 비교하여,
나카에 조민이 리理의 사상가이고 다나카 쇼조가 덕德의 사상가라면, 후쿠
자와 유키치는 리利의 사상가라고 평가하였다.[18] 이처럼 고마쓰 히로시가
후쿠자와 유키치를 理가 아닌 利의 사상가로 자리매김한 이유는 그가 말
하는 智가 '이익을 만드는 지혜'를 의미하는 것과 무관하지 않다.

마찬가지로 야규 마코토도 최근에 학술대회에서 발표한 글에서, 후쿠

---

16) 이 책은 한국어로 번역되어 있다. 마루야마 마사오, 김석근 옮김, 「『문명론의
　　개략』을 읽는다」, 문학동네, 2007.
17) 小松裕, 『田中正造の近代』, 176.
18) 小松裕, 『田中正造の近代』, 672.

자와에게 있어 인지人智는 "자연을 지배하기 위한 지식"이라고 지적하면서, 그 근거로 『문명론의 개략』의 다음의 구절을 들고 있다.[19]

> 대체로 이것을 말하면, 인지人智로 천연天然의 힘을 범하고 (…) 지용智勇이 나아가는 바는 천지天地에 대적할 것이 없으며, 사람으로 하늘을 부리는 것과 같다. (…) 산·못·강·바다·바람·비·해·달의 부류는 **사람의 노예**라고 할 수 있을 뿐이다. 이미 천연의 힘을 속박해서 내 범위 안에서 농락하고 있기 때문이다.[20]

여기에서 인간은 자연을 마음대로 부리는 주인으로 격상되고 있고, 자연은 인간을 위한 노예로 전락하고 있다. 그리고 그것을 가능하게 하는 것이 인간의 인지人智이다. 이 점에 주목하여 야규 마코토는 후쿠자와가 말하는 인지人智는 "아는 것이 힘이다"라고 한 베이컨의 자연지배 사상을 후쿠자와 식으로 소화한 개념이라고 해석하였다.[21] 즉 후쿠자와의 문명관은 "인간의 이성을 사용해서 자연을 지배해야 한다"고 하는 서구 근대의 계몽주의적 인간관과 자연관의 토대 위에서 성립하고 있다는 것이다. 그리고 그것의 목적은 인간의 이익과 편리를 위해서이다. 그렇다면 우리는 후쿠자와의 문명론을 '공리주의적 문명론'이라고 부를 수 있을 것이다.

그런데 후쿠자와가 공리주의적 문명론을 취하는 이유는 당시의 정치적 상황과 무관하지 않다. 『문명론의 개략』의 마지막 장에서 "나라의 독립은 목적이고, 지금의 우리 문명은 이 목적에 이르기 위한 수단이다"라고 명시하고 있기 때문이다. 여기에서 '독립'이란 서구 열강의 식민지로 전락하지 않는 상태를 말한다. 따라서 후쿠자와의 논리대로라면 "문명은 수단이고 독립이 목적"인 셈이다. 이런 점에서는 후쿠자와의 문명론을 독립을

---

19) 야규 마코토, 「다나카 쇼조의 토착적 근대화 운동」, 199.
20) 후쿠자와 유키치, 『문명론의 개략』 제4권 제7장 「지덕智德이 행해져야 하는 시대와 장소를 논함」. 야규 마코토, 「다나카 쇼조의 토착적 근대화 운동」, 199에서 재인용. 성희엽이 번역한 『문명론 개략』에는 349에 나온다.
21) 야규 마코토, 「다나카 쇼조의 토착적 근대화 운동」, 199-200.

위한 수단적 문명론이라고도 할 수 있다. 식민지 지배를 받지 않기 위한 수단으로서의 물질발명론 내지는 부국강병론이 후쿠자와의 문명론이기 때문이다.

그렇다면 후쿠자와는 전쟁에 대해서는 어떻게 생각했을까? 또는 폭력에 대해서는 어떤 입장을 취하고 있었을까? 흔히 '문명'이나 '개화'라고 하면 비폭력이나 평화의 이미지를 떠올리는 사람도 있기 때문이다. 그런데 후쿠자와가 문명의 이상보다는 국가의 독립을 우선시했다면, 독립을 위해서라면 전쟁이나 폭력도 불사하다는 입장도 가능해질 것이다. 이러한 추측은 이후에 일본이 걸어간 역사를 생각하면 그 가능성이 더욱 높아진다. 실제로 노대환은 위에서 인용한 『문명론의 개략』의 마지막 장章을 인용하면서 다음과 같이 평가하였다.

> 국가의 독립이 문명 실천의 전제 조건이라는 (후쿠자와의) 발상은 국가 독립
> 에 도움이 되는 어떤 것도 용인될 수 있다는 논리에 다름 아니다.
> (후쿠자와는) 문명의 이상을 추구하는 대신 세계의 대세를 추종하는 쪽을 택
> 하였다.[22]

즉 후쿠자와의 문명론은 지향해야 할 하나의 이념으로서의 '이상적 문명론'이라기보다는 받아들여야 할 현실로서의 '현실적 문명론'이라는 것이다. 그렇다면 현실이 긴박하거나 위급할 때에는 얼마든지 문명이라는 이상을 버리고 현실을 택할 수도 있을 것이다. 특히 국가의 독립이 위태로운 다급한 현실 앞에서라면 더더욱 그럴 것이다.

그런데 뜻밖에도 후쿠자와는 『문명론의 개략』에서 전쟁에 대해서는 부정적인 입장을 취하고 있다. 전쟁을 벌이는 것은 문명적이지 못하다는 것이다. 예를 들면 다음과 같다.

---

22) 노대환, 『(한국개념사총서 ⑥) 문명』, 소화, 2010, 70. 이하 '노대환, 『(한국개
    념사총서 ⑥) 문명』'으로 약칭.

전쟁은 세상에서 최악의 재앙인데도 서양 각 나라는 끊임없이 전쟁을 벌이고 있다. 절도와 살인은 인간에게 최악의 악행이지만, 서양 각 나라에도 물건을 훔치는 자가 있고 살인을 저지르는 자가 있다.(『문명론 개략』 115쪽)

문명에는 한계가 없으므로, 지금의 서양 각 나라에 만족해서는 안 된다. 따라서 서양 각 나라의 문명은 만족하기에는 부족하다.(『문명론 개략』 116쪽)

대는 소를 제어하고, 강은 약을 억누르고, 세상을 지배하는 것은 오로지 폭력일 뿐. 예컨대 과거 유럽의 형세가 이러했다. 이를 문명개화라고 말할 수 있겠느냐. 비록 문명의 씨앗이 그 안에 품어져 있다고 해도 정말로 이러한 모습을 이름하여 문명이라고 말할 수는 없다.(『문명론 개략』 167쪽)

이에 의하면 후쿠자와가 비록 유럽을 당시의 최고의 문명이라고는 인정했지만, 그것을 완벽한 문명으로 보지 않았음을 알 수 있다. 그 이유는 유럽에서도 전쟁과 폭력이 끊임없이 일어나고 있기 때문이다. 따라서 유럽문명보다 더 진보된 문명을 지향해야 한다고 역설하고 있다.

이상의 고찰로부터 알 수 있는 사실은 다음과 같다. 후쿠자와의 문명론은 한편으로는 유럽과 같은 물질문명을 지향하지만, 다른 한편으로는 전쟁이나 폭력을 반대하는 평화문명론의 측면도 지니고 있다. 그런데 문제는 양자가 과연 양립할 수 있을까이다. 물질과 평화를 동시에 추구한다는 것이 현실적으로 쉽지 않기 때문이다. 가령 정해진 자원 안에서 더 많은 물질을 소유하기 위해서는 다른 사람의 물질을 가져와야 하는데, 여기에서 갈등이 일어나기 마련이다. 이 문제는 후쿠자와가 『문명론의 개략』에서 다음과 같이 말하고 있다는 점에서도 주목할 만하다.

일국의 인심을 흥기시켜 전체를 감동시킬 수 있는 방편은 외국과의 전쟁만한 것이 없다.[23]

이 문장은 『문명론의 개략』 뒷부분에 나오는 구절인데, 여기에서 후쿠

---

23) 노대환, 『(한국개념사총서 ⑥) 문명』, 70.

자와는 전쟁의 효용성을 인정하고 있다. 이 대목은 앞에서 "전쟁을 하는 서양의 나라들은 문명이라고 할 수 없다"는 주장과 모순되는 것처럼 보인다. 이처럼 『문명론의 개략』에 나오는 후쿠자와의 입장은 한편으로는 전쟁에 반대하면서, 다른 한편으로는 전쟁의 필요성을 인정하는 상호 모순되고 서로 균열되는 양상을 보인다. 따라서 그가 비록 『문명론의 개략』에서 덕德을 추구하고 전쟁을 비판하는 문명론을 말하고 있다 하더라도, 그것은 공리와 독립을 최우선시하는 입장에서는 얼마든지 반대 방향으로 전환될 가능성을 함장하고 있다.

실제로 후쿠자와의 문명론은 이후에 변질되기 시작한다. 1880년대에 이르면 야만에 대한 정의와 전쟁에 대한 입장에 변화가 생기기 때문이다. 「탈아론」을 쓰는 1885년 전후부터는 일관되게 중국과 조선을 '반개화'가 아닌 '야만'으로 분류하기 시작하였고, 야만의 의미도 서구 근대문명이 아닌 모든 문명, 즉 '비非 근대문명'이라는 의미로 변질되었다.[24] 그런 점에서는 기조가 『유럽문명의 역사』에서 제시한 문명의 기준에 더 가까워진 셈이다. 다만 그리스도교라는 기준만 여전히 제외되고 있을 뿐이다.

사실 이러한 변화는 이미 후쿠자와가 『문명론의 개략』을 쓸 당시부터 예견되어 있었다고 해도 과언이 아니다. 당시에 쓴 다른 글에서는 조선을 '반개화'가 아닌 '야만'이라고도 분류하고 있기 때문이다. 가령 『문명론의 개략』이 나온 직후에 쓴 논설 「아시아 여러 나라들과의 화전和戰은 우리의 영욕과 무관하다亜細亜諸国との和戦は我栄辱に関するなきの説」에서는 "야만스런 조선인野蛮なる朝鮮人"이라는 표현을 쓰고 있다.[25] 따라서 이때에 후쿠자와는 조선에 대해 '반개화'와 '야만'이라는 표현을 혼용해서 쓰고 있었던 셈이다. 이것은 그에게 있어 반개화와 야만의 구분은 크게 중요하지 않았음

---

24) 渡邊憲正,「明治期日本の'文明と野蛮'理解」, 関東学院大学経済研究所,『経済系』 257集, 2013, 32-34.

25) 福沢諭吉,『福沢諭吉全集(再版)』20巻, 岩波書店, 1971, 148; 渡邊憲正,「明治期 日本の'文明と野蛮'理解」, 32 참조.

을 말해 준다. 모두 문명이 아니라는 점에서는 큰 차이가 없다고 생각한 것 같다.

후쿠자와는 1880년대부터 변질된 문명과 야만의 기준, 즉 '서구 근대=문명'과 '비서구 근대=야만'이라는 기준을 바탕으로 『시사신보』에서 '조선혁명론'을 전개하기 시작한다.

(2) 후쿠자와 유키치의 조선혁명론

『시사신보』에 나타난 후쿠자와의 조선 인식에 대해서는 일본학자들에 의해 상당한 연구가 진행되었다. 특히 21세기에 들어서 본격적인 연구서가 나왔는데, 다카시로 코이치高城幸一의 『후쿠자와 유키치의 조선정략론 연구: 『시사신보』 조선관련 평론(1882~1900)을 중심으로』(선인출판사, 2013)와 츠키아시 다츠히코月脚達彦의 『福沢諭吉と朝鮮問題: '朝鮮改造論'の展開と蹉跌』(東京大学出版会, 2014)이 그것이다. 다카시로 코이치의 한글 저서는 2004년에 서울대학교 정치학과에 제출한 박사논문을 2013년에 단행본으로 출판한 것이고, 츠키아시 다츠히코의 일어 저서는 이듬해에 『福沢諭吉の朝鮮: 日朝清関係のなかの'脱亜'』(講談社, 2015)라는 제목으로 속편도 출판되었다.

다카시로 코이치의 연구의 장점과 특징은 선행연구의 고찰과 참고문헌 정리가 상세하다는 점이다. 아울러 《시사신보》에 실린 후쿠자와 유키치의 313편의 조선 관련 논설을 정치평론의 관점에서 시기순으로 세밀하게 분석하고 있다. 특히 도입 부분에 나오는, 후쿠자와 유키치의 조선 인식의 바탕에는 "고대 일본의 조선 정벌"이라는 역사 인식이 깔려 있다는 지적이 주목할 만하다. 『일본서기日本書紀』에 나와 있는 기원전 199년에 "진구 황후神功皇后의 조선 정벌"이라는 서술을 후쿠자와가 역사적 사실로 받아들이고 있었고, 이것은 그가 "문화적으로는 조선이 우위에 있었지만 무력적으로는 일본이 우위에 있었고, 조선을 일본의 속국으로 인식하고 있었"

음을 보여 준다는 것이다.26) 나아가서 다카시로는 후쿠자와가 이와 같이 제한적이고 멸시적인 조선관을 '평생' 가지고 있었다고 보았다.27) 이러한 조선관은 1875년의 『문명론의 개략』에서 전개된 "폭력과 전쟁은 문명적이지 못하다"는 후쿠자와의 입장과는 상충되는 것으로, 오히려 그가 1881년부터 주창한 "무력을 써서라도 조선을 문명화시켜야 한다"는 '조선개혁론'과 부합된다.

참고로 '진구황후의 조선정벌론'은 일본에서 역사적 계기가 있을 때마다 소환됐는데, 가령 임진왜란 때에는 군사들의 사기를 올리는 역할을 하였고, 메이지 초기에는 정한론征韓論으로 계승되었다.28) 후쿠자와는 비록 당시의 정한론에는 반대했지만, 무력을 써서라도 조선과 청국을 문명화시켜 일본 중심으로 조선과 중국이 연맹하여 서구 열강의 아시아 침략에 대비해야 한다는 '아시아 맹주론'을 주창하였다는 점에서는 큰 차이는 없다. 다카시로에 의하면 후쿠자와의 '무력적 맹주론'은 1881년부터 등장하기 시작하였다. 따라서 이 해는 후쿠자와의 아시아관이 크게 바뀐 시기이다. 이때부터 청나라와 조선에 대한 소극적 태도에서 무력을 써서라도 문명화시켜야 한다는 강압적 태도로 전환되었기 때문이다.29) 앞에서 후쿠자와의 '문명-야만'의 기준이 1880년대부터 변하기 시작하였다고 했는데, 이 시점은 후쿠자와가 '무력적 맹주론'을 주창하기 시작한 1881년과 일치하고 있다.

한편, 다카시로의 박사학위 논문이 한국에서 나온 지 10년 뒤에 일본에서 츠키아시 다츠히코의 『후쿠자와 유키치와 조선 문제: '조선개조론'

---

26) 다카시로 코이치, 『후쿠자와 유키치의 조선정략론 연구』, 선인, 2013, 46. 이하, '다카시로 코이치, 『후쿠자와 유키치의 조선정략론 연구』'로 약칭.
27) 다카시로 코이치, 『후쿠자와 유키치의 조선정략론 연구』, 49.
28) 이기용, 「일본침략사상의 원형인 '神功皇后說話'」, 『일본사상』 13, 한국일본사상사학회, 2007, 78.
29) 다카시로 코이치, 『후쿠자와 유키치의 조선정략론 연구』, 53-54.

의 전개와 차질』이 간행되었다. 이 연구서는 부제에서도 나타나듯이 후쿠자와의 조선개조론을 중심으로 그의 조선관을 분석하고 있다는 점에 특징이 있다. 여기에서 '조선개조론'이란 "일본은 무력을 사용해서라도 조선을 '문명'화시켜서 '독립'을 유지시키지 않으면 안 된다"는 주장으로[30], 후쿠자와가 즐겨 사용했던 개념으로 말하면 '조선개혁론朝鮮改造論'에 해당한다.[31]

다카시로와 츠키아시의 선행연구에서 공통으로 인정하고 있는 점은 후쿠자와가 무력을 사용해서라도 중국과 조선을, 그중에서도 특히 조선을 문명화하고자 했다는 점이다. 이러한 주장은 앞에서 살펴본『문명론의 개략』의 서술과는 모순되는 것처럼 보인다.『문명론의 개략』단계에서는 약자에 대한 강자의 폭력과 전쟁을 문명적이지 못하다고 말하였기 때문이다. 바로 여기에서 후쿠자와의 문명론의 변화 양상을 엿볼 수 있다. 즉『문명론의 개략』의 문명론과『시사신보』의 문명론은 무력 사용 여부를 둘러싸고 미묘한 차이를 보이고 있는 것이다. 그런 의미에서 후쿠자와의 문명론에는 10년의 간격을 두고 변화가 생겼다고 볼 수 있다. 다만 앞에서도 지적했듯이, 이러한 변화의 가능성은 이미 그의『문명론의 개략』의 단계에서부터 전쟁관이나 조선 인식 등에 잠재되어 있었다고 할 수 있다.

그렇다면 이 시기에 왜 이런 변화가 본격적으로 나타나게 된 것일까? 그것은 애당초 그의 문명론의 출발이 공리적이고 수단적이었기 때문이다. 즉 일본 자국의 이익을 위한 문명론이었기 때문에, 정치적 상황의 변화에

---

30) 月脚達彦,『福沢諭吉と朝鮮問題-'朝鮮改造論'の展開と蹉跌』, 東京大学出版会, 2014, ii. 이하 '月脚達彦,『福沢諭吉と朝鮮問題-'朝鮮改造論'の展開と蹉跌』'로 인용.

31) 후쿠자와는 '조선개조朝鮮の改造'보다는 '조선개혁朝鮮の改革'이라는 표현을 즐겨 썼다. 가령「朝鮮改革の手段」(1894. 7. 15.),「朝鮮の改革難」(1894. 9. 12.),「朝鮮の改革難」(1894. 11. 11.)과 같은 사설의 제목들이 그것이다(구체적인 출전은 月脚達彦,『福沢諭吉と朝鮮問題-'朝鮮改造論'の展開と蹉跌』의 267-282에 수록되어 있는「付祿(2) 關聯年表」참조). 이 사설들이 쓰여진 시점이 동학농민혁명-청일전쟁의 한창이던 시기였다는 점은 주목할 만하다.

따라 문명론의 내용도 달라질 수 있는 것이다. 다케우치 요시미竹內好에 의하면, 1880년대는 "일본과 청나라가 조선의 지배권을 둘러싸고 쟁탈전을 벌이고 있었던" 시기였다.[32] 특히 일본 세력 배척운동으로 확산된 1882년의 임오군란은 청일 양국의 긴장 관계를 더욱 고조시켰다.[33] 반노 준지坂野潤治는 이 시기의 중요성을 다음과 같이 설명하고 있다.

> 1882년 7월의 조선에서의 반일폭동을 계기로 청일관계의 긴박화에서 시작하여 1884년 12월의 조선에서의 친일파 쿠데타의 실패와 그 뒤에 이어진 청일관계의 긴박화에 이르는 약 2년 반의 기간은 근대 일본의 대외론 혹은 대외 사조思潮를 검토하기 위해서는 피해갈 수 없는 중요한 기간이다.[34]

따라서 후쿠자와 유키치 역시 이러한 대외관계의 변화에 따라 그의 문명론에도 변화가 생겼음을 알 수 있다. 그런데 흥미롭게도 후쿠자와의 제자로 알려진 조선의 유길준兪吉濬(1856~1914)도 문명론에 있어서는 단계적 변화를 보이고 있다. 그러나 그 방향은 후쿠자와와는 정반대였다. 노대환에 의하면, 유길준은 처음에는 후쿠자와의 문명 개념을 수용하지만, 이후에는 독자적인 문명론을 구상하게 되는데, 그것은 바로 '도덕문명론'이다.

유길준은 1883년에 쓴 「세계대세론」과 「경쟁론」에서, 후쿠자와의 분류 방식을 차용하면서 문명을 '야만-미개-반개-문명'의 4단계로 나누고(「세계대세론」), 사회진화론적 우승열패의 세계관을 인정하면서 "경쟁을 통해서만 부강하며 문명한 경역境域에 들어갈 수 있다"(「경쟁론」)고 하였다.[35] 그러나 1889년에 쓴 『서유견문』에서는 인류는 "도덕적 경려競勵에 의해

---

32) 竹内好, 「日本のアジア主義」, 『日本とアジア』, 筑摩書房, 1993(초판은 1963), 308; 版野潤治, 『近代日本とアジア - 明治·思想の実像』, 筑摩書房, 2013(초판은 1977), 32에서 재인용. 이하 "版野潤治, 『近代日本とアジア - 明治·思想の実像』"으로 인용.

33) 임종원, 『후쿠자와 유키치-새로운 문명의 논리』, 한길사, 2011, 238.

34) 版野潤治, 『近代日本とアジア - 明治·思想の実像』, 29.

35) 노대환, 『(한국개념사총서 ⑥) 문명』, 101.

진보되어 왔다"고 하면서 '도덕적 문명관'으로 전환하게 된다.[36] 유학儒學과 도덕에 대해 비판적이었던 후쿠자와는 달리, 유학자 집안 출신이었던 유길준으로서는 유학儒學과 도덕을 포기하기가 쉽지 않았기 때문이다.[37]

흥미롭게도 유길준과 동시대의 일본의 민중사상가이자 환경운동가였던 다나카 쇼조도 '도덕문명론'을 주창하였다. 그런 점에서 쇼조는 국적은 후쿠자와와 같지만 문명론에 있어서는 유길준과 상통한다고 할 수 있다. 그러나 다나카 쇼조의 문명론에는 생태적 측면도 포함되어 있다는 점에서 유길준과도 다르다. 그런 점에서 그의 문명론은 '도덕적 생태문명론'이라고 할 수 있다.

2) 다나카 쇼조의 도덕적 생태문명론

(1) 다나카 쇼조의 동학東學 평가

후쿠자와가 물질문명론을 주창했다면 동시대의 다나카 쇼조는 생태문명론을 제창하였다. 다나카 쇼조도 『문명론의 개략』이 나올 무렵까지는 서구 근대사상과 근대문명을 수용하지만, 나중에는 그것에 의문과 회의를 품으면서 전통사상에 이끌리고 종교에 눈을 뜨게 된다. 그 계기가 된 것은 '아시오足尾 광산 광독鑛毒'이라는 공해公害 문제였다.[38]

다나카 쇼조 연구자인 고마쓰 히로시小松裕에 의하면, 아시오 구리 광산은 원래 1610년에 발견되었는데, 1881년과 1884년에 질 좋은 광맥이 발견되면서 생산량이 급증하였다. 이에 광산 주인인 후루카와 이치베古河市兵衛는 영국 자본과 거액의 계약을 맺고 대대적인 구리 증산에 힘썼는데, 그 결과 '동양 최고'라고 자부할 정도로 광산의 규모가 커졌다. 그런데 구리

---

36) 노대환, 『(한국개념사총서 ⑥) 문명』, 115.

37) 노대환, 『(한국개념사총서 ⑥) 문명』, 117.

38) 小松裕, 『田中正造の近代』, 1-2.

산출량이 늘어나면서 자연계에 커다란 변화가 생겼다. 1884년에는 나무들이 말라 죽고 있다는 기사가 나왔고, 후쿠자와가 「탈아론」을 발표한 1885년에는 와타라세 강渡良瀬川에서 연어가 떼죽음을 당했다는 보도가 나왔다. 그리고 1890년 여름에 대홍수로 인해 논밭과 농산물에 큰 피해가 생겼다. 광산에서 나온 광독이 흘러들어 갔기 때문이었다. 이렇게 해서 아시오 광산의 광독 문제가 세상에 알려지게 된다. 이어서 1896년에는 다시 와타라세 강이 범람하면서 도치기 현栃木県을 비롯한 4개 현으로 피해 지역이 늘어났다. 이에 주민 수천 명이 여러 차례 도쿄東京에까지 가서 청원 운동을 벌이기도 하였다.39)

아시오 광산 문제는 일본이 근대화를 진행하는 과정에서 불거진 최초의 환경문제라고 할 수 있는데, 이 문제에 적극적으로 뛰어든 이가 다나카 쇼조였다. 당시 중의원이었던 쇼조는 1891년 12월에 의회에서 이 문제를 처음으로 제기하면서 정부에 질의를 하였다. 청일전쟁이 일어난 1894년에는 정부에 대한 책임 추궁을 삼가다가, 후쿠자와가 세상을 떠난 1901년에는 국회의원을 사직한 뒤 천황에게 직접 상소를 올리기까지 하였다.

그리고 러일전쟁이 일어난 1904년에는 와타라세 강 하류에 있는 야나카谷中 마을로 들어가서 정부에 대한 항의를 이어갔다. 정부가 여론을 달래기 위한 일환으로, 야나카 마을이 홍수로 수몰되는 것을 막기 위해 '유수지遊水池'를 만들겠다는 해결책을 내놓았기 때문이다. 쇼조는 정부 방침의 허점을 증명하기 위해 직접 강 유역을 돌면서 측량과 조사를 하여 유수지 설립이 백해무익함을 입증하였다.40) 그리고 죽기 1년 전인 1912년 6월에는 야나카 마을에서 "참된 문명은 산을 황폐하게 하지 않고, 강을 더럽히지 않고, 마을을 부수지 않고, 사람을 죽이지 않는다"는 유명한 문

---

39) 이상의 아시오 광산 문제와 다나카 쇼조의 대응에 관한 내용은 고마쓰 히로시, 『참된 문명은 사람을 죽이지 아니하고』, 22-25를 참고하였다.

40) 고마쓰 히로시, 『참된 문명은 사람을 죽이지 아니하고』, 24-27.

명론을 남겼다.[41)]

지금으로 말하면 인간과 자연의 조화를 추구하는 '생태문명론'을 제창한 셈이다. 그런 점에서 후쿠자와의 '물질문명론'과 좋은 대조를 이루고 있다. 다나카 쇼조는 생태문명론을 제창한 이듬해 1913년 8월, 하천 조사를 나갔다가 야나카 마을로 돌아오는 길에 쓰러진다. 그리고 한 달 뒤에 세상을 떠난다. 사인은 위암이었다. 10월에 치러진 장례식에는 일본 전역에서 4~5만에 이르는 조문객이 찾아왔다.[42)]

지금까지 고마쓰 히로시의 연구를 바탕으로 다나카 쇼조의 민중운동과 생태운동의 과정을 간략히 살펴보았다. 이로부터 우리는 그에게서 후쿠자와와는 다른 생태사상과 민중사상 그리고 평화사상이 있었음을 엿볼 수 있다. 그리고 그것을 바탕으로 당시에 일본의 지식인들이 추구한 산업화 중심의 위로부터의 근대화에 맞서서, 자연과의 조화를 깨트리지 않는 생태문명을 지향했음을 확인할 수 있었다. 그런 점에서 다나카 쇼조의 문명론은 지금과 같이 기후 변화로 인한 전 지구적 위기론이 대두되고 있는 상황에서는 시사하는 바가 크다. 이미 120년 전에 산업화로 인한 환경문제를 지적하고, 자연과의 공존을 주장했기 때문이다.

그런데 다나카 쇼조의 이런 문명관은 갑자기 나온 것이 아니다. 그가 '동학농민혁명-청일전쟁' 1년 뒤에 쓴 글에서 이미 후쿠자와와는 다른 문명관을 말하고 있기 때문이다. 그것은 1896년에 쓴 「조선잡기」라는 글에 나오는 "동학은 문명적"이라는 표현이다. 그리고 동학이 문명적인 이유를 "덕의德義를 지키기" 때문이라고 밝히고 있다. 여기에서 '덕의'는 오늘날로 말하면 '도덕'으로 바꿔 쓸 수 있다. 따라서 이곳의 문명론은 '도덕문명론'이라고 할 수 있다. 그리고 훗날 쇼조의 생태문명론은 이 도덕문명론이 발전된 것으로 보인다. 그럼 먼저 「조선잡기」에 실린 쇼조의 동학론을

---

41) 고마쓰 히로시, 『참된 문명은 사람을 죽이지 아니하고』, 13.
42) 고마쓰 히로시, 『참된 문명은 사람을 죽이지 아니하고』, 27, 242-243.

보기로 하자.

> 동학당은 **문명적**이다. 12개조 군율은 **덕의**를 엄격하게 지킨다. 인민의 재물을 빼앗지 않고, 부녀자를 욕보이지 않으며, 병참부대의 물자는 군수나 관아에 의지하고, 병력으로 권력을 빼앗아 재물을 취하되, 그 밖에 다른 것을 공평하게 다스린다. 간혹 군율을 어기는 자가 있으면 곧바로 총살한다.
> (전)봉준의 자는 녹두이고, 부하는 3천 명이 있다. 동학당 중에 간혹 잔혹하고 포악한 자가 있었으나, 모두 녹두를 공경하여 '전대인人大人'이라고 부르니, 숨은 동학당의 우두머리다(당원은 약 10만명이다). 녹두는 품행이 바르고 점잖았고, 부하들도 술담배를 하지 않았다. 모략이 풍부하지만 공명정대하게 스스로 '개혁'의 업을 맡았다. 녹두는 종교를 가지고 뿌리에서부터 모든 것을 바꾸고자 뜻을 세웠다. 그러나 조선은 국교를 유교로 하여, 이로써 민심을 내리누르고 있었으므로, 녹두가 쇄신한 **종교**를 꺼려하고 반역할 마음이 있다고 몰아세워 그를 잡으려 하였다. (…) 그래서 그 우두머리들은 모두 일본군 손에 죽었다. 조선 백년의 대계는 **정신**부터 **개혁**하지 않으면 안 된다. 일본군이 그것을 잘 알지 못하여 새싹을 짓밟다니 애석하도다![43]

서두에서도 언급했듯이, 1894년 당시 후쿠자와를 비롯한 일본의 거의 모든 지식인들은 청일전쟁을 '문명 대 야만'의 전쟁으로 규정하고 있었다. 쇼조 역시 예외는 아니었다. 청일전쟁을 '문명 대 야만'의 전쟁으로 보았고, 호랑이 청나라가 어리숙한 조선을 통째로 삼키려고 하기 때문에 일본이 '왕자의 전쟁王者の軍'을 수행한다고 생각하였다.[44] 그러나 동학에 대해서만큼은 남다른 인식을 가지고 있었다. 야만적이 아니라 '문명적'이라고 평가하고 있기 때문이다. 그리고 그런 '문명적인 동학당'을 진압한 일본군을 질타하고 있다. 실제로 일본군은 동학농민군을 상대로 최초의 제노사이드 작전을 수행하였고[45], 그 결과 청일전쟁에서 가장 많은 사상자가 나

---

43) 조성환 기록·정리, 「동학사상과 한국의 근대 다시보기 - 다나카 쇼조의 동학 평가를 중심으로」, 《개벽신문》 66호(2017. 8.)[https://brunch.co.kr/@sichunju/141]
44) 고마쓰 히로시, 『참된 문명은 사람을 죽이지 아니하고』, 105.
45) 나카츠카 아키라 외, 한혜인 옮김, 『또 하나의 청일전쟁 : 동학농민전쟁과 일본』,

온 것은 동학농민군이었다(일본인 2만, 청나라 3만, 동학군 3만 이상).[46] 고마쓰 히로시는 이러한 일본군의 행태가 쇼조로 하여금 일본의 근대문명에 대한 회의를 품게 하는 계기가 되었을지 모른다고 추측하고 있다.[47]

반면에 다나카 쇼조가 보기에 동학농민군은 "덕의德義를 엄격하게 지키고" 있었다. 그래서 동학당을 '문명적'이라고 평가하였다. 이로부터 우리는 쇼조가 생각한 문명의 기준이 물질보다는 '도덕'에 우선순위가 있음을 알 수 있다. 그런 의미에서는 후쿠자와보다는 유길준의 문명론에 가깝다. 그러나 유길준이 동학농민군을 문명적이라고 평가했다는 얘기는 들어보지 못했다. 그런 점에서 쇼조는 유길준과 비슷하면서도 다르다. 유길준이 후쿠자와와 같은 개화사상가의 계열에 속한다면, 쇼조는 전봉준과 같은 개벽사상가에 가깝기 때문이다.

이들의 차이는 특히 종교에 대한 인식에서 두드러진다. 다나카 쇼조의 위의 글은 약 400자 정도의 분량인데, '개혁'과 '종교'라는 단어가 두 차례씩 나오고 있다. 그리고 '정신 개혁'이라는 말도 보이고 있다. 즉 조선 개혁의 필요성을 인식하고 있는 것이다. 그런 의미에서는 후쿠자와가 말한 조선혁명론과 같은 입장이다. 그러나 그 방법에 있어서는 정반대의 태도를 취하고 있다. 후쿠자와는 타력과 무력을 사용해서 조선을 개혁해야 한다고 생각한 반면에, 다나카 쇼조는 자력과 종교를 통해서 조선이 스스로 개혁하기를 원했다. 쇼조가 보기에 동학당의 봉기는 '종교에 의한 개혁운

모시는사람들, 2014, 19. 이하, "나카츠카 아키라, 『또 하나의 청일전쟁 : 동학농민전쟁과 일본』"으로 약칭.

46) 이노우에 가쓰오, 「일본군 최초의 제노사이드 작전」, 『또 하나의 청일전쟁 : 동학농민전쟁과 일본』, 113.

47) 小松裕, 『田中正造の近代』, 311; 기타지마 기신, 「종교를 통한 영성과 평화의 구축: 수운 최제우의 종교사상을 중심으로」, 2020년 나주동학농민혁명 한일학술대회 자료집 『나주동학농민혁명 재조명과 세계시민적 공공성 구축』, 원광대학교 원불교사상연구원, 2020, 37에서 재인용. 이하 '기타지마 기신, 「종교를 통한 영성과 평화의 구축 : 수운 최제우의 종교사상을 중심으로」'로 약칭.

동'의 일환에 다름 아니었던 것이다.

그래서 같은 '조선문명화 기획'이라고 해도, 후쿠자와가 밖으로부터의 문명화를 도모했다면 다나카 쇼조는 안으로부터의 문명화를 지지하였다. 후쿠자와식 문명론은 당시의 서구 제국주의가 걸어간 서구적 근대화의 길에 다름 아니다. 반면에 다나카 쇼조의 문명론은 그에 대한 반동으로 비서구 세계가 지향한 "토착적 근대화"(기타지마 기신)[48]의 길이었다. 그리고 이러한 상반된 근대화론으로부터 문명과 무력, 도덕과 종교에 대한 입장 차이가 생긴다. 후쿠자와의 문명론에는 무력과 전쟁이 들어갈 여지가 있는 반면에, 쇼조의 문명론은 도덕과 평화를 지향한다. 그리고 그것을 종교로 뒷받침한다. 바로 여기에 다나카 쇼조의 종교론과 도덕론의 접점이 있다. 다나카 쇼조와 톨스토이가 러일전쟁 전후에 각각 1년 사이의 차이를 두고 「비전론非戰論」을 쓴 것도 이러한 이유에서다. 다나카 쇼조는 후쿠자와보다는 톨스토이와 사상적으로 가깝다.

다나카 쇼조는 「조선잡기」를 쓰기 1년 전인 1895년 7월에 쓴 일기에서 "1895년에서야 비로소 종교에 대해 깨달아서 이전의 '올바른 사람正人'으로 돌아갔다"[49]고 고백하고 있다. 톨스토이 식으로 말하면 일종의 '회심'을 한 셈이다. 그리고 이때부터 일기에서 종교에 관한 관심을 표명하고 있다. 어렸을 때 마을에서 신앙했던 민중신앙인 후지코富士講에 대한 언급도 보이고 있다.[50] 그렇다면 이 시기에, 즉 1895년 여름에 쇼조에게는 어떤 일이 생긴 것일까?

---

48) 기타지마 기신北島義信의 '토착적 근대' 개념에 대해서는, 기타지마 기신, 조성환 역주, 「'토착적 근대'와 평화」, 『한국종교』 41, 원광대학교 종교문제연구소 2017 을 참고하기 바란다. 이하 '기타지마 기신, 「'토착적 근대'와 평화」'으로 약칭.

49) 田中正造全集編纂会, 『田中正造全集』 제9권, 岩波書店, 1977, 461.

50) 오니시 히데나오, 「다나카 쇼조와 동학 - 종교성을 중심으로」, 2021년 나주동학농민혁명 한일학술대회 자료집 『나주동학농민혁명의 세계사적 의의와 시민사회로의 확산』, 원광대학교 원불교사상연구원, 2021, 209-210 참조 이하 '오니시 히데나오, 「다나카 쇼조와 동학 - 종교성을 중심으로」'로 약칭.

(2) 다나카 쇼조의 회심과 자연관

흥미롭게도 종교성의 회복을 고백한 1년 전인 1894년 8월 19일자 일기에는 종교와 청일전쟁에 관한 언급이 동시에 나오고 있다. 아울러 광독 문제에 대한 언급도 있다.

> 일청日淸문제, 군함지사軍艦之事, 조선흥발朝鮮興發...광독조사....대외(강)경파, 천하 모두 (강)경파이다. 종교는 산림과 같고 산악과 같다. 나무가 있으면 우로를 유지하고, 나무가 마르고 뿌리가 썩은 때에는 비가 내리면 토사土砂가 흐른다... 아! **지금의 종교, 지금의 산림, 지금의 경제는 모두 매한가지다.**[51]

이 단락은 쇼조의 관심이 전쟁과 종교 그리고 생태(산림)에 두루 걸쳐 있음을 보여 주고 있다. 구체적으로는 당시에 종교가 쇠퇴하고 있음을 개탄하고 있고, 생태(산림) 또한 비슷한 상황에 놓여 있다고 진단하고 있다. 이러한 진단은 2년 뒤에 쓴 「조선잡기」에서 "동학농민군이 종교로 나라를 개혁하고자 했는데 애석하게도 일본군이 그것을 짓밟았다"고 개탄한 것과 상통하고 있다. 다나카 쇼조가 생각하기에는 종교야말로 사회를 변혁시키기 위해서 없어서는 안 되는 요소였던 것이다.

그렇다면 여기에서 우리는 다음과 같은 가설을 세워볼 수 있을 것이다. 1894년에 동학농민혁명 소식을 접한 다나카 쇼조는 종교를 통한 사회개혁의 위력과 중요성을 실감하고, 1894년 8월 일기에 '종교의 중요성'을 언급하였으며, 이듬해인 1895년 7월 일기에는 "비로소 종교에 생각이 미쳐 19년 이전의 정인正人으로 돌아갔다"고 고백한 뒤에, 1896의 「조선잡기」에서 "전봉준의 뜻은 종교로 근본적인 개혁을 시도하려고 하였다"라고 동학군을 평가한 것은 아닐까?

이와 관련해서 기타지마 기신은 다나카 쇼조가 청일전쟁을 계기로 자신이 과거에 깊게 믿고 있었던 일본의 토착종교 후지코富士講 신앙에 대한

---

51) 田中正造全集編纂会,『田中正造全集』제9권, 418-420.

재평가를 했을 것이라고 추측하고 있다. 고마쓰 히로시에 의하면, 다나카 쇼조는 후지코 신앙이 꽤 활발했던 마을에서 태어났는데, 서구 근대사상을 접한 이후로는 그것과 결별하게 된다.[52] 그런데 기타지마 기신이 보기에는, 동학이라는 '민중종교'를 접하면서, 그리고 서구적 근대화를 추구하는 일본의 진압 과정을 보면서, 종교에 대해 다시 눈을 뜨게 되었다는 것이다. 그렇다면 쇼조는 어떤 종교를 신앙하고 있었을까? 그는 어떤 형태의 종교를 신앙하고 있었을까?

쇼조에게 있어 종교란 천지와 만물을 공경하는 일종의 '자연신앙' 같은 것이었다. 다나카 쇼조가 보기에 사람은 천지와 만물 사이에서 살아가는 자연적 존재이자 공공적 존재이다. 그리고 그 천지와 만물은 모두 신의 것이다. 예를 들면 다음과 같다.

> 사람은 천지에서 태어나 천지와 함께 한다.[53]
> 사람은 만물 가운데 생육하는 것이다. 인류뿐이라고 생각하는 것은 잘못된 생각이다.[54]
> 삼라만상, 금수충어禽獸蟲魚, 산천하해山川河海, 무수한 성신星辰, 음양 한난寒暖, 천지간의 일체는 다 신이 만드신 것이며, 천지간의 모든 것은 다 신의 것이다.[55]

다나카 쇼조 연구자인 하나자키 코헤이花崎皋平에 의하면, 다나카 쇼조

52) 기타지마 기신, 「종교를 통한 영성과 평화의 구축 : 수운 최제우의 종교사상을 중심으로」, 37.
53) 田中正造全集編纂会, 『田中正造全集』 제13권, 岩波書店, 1979, 346; 오니시 히데나오, 『다나카 쇼조와 최제우의 비교연구 : 공공철학 관점을 중심으로』, 원광대학교 박사학위논문, 2018, 133 참조. 이하 '오니시 히데나오, 『다나카 쇼조와 최제우의 비교연구 : 공공철학 관점을 중심으로』'로 약칭.
54) 田中正造全集編纂会, 『田中正造全集』 제12권, 岩波書店, 1979, 187; 오니시 히데나오, 『다나카 쇼조와 최제우의 비교연구 : 공공철학 관점을 중심으로』, 133-134 참조.
55) 田中正造全集編纂会, 『田中正造全集』 제11권, 岩波書店, 1979, 269. 오니시 히데나오, 『다나카 쇼조와 최제우의 비교연구 : 공공철학 관점을 중심으로』, 135 참조.

의 신관은 기독교의 초월적 절대신과는 다른 '자연신', 즉 자연에 내재하고 편재하는 신이다.[56] 따라서 이러한 신관의 입장에서는 자연을 파괴하는 행위란 신에 대해 일종의 죄를 범하는 것과 같다. 실제로 다나카 쇼조는 자연을 황폐화하는 행위를 '천지의 죄인'이라고 말하고 있다.

> 산천은 명령에 굴복하지 않는다. 산하를 황폐화하는 자는 천지의 죄인이다.[57]

이와 같은 자연관과 신관이 광독 문제와 맞물리면서 다나카 쇼조의 말년에 '생태문명론'으로 꽃을 피었다고 생각된다. 흥미롭게도 이러한 자연관과 신관은 최제우를 이어 동학을 이끈 최시형의 '천지부모사상'과 상통하고 있다. 최시형은 "만물은 천지 안에서 태어나서 천지 안에서 자라기 때문에 천지는 부모에 다름 아니고, 따라서 천지를 부모처럼 공경해야 한다"고 하는 일종의 '시천지侍天地' 사상을 설파하였다.[58] 다나카 쇼조는 비록 최시형의 천지부모사상은 알지 못했지만, 말년에 그가 도달한 생태문명론은 최시형의 사상과 일치하고 있다. 이 역시 다나카 쇼조와 동학이 '종교'라는 공통의 요소를 공유하고 있었고, 그 종교가 자연에 바탕을 둔 종교였기 때문일 것이다.

마지막으로 오니시 히데나오는 다나카 쇼조가 동시대의 다른 일본인과 달리 동학에 대해 일관적으로 긍정적인 평가를 유지할 수 있었던 이유로 '종교성'을 꼽았다. 청일전쟁 당시 동학농민군에 대한 일본 미디어의 평가는 일본군의 파병을 기점으로 긍정에서 부정으로 바뀌어 갔다. 즉 제1차

---

56) 花崎皋平, 『田中正造と民衆思想の継承』, 七つ森書館, 2012, 119. 오니시 히데나오, 『다나카 쇼조와 최제우의 비교연구 : 공공철학 관점을 중심으로』, 131-132 참조

57) 다나카 쇼조의 1909년(明治 42) 11월 28일자 일기. 田中正造, 『田中正造選集 (六) 神と自然』, 岩波書店, 2013(초판은 1898), 81 참조.

58) 최시형, 「천지부모」, 『해월신사법설』; 원문과 번역은 이규성, 『최시형의 철학』, 이화여자대학교출판부, 2011을 참고하기 바란다.

동학농민봉기 때만 해도 일본 미디어에서 동학농민군을 '의인義人'이나 '혁명군'으로 평가하다가[59], 일본군이 참전하는 제2차 동학농민봉기 때가 되면 '유적流賊'으로 폄하되고, 심지어는 일본군이 "섬멸해도 좋다"고까지 바뀌게 된다. 그런데 유독 다나카 쇼조만큼은 이런 변화가 없었다. 그것은 바로 그에게 동학과 같은 종교성이 있었기 때문이라는 것이다.[60]

3. 맺으며

이상으로 근대 일본을 대표하는 후쿠자와 유키치의 문명 개념과 조선 인식을 다나카 쇼조의 그것과 대비적으로 고찰해 보았다. 후쿠자와 유키치는 1875년에 쓴 『문명론의 개략』에서 문명을 "인간의 지혜를 사용해서 물질을 발달시킨 상태"라고 정의하고서, 유럽을 최고의 문명으로, 아시아를 미개한 문명으로 구분하였다. 따라서 그의 문명론은 물질문명 중심의 공리주의적 문명론이라고 할 수 있다. 특히 자연을 인간의 노예로 보고 있는 점은, 자연에 대한 폭력을 용인하고 있다는 점에서 오늘날 생태 위기를 야기한 근대 산업문명을 대표하고 있다.

또한 후쿠자와의 문명론은 문명 자체가 목적이라기보다는 "나라의 독립을 위해 필요하다"고 하는 수단적인 문명론으로, 상황에 따라서는 얼마든지 폭력적으로 변질될 수 있는 성격을 띠고 있다. 실제로 1880년대에 조선의 지배권을 둘러싸고 청일 간의 긴장이 고조됨으로 인해 조선에 대한 대응이 강경론으로 선회하자, 후쿠자와 유키치도 일본의 안전을 위해

---

59) 가령 《오사카 아사히신문大阪朝日新聞》 1894년 6월 3일자 기사에서는 동학농민군에 대해 "어린이나 여자, 금백金帛을 빼앗는 바가 없다고 하니, 그 뜻은 작지 않은 듯하다"고 평가하였다. 오니시 히데나오, 「다나카 쇼조와 동학 - 종교성을 중심으로」, 208 각주 19번 참조.

60) 오니시 히데나오, 「다나카 쇼조와 동학 - 종교성을 중심으로」, 208-209.

서는 스스로 문명화할 수 없는 조선을 무력을 사용해서라도 문명화해야 한다는 '조선개혁론'을 주창하였다. 이러한 후쿠자와의 문명론은 서구 근대의 제국주의적 문명론을 대표하는 것으로, '외부로부터 강제된 문명화론'이라고 할 수 있다.

반면에 일본 최초의 환경운동가로 알려진 다나카 쇼조는 도덕과 종교를 중심으로 하는 문명론을 구상하였다. 그는 청일전쟁에 참여한 동학농민군을 '문명적'이라고 평가한 것으로 알려져 있는데, 여기에서 '문명적'은 폭력을 쓰지 않고 도덕을 지킨다는 의미이다. 아울러 종교를 통해 조선을 개혁하고자 한 동학군의 주체성을 일본군이 무력으로 짓밟은 것을 애석하였다. 따라서 다나카 쇼조의 문명론은 후쿠자와의 문명론과는 정면으로 배치되는 '내부로부터의 문명론'이자 '도덕 중심의 문명론'이라고 할 수 있다. 이러한 문명론은 야나카 마을에 들어가서 환경운동과 민중운동을 전개했던 말년에는 그 범위가 인간에서 자연으로까지 확장되어, "참된 문명은 인간을 해치지 않고 자연을 황폐화하지 않는다"라는 생태문명론으로 발전되었다. 다나카 쇼조의 문명론은 그로부터 100년 뒤의 오늘날, 기후 위기와 환경오염으로 인류의 생존 자체가 의문시되고 있는 현실을 생각하면 가히 선견지명이 있는 문명론이라고 할 만하다.

참고문헌

고마쓰 히로시, 오니시 히데나오 역, 『참된 문명은 사람을 죽이지 아니하고』, 상추쌈, 2019

기타지마 기신, 조성환 역주, 「'토착적 근대'와 평화」, 『한국종교』 41, 원광대학교 종교문제연구소, 2017

기타지마 기신, 「종교를 통한 영성과 평화의 구축 : 수운 최제우의 종교사상을 중심으로」, 2020년 나주동학농민혁명 한일학술대회 자료집 『나주동학농민혁명 재조명과 세계시민적 공공성 구축』, 원광대학교 원불교사상연구원, 2020

나카츠카 아키라 외, 한혜인 옮김, 『또 하나의 청일전쟁 : 동학농민전쟁과 일본』, 모시는사람들, 2014

노대환, 『(한국개념사총서 ⑥) 문명』, 소화, 2010

다카시로 코이치, 『후쿠자와 유키치의 조선정략론 연구』, 선인, 2013

마루야마 마사오, 김석근 옮김, 『『문명론의 개략』을 읽는다』, 문학동네, 2007

박은영, 「우치무라 간조(内村鑑三)의 비전론(非戰論)에 관한 연구: 의전론에서 비전론으로의 사상적 전환을 중심으로」, 『일본사상』 24, 한국일본사상사학회, 2013

야규 마코토, 「다나카 쇼조의 토착적 근대화 운동」, 2018년 원불교사상연구원 한일공동학술대회 "근대 한국종교의 토착적 근대화 운동" 자료집, 원광대학교 원불교사상연구원, 2018

오니시 히데나오, 「다나카 쇼조와 동학 - 종교성을 중심으로」, 2021년 나주동학농민혁명 한일학술대회 자료집 『나주동학농민혁명의 세계사적 의의와 시민사회로의 확산』, 원광대학교 원불교사상연구원, 2021

오니시 히데나오, 『다나카 쇼조와 최제우의 비교연구 : 공공철학 관점을 중심으로』, 원광대학교 박사학위 논문, 2018

이기용, 「일본침략사상의 원형인 '神功皇后說話'」, 『일본사상』 13, 한국일본사상사학회, 2007

임종원, 『후쿠자와 유키치 - 새로운 문명의 논리』, 한길사, 2011

최시형, 「천지부모」, 『해월신사법설』; 원문과 번역은 이규성, 『최시형의 철학』, 이화여자대학교출판부, 2011

프랑수아 기조, 임승휘 옮김, 『유럽 문명의 역사 : 로마 제국의 몰락부터 프랑스혁명까지』, 아카넷, 2014

후쿠자와 유키치, 성희엽 옮김, 『문명론 개략』, 소명출판, 2020

渡邊憲正, 「明治期日本の'文明と野蛮'理解」, 関東学院大学経済研究所, 『経済系』 257集, 2013

福沢諭吉, 『福沢諭吉全集(再版)』 20巻, 岩波書店, 1971

小松裕, 『田中正造の近代』, 現代企画室, 2001

小松裕, 『真の文明は人を殺さず: 田中正造の言葉に学ぶ明日の日本』, 小学館, 2011

小松裕, 『田中正造 - 未来を紡ぐ思想人』, 岩波書店, 2013

竹内好, 「日本のアジア主義」, 『日本とアジア』, 筑摩書房, 1993

版野潤治, 『近代日本とアジア - 明治·思想の実像』, 筑摩書房, 2013

田中正造全集編纂会, 『田中正造全集』 全20巻, 岩波書店, 1977-1980

田中正造, 『田中正造選集(六) 神と自然』, 岩波書店, 2013

月脚達彦, 『福沢諭吉と朝鮮問題 - '朝鮮改造論'の展開と蹉跌』, 東京大学出版会, 2014

石平·豊田有恒, 『なぜ中国·韓国は近代化できないのか』, 東京: 勉誠出版, 2018

花崎皐平, 『田中正造と民衆思想の継承』, 七つ森書館, 2012

Susanna Fessler, "Anesaki Masaharu's Reception of Leo Tolstoy and His Failed Attempt at Finding the Faith", *The Journal of Transcultural Studies*, Issue 1-2, 2018

신동규, 「서평 : 프랑수아 기조, 임승휘 옮김, 『유럽 문명의 역사: 로마제국의 몰락부터 프랑스 혁명까지』」, 『서양사론』 124, 한국서양사학회, 2015

조성환 기록·정리, 「동학사상과 한국의 근대 다시보기 - 다나카 쇼조의 동학 평가를 중심으로」, 《개벽신문》 66(2017. 8.)

[https://shopping.yahoo.co.jp/search?p=%E5%AB%8C%E9%9F%93%E6%9C%
AC&cid=0&b=1] (검색일 2022. 10. 2.)

[https://www.keio-up.co.jp/kup/webonly/ko/jijisinpou/1.html]

필냑의 동아시아 소설의 장르와 동서東西 문제

김홍중

원광대학교 동북아시아인문사회연구소 HK연구교수

1. 혁명을 묘사한 필냑의 동아시아 소설

소련의 소설가 필냑은 Б. А. Пильняк(1894~1938) 1937년 스탈린의 대숙청 기간에 일본을 위한 스파이 혐의로 체포된 후 소련에서 거의 언급 되지 않았던 작가이다. 비교적 이른 나이에 소련 문학장에서 사라졌지만, 혁명 전후 러시아 문학에서 필냑의 의미는 적지 않다. 독특하고 실험적인 소설 창작법에도 불구하고 그가 소설에서 묘사한 러시아 혁명에 대한 묘 사는 폭넓은 대중적 호응을 얻었다. 1920년대 소련 영화계에서의 베르토 프나 에이젠쉬타인, 그리고 시에서의 마야콥스키, 조형예술에서의 말레비 치나 로드첸코처럼 새로운 시대를 반영하는 문화 예술에 대한 소련 대중 의 반응은 놀라운 것이었다. 그의 창작관은 1920~1930년대 식민지 조선 에도 영향을 끼쳐 염상섭 같은 작가에게 영향을 주기도 했다. 하지만 일본 스파이, 정치범이라는 폭력적 낙인은 40대에 이미 여덟 권이 넘는 전집을 발표했던 영향력 있고 재능 있는 작가를 오랫동안 러시아 문학사에서 지 워버렸던 것이다.

페레스트로이카 이후 유족들과 러시아 국내외 연구자들에 의해 필냑의 작품 세계는 조금씩 알려지고 연구되기 시작했다. 먼저 1970~1980년대 미국 러시아 문학계에서는 필냑을 가장 사실적이고 실제적으로 러시아 혁 명을 묘사한 작가로 다루었다. 러시아 혁명은 정치적 측면 외에도 러시아

민족과 문화, 역사의 큰 분수령이었지만, 대부분의 혁명 문학은 이념과 사상에 근거해 혁명의 긍정적 면을 강조하면서 혁명의 문화적, 역사적 진실을 왜곡하거나 누락하곤 했다. 하지만 필냑은 혁명의 현실과 시대적 변화 과정을 불편부당하게 묘사하면서 기존 러시아 혁명 문학의 한계를 뛰어넘는다. 특히 20년대 중반까지 발표된 『헐벗은 해』, 『마호가니』는 러시아 혁명과 혁명 직후 러시아인의 삶을 다양한 측면에서 묘사하면서 발표와 동시에 러시아 뿐 아니라 해외에서도 그 작품성을 널리 인정 받은 작품이다. 1937년 스탈린의 대숙청 시기에 체포되어 총살되기 직전까지 필냑은 왕성한 작품활동을 했었고, 그 문학적 명성과 국내외적 관심으로 인해 전집이 두 차례 발간되어 스탈린의 대숙청 기간에 사라졌던 많은 작가들과 달리 많은 산문 작품들을 남길 수 있었다.

그러나 필냑의 작품 목록에서 러시아 혁명을 주제로 한 실험적 산문만이 문학사적으로 주목을 끌었다. 사실 1920년대 중반 이후 발표한 작품들은 혁명 이후 계획경제 시대에 새로운 사회를 맞이하는 러시아나 동시대의 동아시아, 미국, 중앙아시아 등의 사회와 문화를 묘사하면서 혁명 이후의 세계를 다루었지만, 이 작품들은 그의 혁명 문학과 달리 대중과 평단의 시선을 끌지 못했고 심지어 문학 연구자들조차 오랫동안 외면했었다. 특히 동아시아를 대상으로 쓴 그의 소설들은 그가 일본을 위한 스파이 혐의로 기소되는 계기이기도 했고, 러시아-소련 문학장의 오리엔탈리즘으로 인해 최근까지 진지한 문학적, 문화적 연구의 대상이 되지 못했다.

러시아 문학 작품에서 동양의 문제는 낯선 주제는 아니다. 특히 유럽의 오리엔탈리즘이 근동 지역을 대상으로 삼는 것과는 달리, 상당수의 이슬람 지역이 자국의 영토에 포함된 러시아는 중동과 이슬람에 대해 상당히 잘 이해하고 있었다. 하지만 동아시아에 대해서라면 이야기가 달라진다. 18~19세기 유럽의 영향을 받아 중국과 일본 문화를 이국적으로 수용하긴 했지만, 동아시아는 러시아에게 낯설고 불가해한 지역이었다. 19세기 말 프랑스 인상주의에 의해 촉발된 자포니즘이 러시아의 문화예술 영역에도 상당한 영향을 끼쳤지만, 유럽에서 그러했듯이 이는 어디까지나 새로운 예술적 형식을 수용하는 차원이었지 일본이라는 국가의 본질에 관한 것은 아니었다. 러시아 예술 문학에서 동아시아는 러일전쟁을 소재로 한 몇몇 작품의 세부 모티프로 등장할 뿐 그 자체가 주제가 된 적은 없다. 러시아 제국 시기에 발표된 곤차로프나 체홉에 의한 동아시아 여행기가 존재하지만 이는 어디까지나 제국주의 관점에서 기술된 지리-인문학적 여행기나 자국의 오지에 관한 묘사에 불과했고, 러시아 혁명 직전에 쓰여진 시인 발몬트의 일본 여행기 역시 일본의 실체보다는 자포니즘에 경도된 러시아 모더니스트의 일본 인상에 그친다.

필냑의 동아시아 산문은 러시아 문학사에서 최초로 동아시아를 주제로 한, 동아시아 국가의 정체성을 다루는 문학 작품이다. 필냑은 생전에 동아시아 주제의 산문을 적지 않게 발표했는데, 1926년 장편소설 『일본 태양의 근원』(Корни японского солнца), 1927년 단편 『사슴의 도시 나라』(Олений город Нара), 단편 『이야기가 어떻게 만들어지는지에 관한 이야기』(Рассказ о том, что создаются рассказы), 1927년 중편 『중국 일기』(Китайский дневник), 그리고 1935년 중편소설 『돌과 근원』(Камни и корни)등이 동아시아를 배경으로 삼는 작품이다. 필냑의 혁명 소설은 그 형식적, 내용적 실험성으로 그를 러시아 문학에서 특별한 존재로 자리매김케 하였는데, 동아시아 소설 역시 형식과 내용 모두 특별하여 규명하고 정의할 부분이 적지 않다. 하지만 오랫동안 그의 동아시아 소설은 연구의 대상이 되지 못했고, 그중 몇몇 작품은 아직까지도 연구의 대상조차 되지 못한 상태이다.

2. 장르의 문제: 기행문, 또는 소설?

필냑 작품 전반에서 동양에 대한 이미지는 여러 연구에서 직간접적으로 다루어졌으나, 역설적으로 동아시아 산문을 다루는 연구는 2000년 이후에야 소수의 연구자에 의해 시도되었다. 필냑의 동아시아 산문 연구가 지체된 데에는 몇 가지 이유가 있는데, 우선 동아시아를 직접적으로 기술하는 그의 글들이 가지는 예술성에 대한 의문이다. 필냑은 자신의 동아시아 산문을 '예술 산문'으로 규정하고 있지만, 일견 이 작품들은 기행문이나 수필 같은 '실용 산문'으로 인식되기 때문이다. 문학 장르를 구분하는 데 있어 일기, 기행문, 서간 문학 등은 서사 문학의 한 종류이지만 인위적으로 만들어진 허구의 시간과 공간이 아닌 사실에 기반한 자연적 기술이 우선되기 때문에 예술 문학이 아니라 실용적 일상 문학으로 구분된다. 그런 까닭에 대부분의 비평가들은 그의 작품을 수필의 한 종류라 보고 이를 동양-일본에 대한 개인의 인상기로 평가하였다. 필냑 동시대의 일본 비평가들이나 러시아 비평가들은 그의 작품이 가지는 약점으로 객관성의 결여나 작품 내 화자(즉, 필냑)의 이념의 문제를 지적하곤 했다. 일본 비평가들은 필냑의 『일본 태양의 근원』이 서양인의 시각에서 일본을 왜곡 묘사한다고 비난했고, 러시아 비평가들은 필냑 작품 속에는 러시아 정신이나 사회주의 사실주의의 관점으로 바라보는 실제 일본이 없다고 말하면서 일본에 대한 그의 소설이 단순히 주관적인 이국취향exotism의 일상적 수필이라고 평가절하했다. 예를 들면 일본의 성 풍속에 대한 필냑의 묘사는 당사국인 일본을 불쾌하게 했을 뿐만 아니라 당시 새롭게 탄생한 소련에서도 불건전한 것으로 여겨졌고, 결국 그 부분은 필냑이 『일본 태양의 근원』의 개정작이자 후속작으로 1935년에 쓴 『돌과 근원』에서 상당 부분 축소되어 간략하게 언급만 된다. 이 소설은 발표 후 1년 뒤인 1927년 일본에서 번역되었는데, 공교롭게 제목이 『일본 인상기: 일본 태양의 근원』(日本印

象記 : 日本の太陽の根蔕)이었다. 즉 번역자가 이 작품을 소설이 아닌 '인상기'로 규정해버린 것이다.

필냑은 자신의 동아시아 산문의 장르를 장편소설 роман, 중편소설 повесть, 그리고 단편소설 рассказ로 정의하였는데, 문제는 이들 작품에서 장르의 의미가 기존 산문 문학 작품들과는 다르다는 것이다. 단편소설, 장편소설 등 창작 문학 작품은 실제를 닮은 허구를 전제로 한다. 비록 역사적 사실에서 작품의 소재를 가져온다고 할지라도 문학의 본질은 현실의 모방인 가상의 시공간이라는 것이 일반적 인식이다. 하지만 필냑의 동아시아 산문은 그것이 소설인지 아니면 수필인지, 기행문인지 분간이 어렵다. 마치 수필처럼 작가가 인칭 화자가 되어 '나-필냑'으로 이야기를 이끌어 간다. 그러면서 작가는 작품을 실용 문학인 수필이나 여행기가 아니라 예술 문학이자 허구를 대상으로 하는 '소설'로 정의한다. 그래서 일본을 배경으로 하는 장편 소설 『일본 태양의 근원』과 단편 소설 『사슴의 도시 나라』, 그리고 단편소설 『이야기가 어떻게 만들어지는지에 관한 이야기』, 중편소설 『돌과 근원』은 '동아시아 소설 연작'으로 정의할 수 있다. 이는 이 작품들이 서로 다른 장르 형식과 내용에서도 차별화되지만 특정한 시간적·주제적·공간적 기준을 가지기 때문이다.

필냑의 동아시아 소설이 인상문이나 기행문으로 이해되는 것은 이 작품들의 논픽션적 특성 때문이다. 논픽션의 성격은 필냑 산문의 두드러진 특징이다. 『마호가니』, 『헐벗은 해』가 그러했고, 우리가 이 논문에서 살펴볼 동아시아 산문이 그러하다. 그는 예술 산문에서 논픽션 기법을 다양한 방식으로 사용하는데, 주로 전통적인 기승전결의 줄거리 전개가 없이 서로 연결되지 않는 사건 단위의 이야기 조각들을 콜라주 형식으로 배열한다. 등장인물들은 저마다의 시간과 공간에서 작은 사건들을 겪지만, 이들은 서로 분절되고 이미지의 덩어리만 남는데, 이를 몽타주 기법이라고 부른다. 같은 시간대의 여러 공간에서 동시다발로 벌어지는 사건들이 하나의 소설의 틀 속에서 펼쳐지는 것이다. 필냑의 동아시아 소설에서 논픽션적 특성은 더욱 강화되는데, 기존의 몽타주 기법 외에도 작가 스스로나 실존하는 인물들이(여기서는 필냑이 만난 일본인들) 소설의 등장인물로 묘사되기 때문이다. 이것이 필냑의 산문 창작 원칙을 모르는 이들이 그의 동아시아 연작들을 볼 때, 이를 예술 산문이 아니라 기행문의 한 종류로 생각하게끔 만드는 요소이다.

필냑 자신은 포베스티повесть로 이런 논픽션의 성격을 지닌 산문들을 정의하면서 소설적 기법 의도를 드러낸다. 포베스티는 사전적 의미로 '중편 소설'로 작품의 분량을 기준으로 '장편 소설роман'과 '단편 소설рассказ' 사이의 소설을 뜻한다. 하지만 사전적 의미로 포베스티를 이해할 때 필냑의 동아시아 산문의 장르 정의에는 문제가 생기게 된다. 『일본 태양의 근원』과 『중국 일기』가 1930년 판 일곱 번째 전집에 포함될 때 권호 제목이 「동방에서 온 포베스티」(Повести с востока)였다. 즉, 『일본 태양의 근원』은 장편 소설로 정의되었는데, 이 작품을 포괄하는 권호 제목이 포베스티라는 것은 모순적이다.

그래서 필냑의 포베스티는 분량에 따른 장르적 성격을 나타내기보다는 중세 러시아 문학 전통에 사용되는 포베스티와 더 깊은 연관이 있다.1) 중세 러시아 문학에서 포베스티란 제호를 사용하게 되는 경우는 종교적 성질을 가지는 성자전이나 연대기, 왕이나 장군들의 연표 같은 문서들이다. 필냑은 중세 러시아 문화 예술에 많은 관심이 있었고, 『헐벗은 해』나 『기계와 늑대』 등의 장편 소설에서도 그 내부 구성에서 포베스티라는 용어를

---

1) 중세 러시아 문학에서 포베스티는 장르를 뜻하지 않고 여러 유형의 서술повествование을 지칭한다. '(Николюкин А., Литературная энциклопедия терминов и понятий, М., 2001, 752). 러시아의 중세 역사책인 원초연대기 (*Повесть временных лет повесть*)도 포베스티란 용어를 쓰고 있다. 러시아 산문 문학 장르로서 포베스티의 전통은 18세기 말 카람진에 의해 시작되었고 푸쉬킨, 레르몬토프, 고골, 투르게네프 등의 작가들이 포베스티를 제호로 사용하였다.

자주 사용했다.[2] 그러나 필냑은 중세 포베스티의 종교적 특성보다는 그 구성 원칙을 현대적으로 사용했다. 그는 혁명시기 격동하는 역사의 풍랑 속에 있는 다양한 삶의 모습들을 묘사하기 위해 중세 러시아 문학의 연대 기적 문체와 형식을 예술적으로 사용한 것이다.[3] 그래서 포베스티와 장편 소설의 개념이 혼재되는 필냑의 소설 속에서는 우리가 톨스토이나 도스토 예프스키의 장편 소설에서 흔히 찾을 수 있는 사상 또는 이념을 폭넓게 전개하는 일관된 줄거리 흐름을 발견하기 힘들다. 필냑 장편 소설에서 이 런 사상과 이념을 찾고자 하면 항상 모순적 상황에 처하게 되는데, 그가 자신의 주장을 내세우는 이념가로서 작품을 쓰는 것이 아니라 연대기 작 가의 눈을 가진 시대의 프리즘으로서 창작하고 있기 때문이다.

필냑의 동아시아 소설들 중 단편 소설을 제외한 중편 소설(즉 포베스 티)이나 장편 소설인 『일본 태양의 근원』과 『중국일기』, 『돌과 근원』은 일기나 기행문인 수필очерк 형식이지만 이 작품들을 단순히 주관적이거 나 개인적인 일상 산문으로 쉽게 판단할 수는 없다. 필냑 산문에서는 현실 과 허구의 경계나 장르들 간의 경계가 파괴되는 현상이 자주 목격되는데, 대표적인 것이 『저물지 않는 달 이야기』(Повесть непогашенной луны) 나 『기계와 늑대』(Машины и волки), 『엎질러진 시간』(Расплеснутое вр

---

2) 필냑 창작에 나타나는 중세 러시아 서사문학의 장르적 특성에 관해서는 다음의 논문들을 참조하시오. Bristol Evelyn, "Boris Pil'nyak", SEER Vol.41, No./97, 1973, p.496; Peter Alberg Jensen, "Nature as Code; The Achievement of Boris Pilnjak 1915~1924", Copenhagen, 1979, p324.

3) 모든 문학 작품은 그것들이 사회적이며 정치적이고, 종교적이며 예술적인 측면 들을 다 가지고 그 시대적 지평에 따라 목적이 달라진다고 로트만은 지적하였 다. 오늘날 중세 러시아의 연대기 작품들을 예술적 관점에서 분석하고 연구하기 도 하지만, 중세 러시아의 연대기 작품들은 어디까지나 종교, 행정기록 같은 특 정 목적을 가지는 목적문학이었다. 따라서 필냑의 연대기적 특성은 어디까지나 예술적 관점에서 변용된 것이지, 중세의 연대기 장르와 동일시해서는 곤란하다. Лотман Ю., Анализ поэтического текста//О поэтах и поэзии, СПб., 1996, 19-20.

емя) 같은 것들이 있다. 장편 소설 『기계와 늑대』에서는 실제 전기적 작가가 등장인물 사이에 벌어지는 사건 속에 들어가 당시 시대와 인간에 대한 자신의 견해와 글쓰기 자체에 관한 것들을 실명으로 밝히면서 실존 인물들의 일화적 사건들을 삽입하고 있다. 『엎질러진 시간』의 경우 일기인지 아니면 작은 일화인지 알 수 없을 정도로 필냑 자신의 경험적 이야기가 소재가 되고 있다. 이런 자서전적 특징автобиографизм과 현실과 가상의 경계 파괴 외에도 또 다른 필냑 산문의 특징으로 장르의 파괴를 들 수 있다. 문서주의documentalism로 불리는 다양한 비문학적 글을(공문서, 신문기사, 광고, 선동문구 등) 삽입하거나 자서전적 요소들을 소설 내부에 삽입하는 것, 평론, 철학적 사유, 희곡 형식 등이 줄거리를 가지는 소설 내용과 어우러지는 것이 필냑의 독특한 소설 구성을 이룬다. 그래서 필냑의 장편 소설은 바흐찐이 말한 '다양한 장르의 복합체'로서 진정한 의미에서의 소설이라고 부를 수 있을 것이다.[4] 이 다양한 서술 양식의 결합은 중세 러시아의 연대기들이 가지는 이종적異種的 글쓰기의 전통과 연관된다.[5] 그래서 동아시아에 관한 그의 산문들은 주관적인 개인의 일상사에 관한 일기로 바라보아서는 안 되며 그렇다고 객관적인 분석이나 학술적 가치를 지니는 실용적 글로도 볼 수 없다. 이러한 그의 창작 방법은 단점과 장점을 동시에 가지고 있다. 단점은 장르 구별의 경계가 모호해져서 여러 비판들과 오해에 직면할 수 있으며 장르가 주는 독특한 효과들을 잃어버리게 된다는 것이고, 장점은 새로운 글쓰기 방법을 통해 허구 세계의 창조와 체험의 경계를 허물면서 예술적 사유와 실제성을 동시에 담보한다는 것이다. 필냑의 동아시아 소설과 관련해서도 이러한 실험적인 글쓰기 방법이 구현되고 있는데, 이를 통해 필냑은 일본이나 중국 그 자체에 대해 사실적

---

4) Бахтин М., *Вопросы литературы и эстетики*, М., 1975, 75.

5) Еремин И. П., *Лекции и статьи по истории древней русской литературы*, Л., 1987, 54.

이고 학문적인 분석을 하는 것이 아니라 실제적 사건들을 작가적 사유를 통해 보고 그것을 있는 그대로 전달하려 한다. 즉 필냑은 분석하고 정의하는 학자나 철학자가 아니라 현실을 실제적으로 묘사하는 임무를 가지는 관찰자로서 동아시아를 바라보고 있는 것이다. 이런 작가-관찰자의 특성을 증명하는 또 다른 사례가 『일본 태양의 근원』과 함께 제시되는 방대한 분량의 주해서 『사족蛇足』(Ноги к змее)이다. 이 주해서는 조선인 일본학 학자이자 교사였고 또 작가였던 로만 김 Роман Ким이 일본학 학자의 입장에서 필냑이 쓴 글의 내용을 이차적으로 설명하는 글이다.[6] 즉 이 주해서는 필냑의 글이 가지는 가공성artficiality을 확인하는 동시에 독자들로 하여금 일본의 형상에 대한 오해의 여지를 제거하고 또 다른 관찰자의 시점을 제시하는 역할을 한다. 만일 필냑이 일본에 관한 자신의 관찰을 단순한 기행문이나 르포르타주로 여겼다면 이런 다른 작가에 의해 이차적으로 설명하는 주해서는 필요하지 않았을 것이다. 그래서 『일본 태양의 근원』과 『사족蛇足』은 원문과 주해서의 관계가 아니고, 이 둘이 결합되어 하나의 통합된 텍스트로 기능하기 때문에 『사족蛇足』도 포베스티와 문서주의의 차원에서 소설의 한 부분으로 이해되어야 한다.

3. '실재' 동아시아의 형상

필냑의 작품 속에 나타나는 동양의 이미지는 크게 두 개의 유형으로 나눌 수 있다. 하나는 은세기 상징주의자들이 가졌던 '동양' 이미지이고,

---

6) 시클롭스키는 티냐노프에게 보내는 편지에서 로만 김을 오포야즈(ОПОЯЗ-詩語 연구회)의 회원이라고 소개하고 있는데, 오포야즈 회원과 관련된 다른 문서에서 로만 김의 명단은 더 이상 찾을 수 없다. 하지만 로만 김은 시클롭스키나 필냑 같은 1920년대 러시아-소련 문학계의 중요 인사들과 긴밀한 교류를 하고 있었던 것은 분명하다.

다른 하나는 그가 체험하고 느꼈던 동양, 즉 동아시아이다. 필냑이 비록 전통적 산문 서술에서 벗어난 기법을 즐겨 사용했고 그런 그의 문체가 동시대 비평가들에게 혹독한 비난과 동시에 찬사의 이유가 되었지만, 필냑은 러시아 문학 전통에서 이단자는 아니었다. 그의 작품에서 나타나는 푸시킨, 도스토옙스키, 톨스토이, 체홉 등과 같은 여러 러시아 선배 작가의 흔적이 이를 증명한다. 또 20년대 중반까지 필냑의 작품에 큰 영향을 끼친 러시아 문학 전통은 바로 러시아 은세기 문학이다. 필냑이 활동한 시대가 그들의 시대를 바로 뒤따르고 있기도 하지만 여러 비평가들는 소위 그의 눈보라 같은 문체를 벨리 산문의 영향으로 여겼다.[7] 하지만 언어적이고 형식적인 측면 외에도 필냑 산문에는 상징주의의 이항대립적 세계관이 새로운 모습으로 계승되었다.[8] 특히 『헐벗은 해』나 『기계와 늑대』, 『마호가니』에서 나타나는 동양과 서양, 문명과 야만의 이항대립적 세계관은 그 적용과 이해의 정도에서 차이가 있지만 분명 러시아상징주의자들의 영향이라고 볼 수 있다. 그래서 필냑의 초기 산문의 경우 슈펭글러의 서양 문명에 대한 부정적 인식과 그 대안으로 상징주의자들의 동양 개념이 복합적으로 작용한다.

이와 함께 필냑의 작품에서 독자를 혼란케 하는 또 다른 요소는 바로 동양과 서양이 가지는 양가적 의미들이다. 그에게 있어 서양적인 것은 물질과 창조, 질서를 의미한다면 동양적인 것은 생명과 파괴, 죽음, 무질서의 속성을 지닌다. 그는 서양과 동양 그 어느 것이 우월하다고 작품 속에서 가치 판단을 내리지는 않지만, 이 양자 모두의 긍정적·부정적 측면들

---

7) Тынянов Ю. Н., Поэтика. История литературы. Кино., М., 1977, 165.
8) 솔로비요프와 벨리 같은 은세기 작가에게서 나타나는 동서양의 문제에 관해서는 다음의 논문들을 참고하시오. 홍기순, 「블라디미르 솔로비요프의 역사·종교 연구와 작품 속에 나타난 동양, 서양, 러시아 제문제에 관한 철학 시학적 고찰」, 『슬라브 연구』 1, 1995; 홍기순, 「안드레이 벨르이 작품에서의 동양과 서양의 문제성」, 『슬라브 연구』 1, 1997.

을 작품들을 통해 제시하고 있다.

그의 장편소설에서 나타나는 동양적 요소는 자연의 양가성인 생성과 탄생, 죽음과 소멸이라는 특징을 지닌다. 반대로 기계로 대표되는 서양적 요소는 무생명을 뜻하지만 동시에 건설을 상징하기도 한다. 하지만 동양적인 것(여기서 동양의 모습은 실제 동양이 아닌 관념화된 동양과 아시아를 뜻한다)과 서양적인 것은 결코 독립적으로 분리된 것이 아니라 각각의 현상 또는 개체들 속에 동시에 내재한다. 『헐벗은 해』나 『기계와 늑대』는 그러한 특징들을 잘 보여주고 있다. 이들 작품 속에서 러시아 혁명에 대한 그의 이중적 시각이 드러나는데, 러시아 혁명은 아시아적인 것과 유럽적인 것을 동시에 내포한다. 그래서 러시아적인 볼쉐비즘과 유럽적인 코뮤니즘이 함께 러시아 혁명의 토대를 이루는 것이다. 『헐벗은 해』에서 강조되는 키타이 고로드Китай город의 형상을9) 살펴보면 하나의 형상 속에 낮과 밤의 키타이 고로드가 유럽과 아시아로 구분이 되고 있으며, 『기계와 늑대』 역시 혁명 후 러시아가 '기계'적이고 '늑대'적인 속성을 동시에 가지고 있다는 것을 묘사한다.

이러한 필냑의 시각은 그 지평을 넓혀 아시아 국가들에 관한 글에서도 반영되고 있다. 동양의 신비적인 요소들과 일본이 이룩한 국가적 발전의 공존은 필냑에게 큰 매력으로 다가왔다.

> "일본은 무엇보다 슈펭글러의 이론을 가장 잘 반박하는 나라이다. 이 나라는 천년이 넘는, 아시리아나 이집트 보다는 못하지만 그리스와 비슷한 역사를 가진다."10)

---

9) 키타이 고로드는 모스크바의 중심 성곽 지역의 명칭이다. 키타이 고로드는 고대 슬라브어로 '목책 묶음'을 뜻하는 '키타'나, '중심부'를 의미하는 타타르어 '키타이'에서 유래한다고 여겨진다. 하지만 키타이는 러시아어로 중국을 의미하기도 하는데, 필냑은 키타이 고로드에 몽골-타타르 시대의 고대 러시아 형상과 중국의 형상을 동시에 투영하면서 언어 유희를 하는 동시에 모스크바의 '아시아성'을 강조한다.

필냑은 일본을 슈펭글러가 말한 문명의 진화와 그 소멸의 법칙에서 벗어나 있는 국가로 여겼다. 슈펭글러는 역사를 생명 현상으로 보면서 문화의 마지막 단계에 있는 서양은 물질문명에 빠져 몰락할 것이라고 보았는데, 일본은 문명 진화의 유기체적 법칙에서 벗어난 것으로 보았다. 그래서 일본은 과거의 정신 문화와 현대 문명이 공존하고 있으며, 서양인들에게서는 불가능하다고 여겨졌던 자연과 문명의 화해가 일본에서 이루어졌다고 본 것이다. 이는 서구 과학문명이 가지는 문제들을 해결할 수 있는 하나의 본보기로서 그가 일본을 이해했다는 것이다.

『일본 태양의 근원』에서 필냑의 시선은 몇몇 대상들에 고정되고 있다. 일본의 자연에 대한 일본인들의 태도와 일본 문화가 그것이다. 일본의 자연환경은 화산과 지진으로 대표된다. 일본은 화산이라는 가장 파괴적인 자연을 가지고 있지만, 일본인들이 이러한 파괴적인 자연의 특성을 인간의 긍정적인 노력, 즉 질서와 조직성으로 극복하고 있다고 필냑은 보았다.

> 화재가 지나간 뒤 살아남은 사람들이 사망자들을 찾으러 왔고, 생존자들은 사망자들이 촘촘한 횡렬로 줄을 맞춰 불에 타 죽은 것을 보았다. 그들 사이에 살아 있는 아이들이 발견되었다. 성인들은 조직적으로 불에 타 죽으면서 당황하지 않고 죽은 것이다. 어쨌든 불에 타면서, 자신의 몸을 숯으로 만들면서 아이들을 구한 것이다. 사람들은 서서 불타 죽으면서도 도망치지 않은 것이다.(424)

하지만 자연재해에 대하는 일본인들의 이러한 '질서'와 '조직성'은 항상 긍정적인 면만 가지고 있는 것은 아니다. 여기에는 겉 다르고 속 다른 모습 принцип 《наоборота》과 할복의 전통이 덧붙여진다. 즉 '질서'와 '조직성'은 인간 본성인 자유를 넘어서서 개인성의 소멸에까지 이른다. 극단적으로 조직된, 개성이 말살된 이런 형상을 필냑은 개미로 비유한다.

---

10) Пильняк Б.А., *Собрание сочинений в шести томах* Т.3, М., 2003, 428. 이후 이 책에서의 인용은 괄호 안에 표기.

"이것은 개미, 흰개미요, 지진도 멈출 수 없는!"(472)

"이 겉 다르고 속 다른 모습의 일본 군인을 볼 때 나는 공포스럽다. 웃으면서 돌격을 하는 모습은 일본의 도깨비 신을 닮았다. 이것은 작고 검은, 개미처럼 강인한 사람들의 나라이다. 모든 자본주의 국가가 사는 방식처럼 매우 강하고 끊임없이 살아가는 나라이다. 모든 자본─봉건적, 제국주의적, 식민지 국가처럼 노동자들의 근육이 우직거리는 소리와 기계가 씩씩거리는 소리가 들린다. 혁명의 여명이 보인다. 봉건주의의 잔재가 컬컬거리는 소리가, 옛 성의 전설이 속삭이는 들린다. 나는 노동자 군대의 굳은 발걸음을 듣는다(…)"(490)

이러한 일본인의 형상은 동양적이기보다는 서양으로 대표되는 기계의 형상과도 유사하다. 또 필냑 자신은 일본에서 체류하는 동안 끊임없는 감시 속에서 살았다. '개-형사собака-сыщик'로 필냑이 불렸던 일본 경찰의 집요한 감시는 개인적 자유의 부재를 강조한다. 일본인들에 대한 이러한 양가적인 평가에서 필냑이 긍정적으로 보는 것이 바로 인간의 노동이다. 그는 계속되는 노동을 통해 일본인들은 자신들을 둘러싼 파괴적인 자연을 어느 정도 극복할 수 있었으며 또 자연과의 조화를 이룬다고 보았다.

이것이 필냑의 주관적인 시각이라는 것은 부인할 수 없다. 그는 서양이 가지는 문명에 대한 유토피아적 이상을 (최소한 필냑의 관점에서는) 일본인은 서양인보다 한발 앞서 긍정적으로 습득하고 체득했다고 보았다. 주목할 것은 아시아 국가인 일본에서 동양적 특징의 부정적 요소인 무질서와 파괴, 죽음은 없다는 것이다. 일본인들의 삶의 모습에서 근면한 노동과 더불어 자연과 죽음에 대한 순응적 태도는 자연에 맞서는 문명이 아닌 자연과 어우러지는 문명처럼 작가의 눈에 비쳤던 것이다. 물론 필냑이 일본의 군국주의나 제국주의적 특성을 간과한 것은 아니었다. 작가는 유럽에 비해 뒤늦은 출발을 한 후발주자가 가지는 교활함이나 일본 문화에 내재된 극단적 집단주의, 개인성의 철저한 부정 등도 지적하고 있지만 이러한 요소들을 문명의 폐해라기보다는 일본인들의 전통적 가치관에서 나온 독특한 현상으로 바라보고 있다. 또 이런 부정적 요소는 필냑의 시선뿐 아니라 『사족』의 로만 김의 시선을 통해서도 타민족과 사회주의자들에 대한 일본의 비인간적인 태도를 알리고 있다.

자연과의 관계 외에 필냑이 긍정적으로 바라본 것은 옛것과 전통에 관한 일본인들의 태도이다.

> "나는 일본인의 생활 양식과 관습, 도덕, 미의식을 본다. 생활 양식과 관습은 정말로 맘모스의 상아처럼 견고하다. 천년의 생활 양식과 관습은, 이미 인식에서 실재로 바뀐 천년의 생활 양식과 관습은 마치 일본인의 규율있는 의지처럼 일본 문화의 질과 고대성을 말해준다. (…) 남다른 도덕과 윤리, 미의식을 만든 이 천년의 생활 양식은 서구 유럽식 공장과 기계, 대포의 헌법에 장애물이 되지 않았다. 이건 어떤 힘인가?!"(461)
>
> "일본의 물질 문명은 일본인 속에서 의지와 일본인의 조직된 신경으로 변형되었다. 이미 정신적인 것이 된 이 문화는, 의지가 우선되는 조직된 신경의 문화는 견고하고 치밀하고 강하다. 마치 흔들리지 않는 고대의 문화처럼. 이것은 화산의 재난과도 겨룰 정도로 질긴 생명력을 가진 합리성의 문화이다.(463)

전통과 혁신의 대립은 아시아 여행 이전이나 이후나 필냑 산문의 주요 테마 중 하나였다. 새로운 삶과 새로운 시대는 예전의 것들을 적대시하고 파괴하는데, 가장 대표적인 현상이 바로 혁명이었다. 특히 필냑은 문화적·예술적 측면에서 신구의 대립보다는 그것들의 조화와 창조적인 결합을 추구했는데(연대기 문체나 성화의 예술적 변용 등), 바로 일본의 문화적 전통이 옛것과 새것을 잘 융합하는 것으로 보았다. 신구의 조화에서 필냑은 유럽의 경우 시간적 방점은 항상 미래에 맞춰져 있고 능동적이며 직선적인 시간관을 가지고 있다고 보았지만, 동양의 경우 과거에 시간적 방점이 놓여 있고 수동적이며 회귀적인 시간관을 가진다고 판단하였다. 하지만 일본의 경우 과거, 즉 전통과 정신문화와 그들에게는 새로운 것인 미래의 물질문화가 조화롭게 이루고 있다는 것이다. 결국 일본에 관한 그의 시선은 이중적이라고 볼 수 있다. 그것은 바로 전통적 가치관인 규율과 근면이 극단적으로 영향을 끼쳤을 때의 모습이며, 다른 하나는 이러한 가치들이 물질문명과 조화롭게 어우러졌을 때의 모습이다.

『일본 태양의 근원』에서 일본에 대한 필냑의 체험이 아시아적이기보다는 오히려 서양적인 것이라고 느껴지는 반면 『중국일기』에 나타난 중국의 모습은 아시아적인 모습들이 묘사된다. 끊임없는 파괴와 더위, 더러움, 혁명, 가난, 무지 등은 일본적 동양과 극명하게 대립된다. 당시의 혼란한 상태의 중국은 필냑에게 혁명시기의 러시아의 모습을 상기시키고 있다.

> 내가 본 모든 나라들 중 중국은 가장 러시아와 닮았다. 볼가강 유역 지역과
> 내 할머니의 러시아를. (131)

중국의 모습은 『헐벗은 해』나 『기계와 늑대』에 나오는 러시아의 모습들과 매우 비슷하다. 무지와 야수성, 무질서가 인간에게 끼치는 파괴적 영향은 시체 보관용 배나, 농민의 삶에 대한 묘사, 식민 통치 국가들의 민족과의 뚜렷한 대비, 끊임없는 내전 등에 대한 묘사에서 보여지고 있다. 하지만 작가는 아시아의 또 다른 정신세계에 주목을 하는데 그것은 바로 비이성과 설명할 수 없는 무엇인가가 인간 기저에 놓여 있다는 것이다. 특히 필냑은 음악과의 비유를 통해 그것을 설명하고 있다.

> 나는 중국인 교수와 함께 계속 논의했는데, 유럽의 문화는 너무 현실적이라
> 는 것이다. 그러나 이 (중국) 음악은 '초현실'로 데려간다. 이것은 불가해하고 불
> 가측한, 무엇인가가 웅크리고 있는 곳으로 이끄는 길이다.(154)

'현실성'과 '이해할 수 없는 것' 사이에서 필냑은 어느 하나의 가치를 우월하다고 말하지 않는다. 앞서 말한 중국과 유사한 러시아의 형상들은 『헐벗은 해』에 나오는 신비주의자들의 모습과 『기계와 늑대』에서의 '침을 흘리는 어머니 대지 мать-сыра-земля', '석상의 여인 Каменная баба', 루살카의 이미지를 가진 마리야 등의 모습은 바로 이 '비이성'과 '이해할 수 없는 것'과 연결된다.

4. 나가며

　필냑의 초기 작품들에서 나타나는 동과 서의 문제는 실재의 유럽과 아시아를 뜻하는 것이 아니라 추상적이고 은유적인 개념이다. 동양에 대한 고정관념과 서양에 관한 고정관념은 대립적인 동양과 서양에 대한 신화를 만들어 냈고, 이 신화는 동아시아 국가들을 판단하는 데도 중요한 기준이 되었다. 하지만 동양과 서양이라는 방위적 대응이 어떻게 국가나 민족 본질의 대립이 될 수 있을까? 오히려 필냑의 소설에서는 이성과 비이성, 문명과 자연, 생산과 건설 등의 대립항이 실재의 아시아에서도 여전히 존재하고 있는 것을 볼 수 있다. 그는 아시아에 관한 두 작품에서 이 상반되고 통일된 결론을 내릴 수 없는 문제들을, 필냑이 자신의 이전 창작에서 끊임없이 제기했던 문제들을 새로운 공간 인식 속에서 다루는 것이다. 인간과 사회 내면에 존재하고 있는 동과 서의 문제는 인류 보편의 문제이고, 그래서 작가는 그 조화로운 결합점을 끊임없이 추구하고 있는 것이다.

　필냑은 동시대의 어떤 작가들보다 러시아의 문학적 전통에 경도된 작가라고 할 수 있다. 레미조프에게 이어받은 러시아인들의 원형적 모습들과 더불어 창작 방법에서 그가 사용하는 연대기적 문체, 이콘 미학을 산문에 적용하는 것 같이 중세와 중세 러시아 문화 전통뿐 아니라 푸시킨, 고골, 도스토옙스키, 체홉 등 근현대 러시아 문화에도 정통한 작가였다. 그가 오랫동안 작품 활동을 했고 애정을 표한 콜롬나Коломна라는 도시는 중세 러시아의 도시였고 모스크바의 원형적 도시로 볼 수 있다. 이렇게 혁명기 러시아를 주로 작품의 소재로 삼았던 러시아적인 작가인 필냑은 끊임없이 세계와 인간 보편에 관한 문제 역시 동시에 바라보았다. 그래서 우리는 『헐벗은 해』, 『기계와 늑대』, 『마호가니』 같은 작품에서 러시아의 전통적 요소뿐만 아니라 인류 보편적 문제인 가족, 과거와 현재, 역사의 소용돌이 속에 내던져진 개인, 글쓰기의 문제 등 인간의 여러 보편적 문제들을 발견할 수 있는 것이다. 동아시아를 향한 그의 시선은 결국 러시아를 바라보는 방편이었고, 러시아를 진실되게 바라보는 것은 동아시아를 제대로 인식하는 것과 같은 것이었다.

참고문헌

홍기순, 「블라디미르 솔로비요프의 역사-종교 연구와 작품 속에 나타난 동양, 서양, 러시아 제문제에 관한 철학 시학적 고찰」, 『슬라브 연구』11/1, 한국외국어대학교 러시아연구소, 1995.

홍기순, 「안드레이 벨르이 작품에서의 동양과 서양의 문제성」, 『슬라브 연구』 13/1, 한국외국어대학교 러시아연구소, 1997.

Bristol Evelyn, "Boris Pil'nyak", SEER 41/97, 1973.

Peter Alberg Jensen, "Nature as Code; The Achievement of Boris Pilnjak 1915~1924", Copenhagen, 1979.

Бахтин М., Вопросы литературы и эстетики, М., 1975.

Еремин И. П., Лекции и статьи по истории древней русской литератур ы, Л., 1987.

Лотман Ю., Анализ поэтического текста//О поэтах и поэзии, СПб., 1996.

Николюкин А., Литературная энциклопедия терминов и поня-тий, М., 2001.

Пильняк Б.А., Собрание сочинений в шести томах Т.3, М., 2003.

Тынянов Ю. Н., Поэтика. История литературы. Кино., М., 1977.

중일전쟁기 일본 정치 지도층의 대 중국 인식과 전쟁 수행 논리*

: 대 중국 멸시와 군사적 굴복을 중심으로

윤현명
원광대학교 동북아시아인문사회연구소 HK연구교수

1. 머리말

근대 일본이 메이지유신을 통해 서구화를 추진하고, 그 성과를 바탕으로 끊임없이 팽창을 감행한 것은 주지의 사실이다. 일본은 1874년 대만출병을 통해 청으로부터 오키나와에 대한 지배권을 인정받았고, 1894년의 청일전쟁과 1904년의 러일전쟁을 통해 한반도에 대한 지배권, 만주에 대한 이권 및 사할린 남부 영토를 획득했다. 또 1914년에는 연합국으로서 제1차 세계대전에 참전해 독일령이었던 태평양 군도(남양 군도)를 획득하기까지 했다. 이후 일본의 팽창은 1931년의 만주사변을 거쳐 1937년의 중일전쟁으로 이어졌고, 1945년 태평양전쟁에서 패전하고 나서야 완전히 끝이 났다.[1] 그렇다면 군사적 충돌, 심지어 전쟁을 불사하면서까지 고수하려고 했던 근대 일본의 정체성은 무엇이었을까? 그것은 바로 '제국'이었

---

* 이 글은 윤현명, 「중일전쟁기 일본 정치 지도층의 대 중국 인식과 전쟁 수행 논리」, 『역사와 경계』 122, 부산경남사학회, 2022에 수록된 내용을 보완한 것임.
1) 근대 일본의 주요 전쟁이 어떻게 전개되었는가에 관해서는 박영준, 『제국 일본의 전쟁』, 사회평론아카데미, 2020 참조.

다. 근대 일본은 광대한 식민지를 거느린 서구 열강과 같은 '제국'이 되기를 원했는데, 이는 1890년 메이지 헌법 제정 당시 일본의 국호가 '대일본제국', 귀족원과 중의원으로 구성된 의회의 명칭이 '제국의회'로 규정된 것에서도 잘 드러난다.[2] 요컨대 근대 일본은 '제국'을 지향했고 이는 팽창을 위한 동아시아 침략으로 연결된다고 할 수 있다. 이 지점에서 본고의 관심사는 근대 일본의 대 중국 인식이다. 한 국가(혹은 사회)가 특정 대상에 대해 갖는 인식은 사고를 결정짓기 마련이다. 그리고 나아가 정책의 탄생을 유도하고, 종국에는 그 정책을 실행시키며 지속하게 한다. 즉, 인식은 정책의 실행과 그 지속성을 담보하도록 하는 힘을 가진 셈이다. 당대 일본의 대표적인 사상가 후쿠자와 유키치福沢諭吉의 대 아시아 인식이 탈아론脫亞論의 형태로 일본 사회에 영향을 준 것은 그 대표적인 예이다. 따라서 근대 일본의 대 중국 인식은 일본의 동아시아 침략 문제를 생각할 때 중요한 의미를 지니며, 그런 이유로 근대 일본의 대 중국 인식에 대한 연구는 꽤 활발히 이루어졌다. 이를 비교적 근래의 연구 성과를 중심으로, 유형별로 간단히 정리하면 대략 다음과 같다.

첫째, 특정 인물의 대 중국 인식에 대한 연구이다. 대 중국 인식에 관한 연구 중 가장 보편적인 연구할 수 있다.[3] 정치인, 군인, 학자, 문학가의

---

2) 근대 일본의 제국 개념에 관해서는 이삼성, 「'제국' 개념과 19세기 근대 일본」, 『국제정치논총』 51/1, 한국국제정치학회, 2011 참조.

3) 이에 관한 대표적인 연구로는 윤여일, 「내재하는 중국: 다케우치 요시미에게 중국 연구란 무엇이었나」, 『역사비평』, 역사비평사, 2009; 이기용, 「일본근대사상 속의 '중국'」, 『일본사상』 21, 한국일본사상사학회, 2011; 신현승, 『제국 지식인의 패러독스와 역사철학』, 태학사, 2015; 이형식, 「支那通' 야노 진이치矢野仁一의 중국인식과 對中정책」, 『사림』 58, 수선사학회, 2016; 정치영, 「'만한 이곳저곳'으로 본 나쓰메 소세키의 만주여행과 만주 인식」, 『문화역사지리』 32-2, 한국문화역사지리학회, 2020; 小林文男, 「矢内原忠雄の中国観」, 『アジア経済』 13-2, 1972; 劉家, 「'支那通' 長野朗の日中問題観」, 『東アジア』 7, 1998; 山本義彦, 「準戦時・戦時体制下(日中戦争期)の清沢洌(その1)」, 『近きに在りて』 34, 1998; 山本義彦, 「準戦時・戦時体制下(日中戦争期)の清沢洌(その2)」, 『近きに在りて』 35, 1999; 神谷昌史, 「文明・大勢・孤

인식에 관한 연구가 높은 비중을 차지한다.

둘째, 특정 집단(혹은 조직)의 대 중국 인식에 관한 연구이다.[4] 그중 군부, 외무성과 관련한 연구가 중요하다.

셋째, 국가·사회 단위의 대 중국 인식에 대한 연구이다.[5] '일본'이라는 국가·사회집단이 중국을 어떻게 인식했느냐에 대한 분석을 담고 있으며, 위의 두 개 영역보다 더욱 거시적인 시각이 필요한 연구이다.

선행연구는 근대 일본의 대 중국 인식이 많은 경우 멸시와 편견으로 기울어져 있었다는 점, 그와 같은 인식이 일본 사회가 중국(혹은 동아시

立-德富蘇峰における'支那'認識-」, 『大東法政論集』 10, 2002; 趙曉靚, 「北一輝の中国論」, 『中国研究月報』 59/8, 2005; 山本義彦, 「満州事変下における吉野作造の中国論」, 『人間環境学研究』 4-2, 2006; 藤田昌志, 「北一輝の日本論·中国論」, 『比較文化研究』 106, 2013; 劉金鵬, 「竹内好の中国革命に対する認識」, 『比較日本文化学研究』 6, 2013; 萩原稔, 「五·四運動以後の日本知識人の中国認識」, 『近代日本の対外認識2』, 東京: 彩流社, 2017; 浜口裕子, 「石原莞爾の対中国観を追う」, 『政治·経済·法律研究』 21-1, 2018; 大川真, 「吉野作造の中国論」, 『吉野作造記念館吉野作造研究』 14, 2018; 謝銀萍, 「南京から見る芥川龍之介の中国観」, 『ICU比較文化』 50, 2018을 꼽을 수 있다.

4) 이에 관한 대표적 연구로는 小池聖一, 「'国家'としての中国, '場'としての中国」, 『国際政治』 108, 1995; 川島真, 「'支那', '支那国', '支那共和国'-日本外務省の対中呼称政策」, 『中国研究月報』 571, 1995; 박필현, 「『인문평론』에 나타난 '지나支那'」, 『한국문예비평연구』 45, 한국현대문예비평학회, 2014; 樋口秀実, 「日本陸軍の中国認識の変遷と'分治合作主義'」, 『アジア経済』 57/1, 2016을 꼽을 수 있다.

5) 이에 관한 대표적 연구로는 심원섭, 「일본 '만주'시 속의 대 중국관」, 『현대문학의 연구』 43, 한국문학연구학회, 2011; 김항, 『제국일본의 사상』, 창비, 2015; 성근제, 「만주국과 중국관」, 『중국사회과학논총』 2/1, 성균관대학교 성균중국연구소, 2020; 島恭彦, 「日中戦争と中国認識-島恭彦氏に聞く」, 『歴史評論』 269, 1972; 伊藤之雄, 「日清戦前の中国·朝鮮認識の形成と外交論」, 『近代日本のアジア認識』, 東京: 緑蔭書房, 2001; 小松裕, 「近代日本のレイシズム-民衆の中国(人)観を例に」, 『文学部論叢』 78, 2003; 阿部猛, 「日中戦争期の日本人の中国観」, 『日本の中の異文化』 2, 2006; 胆紅, 「'東亜協同体'論をめぐって-戦時下日本の中国論」, 『中国研究月報』 61/10, 2007; 楊沛, 「雑誌'旅'に見られる近代日本人の中国観について」, 『立教大学ランゲージセンター紀要』 34, 2015; 長谷川雄一, 『近代日本の国際認識』, 東京: 芦書房, 2016을 꼽을 수 있다.

아)을 바라보는 시각을 규정짓고 나아가 일본 사회 내부와 대외 정책에도 영향을 끼쳤다는 점을 규명했다. 또 일부 연구의 경우 멸시와 편견에 기울어지지 않은 대 중국 인식을 조사하기도 했다.[6] 하지만 근대 일본의 대 중국 인식은 대단히 방대한 연구 영역이고, 그 때문에 여전히 연구가 이루어지지 않은 영역이 다수 존재한다. 그중 본고는 중일전쟁기 일본 정치 지도층의 대 중국 인식에 주목한다. 1931년 만주사변을 일으켜 만주 전역을 점령한 일본은 1937년, 중일전쟁에 돌입하게 되었다. 중일전쟁은 일본이 동아시아의 대국 중국을 상대로 벌인 사실상의 전면 전쟁이라는 점[7], 태평양전쟁으로의 연결점이라는 점에서 중요한 의미를 갖는다. 1937년 7월의 전쟁 발발 초기에 일본 정부는 중국군과 일본군의 충돌에 대해 '불확대 방침'을 채택했지만, 이후 양군의 충돌은 확전을 거듭해 중일전쟁으로 발전했고, 종국에는 태평양전쟁으로 확대되었다. 앞에서 언급했듯이, 한 국가(혹은 사회)가 특정 대상에 대해 갖는 인식은 정책에 영향을 미치기 마련이다. 그러한 문제의식에 입각해, 본고는 중국과 전면 전쟁을 수행하던 당시 일본의 정치 지도층이 중국에 대해 어떤 인식을 갖고 있었고, 이것이 전쟁 수행 논리와 어떤 관련성이 있었는지를 분석할 것이다.[8] 이를 통해 일본 정치 지도층의 대 중국 인식이 중일전쟁에 어떤 영향을 끼쳤는지를 고찰할 것이다.[9] 분석에 앞서 그 범위를 다음과 같이 제한하고

---

6) 阿部猛, 「日中戦争期の日本人の中国観」이 그런 연구이다.

7) 1937년 7월에 발발한 중일전쟁은 1941년 12월의 태평양전쟁으로 확대되어 1945년 8월, 일본이 연합국에 항복할 때까지 이어졌다. 그런데 태평양전쟁 발발 이전까지 중국과 일본 양국은 미국의 중립법 발동을 우려해서 정식으로 선전포고하지 않았다. 그래서 '사실상의 전면 전쟁'이라는 표현을 사용했다.

8) 국가(사회) 단위로는 분석 대상이 너무 광범위하기에 정치 지도층으로 분석 대상을 축소했다.

9) 선행연구 중 阿部猛, 「日中戦争期の日本人の中国観」; 島恭彦, 「日中戦争と中国認識-島恭彦氏に聞く」는 중일전쟁기를 다룬 연구라는 점에서 본고의 연구에 다소 가깝지만 연구 대상이 크게 다르다.

자 한다.

첫째, 본고의 분석은 제국의회 속기록의 분석을 중심으로 이루어질 예정이다. 제국의회에서 법률안과 예산안을 심의할 때는 의회를 구성하는 귀족원과 중의원의 의원들, 내각의 대신(행정부 장관) 및 기타 내각 인사, 육군과 해군 측 인사들이 참가한다. 이들 인사들을 전쟁을 수행하는 정치 지도층이라고 해도 무방할 것이다. 또 제국의회에서는 법률안과 예산안을 통과시키는 자리이기 때문에 매우 솔직한 질의가 진행된다.[10] 그러므로 제국의회에서의 심의는 정치 지도층의 인식이 충분히 드러나는 곳이라 할 수 있고, 이에 제국의회 속기록을 분석할 예정이다.

둘째, 제국의회 속기록 중에서도 중일전쟁의 전쟁 비용인 임시군사비[11]의 법률안과 예산안의 심의 부분을 중심으로 분석을 진행할 것이다. 다른 예산과 마찬가지로 임시군사비와 관련해서도, 정부 측 인사들은 그 법률안과 예산안 통과를 위해 의원들을 설득해야 한다. 그리고 의원들은 예산의 지출에 대해 정부 측 인사들에게 질문한다. 이러한 과정에서 전쟁과 상대국에 대한 인식이 적나라하게 드러나기 마련이다. 특히 전쟁 비용을 결정하는 자리라는 면에서 일본 정치 지도층의 대 중국 인식, 전쟁 수행 논리가 매우 효과적으로 집약되어 있을 것으로 생각한다. 참고로, 본문에 나오는 임시군사비 법률안, 임시군사비 예산안, 임시군사비 추가예산안은 모두 원안대로 제국의회에서 통과되었다는 것을 밝히고자 한다.

셋째, 본고에서 다루는 중일전쟁기는 1937년 7월부터 1941년 12월, 즉 태평양전쟁으로 확전되기 이전까지의 중일전쟁 기간이다. 그 이후에도 중일전쟁은 이어지지만, 그때는 이미 일본의 주된 관심 분야가 미국과의 전

---

10) 솔직한 발언이 행해진다고 해서 질의 내용이 모두 사실이라고 단정지을 수는 없다. 하지만 정치 지도층의 의견이 매우 충실하게 드러나는 것은 사실이다.
11) 일반 군사비와는 달리 전쟁 비용을 위한 특별회계로 존재하는 별도의 예산이다. 임시군사비에 관한 사항은 윤현명, 「중일전쟁기 일본 제국의회의 임시군사비 심의」, 『일본역사연구』 46, 일본사학회, 2017 참조.

쟁으로 옮겨가기 때문이다.

위의 사항에 입각해, 본고는 먼저 배경으로서 중일전쟁의 발발과 확대에 대해 서술하고, 다음으로 제국의회 속기록에서 나타난 대 중국 인식을 분석할 것이다. 그리고 마지막으로 대 중국 인식과 관련한 전쟁 수행 논리를 분석할 것이다.

2. 중일전쟁의 발발과 확대

1931년 9월, 일본의 관동군은 만주사변을 일으켰다. 만주사변은 일본이 대륙 침략, 파시즘의 길을 가는 것을 의미했다. 1920년대 이후 유지해 왔던 군사비 억제 기조가 무너진 것도 이때부터이다. 만주 전역을 점령한 다음, 일본은 1933년 5월 중국 측과 당고塘沽정전협정을 맺으며 만주사변 관련 군사행동을 마무리지었다. 하지만 이후에도 화북지방 침략을 기도하며, 정치·군사적으로 중국에 압박을 가했다. 이것이 중국의 거센 민족적 저항을 불러일으켰던 것은 물론이다. 대외적으로는 국제적 고립, 미국·영국과의 관계 악화, 내부적으로는 정당정치의 쇠퇴, 군부의 대두라는 상황 속에서 일본 내에서 정당 세력과 제국의회의 기능은 현저히 약화되었다. 그럼에도 기존의 정당 세력은 여전히 무시할 수 없는 세력이었는데, 가령 육군 출신의 하야시 센주로林銑十郎 수상은 중의원 해산을 통해 의회 세력의 교체를 꾀했지만, 정당 세력의 반격을 받아 사퇴할 수밖에 없었다.[12] 또 정부의 법률안과 예산안도 제국의회에서 심의·결의를 거친 뒤, 실행되었다. 정치적으로 군부(특히 육군)의 영향력이 강해졌다고 해도 메이지 헌법의 권력 분립시스템을 완전히 깨뜨리지는 못했던 것이다.[13] 이것은 귀

---

12) 윤현명, 「중일전쟁기 일본 육해군의 임시군사비 전용 문제 분석」, 『군사』 119, 국방부 군사편찬연구소, 2021, 87.

족원과 중의원의 의원들, 내각의 대신(행정부 장관) 및 기타 내각 인사, 육군과 해군 측 인사들이 제국의회에서 행하는 발언·질의응답이 국가 정책과 관련해 실질적인 의미를 지녔다는 것을 의미한다. 즉, 정치 지도층의 의사가 상당 부분 반영된 형태였던 셈이다.

일본의 중국 침략 기도가 계속되는 가운데, 1937년 7월 중일전쟁이 발발했다. 북경北京 근처의 노구교蘆溝橋에서 중국군과 일본군이 충돌한 것이 전쟁으로 발전한 것이다. 고노에 후미마로近衛文麿가 이끄는 제1차 고노에 내각(1937년 6월~1939년 1월)은 일단 사태 수습을 지향하며 '불확대 방침'을 채택했다. 하지만 그와 동시에 중국 측의 사죄와 배상을 요구하고, 병력을 증파하기까지 했다. 이것은 중국 측의 반발과 저항을 불러일으켜 노구교에서의 군사 충돌은 전쟁으로 발전하게 되었다. 일본 정부는 중일전쟁을 '지나사변支那事變'[14]으로 규정하는 한편, 전쟁 비용 충당을 위해 임시군사비특별회계의 설치를 결정했다. 그리고 제72의회(1937년 9월 소집)를 소집해 해당 법안과 예산안을 처리했다. 전시체제로의 이행을 본격화한 것이다. 일본 정부는 단기 결전으로 중국을 굴복시킬 수 있다고 판단하고 중국에 대한 '응징'을 천명했다.

1937년 7월 일본군은 북경, 천진天津을 점령하고 8월에는 상해上海를 공격했다. 이에 대해 장개석蔣介石이 이끄는 국민정부는 일본의 침략에 항전할 것을 발표했다. 또 공산당도 항일민족통일전선의 일원으로 일본군에 저항했다. 1937년 12월 일본군은 국민정부의 수도 남경南京을 함락시켰지만, 장개석은 수도를 중경重慶으로 옮기며 저항을 계속했다. 일본은 애초에 장기전을 염두에 두고 전쟁을 시작한 것이 아니었다. 그래서 독일을

---

13) 이러한 기조는 일본이 태평양전쟁에서 패전할 때까지 유지되었다. 그러므로 군부(특히 육군)의 권력은 정당 세력, 궁중 세력 등 여러 세력에 의해 견제를 받았다.
14) 당시 일본에서는 중국을 '지나'라고 불렀다. 차별적인 뉘앙스가 있기에 오늘날에는 거의 쓰이지 않는다.

중재자로 해서 장개석의 국민정부와 협상을 시도했고, 장개석도 일본과의 협상을 검토하기도 했다. 그러나 남경 함락을 기점으로 일본 정부는 중국이 받아들이기 어려운 가혹한 요구를 제시했고, 결국 협상은 무산되었다.[15) 그러자 일본 정부는 국민정부에 대해 1938년 1월 제1차 고노에 성명을 발표했다. 그 주된 내용은 이후 국민정부를 상대하지 않고, 중국의 새로운 정부와 협력하겠다는 것이었다.[16) 또 일본 정부는 제73의회(1937년 12월 소집)에서 의회 세력의 협력을 얻어 국민 총동원 법안, 전쟁 비용을 위한 임시군사비의 추가예산안 등을 처리하며 장기전을 준비했다. 전시체제를 강화하고 병력을 증파한 결과, 일본군은 중국의 주요 도시를 차례로 점령했고, 1938년 10월에는 광동廣東과 무한武漢을 점령하기에 이르렀다. 그 결과 일본군은 중국 동부의 해안 지방을 장악할 수 있었지만, 이때 즈음에는 공세도 한계에 도달했다. 1939년 시점에 무려 85만 대군을 투입했지만, 전쟁의 끝이 보이지 않았던 것이다.[17)

전선은 교착 상태에 빠졌지만, 일본 측의 정치적 공세는 계속되었다. 1938년 10월, 일본은 중일전쟁의 목적이 일본·만주·중국이 협력하는 동아신질서東亞新秩序의 건설에 있다는 취지의 제2차 고노에 성명을 발표하고, 12월에도 그와 비슷한 취지의 제3차 고노에 성명을 발표했다.[18) 일본은 중국과의 제휴를 재차 강조했는데, 이것은 만주국과 같은 일본의 괴뢰 정부와 협력할 수 있다는 뜻이었다. 실제로 일본은 국민당의 실력자 왕정

15) 당시 일본 측은 만주국 승인 외에도 화북지방 및 내몽고 지역의 포기, 화중지방의 일본군 점령지역의 비무장 지대 설정, 배상금 등을 요구했다. 藤原彰, 『日中全面戰爭』, 東京: 小学館, 1988, 134.

16) 「帝国政府声明」, 1938년 1월 16일, 『各種情報資料·支那事変彙報』, 国立公文書館 소장(Ref. A03023981800, アジア歴史資料センター).

17) 藤原彰, 『日中全面戰爭』, 277.

18) 「近衛首相演述集」(その二)/1, 第一章 「声明、告論、訓令、訓辞」, 12-15, 『外務大臣(其ノ他)ノ演説及声明集』 第三巻, 外務省外交史料館 소장(Ref.B02030031600, アジア歴史資料センター).

위汪精衛를 포섭해 1940년 3월 남경에 중국을 대표하는 괴뢰 정부를 세우게 했다. 한편, 중경으로 수도를 옮긴 국민정부는 공산당과 제휴하는 한편, 미국·영국·소련 등의 지원을 얻으며 항전을 계속했다. 그중 공산당은 국민정부와의 합작을 통해 항일전에 참가했고, 미국·영국·소련은 중립을 지키면서 국민정부에 자금·무기를 지원했다. 이는 일본 제국주의가 중국은 물론, 국제사회에서도 점차 고립되어 가는 것을 의미했다.

1939년 9월, 독일이 폴란드를 침공함으로써 제2차 세계대전이 시작되었다. 그리고 이듬해에 독일군은 서유럽을 석권했다. 그러자 중일전쟁의 장기화, 미국·영국의 압박, 소련과의 긴장 등으로 고민하던 일본은 1940년 9월, 독일·이탈리아와 삼국동맹을 체결했다. 그리고 1940년 11월에는 왕정위 정부와 일화기본조약日華基本條約을 체결하며 일본의 세력권으로 정식 편입시켰다. 일본의 침략은 중국에 국한되지 않았다. 1940년 7월, 일본은 동남아시아로의 남진 정책을 결정했다. 서유럽이 제2차 세계대전에 휘말려 있는 틈을 타, 서유럽의 식민지였던 동남아시아를 노린 것이다. 1940년 9월, 일본은 프랑스의 식민지였던 베트남 북부를 사실상 점령했다. 당시 중국 문제를 두고 일본과 대립하던 미국은 일본의 남진 그리고 삼국동맹 체결에 크게 반발했다. 그래서 고철 수출을 금지하는 등 경제제재를 단행하기 시작했다. 이에 일본은 미국과의 타협을 모색했고, 1941년 4월부터 미국과 협상을 시작했다. 그러나 중국으로부터의 철병을 요구하는 미국의 입장과 중국에서의 대규모 이권 취득을 원하는 일본의 입장 차는 무척이나 컸다. 더욱이 일본은 미국과의 협상 중에도, 추가로 남진을 단행해 1941년 7월, 베트남 남부를 점령하기까지 했다.

일본의 추가적인 남진은 미일 관계를 결정적으로 악화시켰다. 미국은 일본의 대미 자산을 동결하고, 석유 수출을 전면 금지했다. 더욱이 일본에 대한 제재에 중국, 영국, 네덜란드가 동참함으로써 소위 'ABCD 포위진'이 형성되었다. 미국의 경제제재, 특히 석유 수출 금지는 일본에 큰 충격을 주었다. 특히 군부는 석유 고갈로 인한 군사력의 붕괴 그리고 미국에 대한 굴복을 염려했다. 이런 상황에서 1941년 10월, 육군 출신의 도조 히데키東條英機가 이끄는 도조 내각(1941년 10월~1944년 7월)이 출범했다. 도조 내각은 미국과의 협상이 타결되지 않으면, 일본의 팽창을 저지하고 있는 미국을 선제공격하기로 의견을 모았다. 그 후 1941년 11월, 미국이 일본 측에 소위 '헐 노트'를 제시했는데, 이것은 일본군이 중국에서 완전히 철수하는 것을 요구하는 각서였다. 이에 일본 수뇌부의 의견은 급속히 전쟁으로 기울었고, 12월 1일의 어전회의에서 대미 전쟁을 정식으로 결정했다. 그리고 12월 7일, 일본군이 하와이 진주만을 기습 공격함으로써 태평양전쟁이 시작되었다. 결국, 중국과의 단기 결전으로 시작한 일본의 중일전쟁은 미국과의 전쟁으로 확대되었던 셈이다.

3. 일본 정치 지도층의 대 중국 인식

그렇다면, 당시 일본 정치 지도층의 대 중국 인식은 어떠했을까? 해당 사항을 중일전쟁과 관련해서 파악한다면, 대략 세 가지의 물음과 답으로 정리할 수 있다.

첫째, 중일전쟁의 발발과 확대와 관련해 그 책임은 누구에게 있을까? 여기에 관한 일본 정치 지도층의 견해는 확고했다. 그들은 중국 측에 책임이 있다고 보았다. 가령 1937년 9월 6일, 제72의회(임시군사비 관련 법률안과 예산안을 처리하기 위해 소집) 중의원 본회의(임시군사비 관련 법률안 심사)에서 정우회政友會의 시마다 도시오島田俊雄 의원은 육해군 장병에 대한 감사 결의안 채택을 주장했는데, 이때 중일전쟁 발발 원인에 대해 다음과 같이 발언했다.

이번 지나사변은 지난 7월 7일, 노구교에서의 지나군의 불법 사격 사건이 단초가 되어, 그 후 점차 확대되어서, 오늘날과 같은 전면적인 사변이 된 것입니다. 우리나라는 사건에 대해 소위 불확대, 현지 해결의 방침으로 임했지만, 지나 쪽에서 마음대로 협약을 유린하고, 맹렬하게 항일의 기세를 선동하며 대군을 북지北支[19]에 집중시켰을 뿐 아니라, 한편으로는 상해에서도 일을 꾸미기에 이르렀고, 종국에는 남북에 걸쳐 전면적으로 전운戰雲을 감돌게 했습니다.[20]

이것은 당시 전형적인 일본 측 입장이었다. 특히 중일전쟁의 직접적인 계기가 된 노구교에서의 군사 충돌 원인을 중국 측의 불법 사격이라는 주장은 일본 육군의 발표를 그대로 인정한 것이다. 당시 노구교 부근에는 일본군이 주둔하고 있었는데, 1937년 7월 7일 야간 훈련을 하던 중 총성이 들리고 병사 한 명이 실종되었다. 현지 일본군은 이를 중국 측의 도발로 간주하고 중국군을 공격하기 시작했다. 이후 실종되었던 병사는 무사히 부대로 복귀했지만, 총성의 원인은 끝내 밝혀지지 않았다. 하지만 당시 일본군은 총성을 중국 측의 도발로 간주했는데, 시마다 의원도 이 견해를 받아들인 것이다. 또 시마다 의원은 일본이 애초에 사건을 불확대, 현지 해결의 방침으로 임했다고 말했다. 사실 충돌 초기에 일본 정부가 불확대 방침을 채택했고, 현지에서도 일시적으로나마 양군 간에 정전협정이 맺어지긴 했다. 그러나 일본군은 원인이 밝혀지지 않은 총성을 빌미로 중국 측에 고압적인 태도를 보였고, 일본 정부도 사죄, 배상, 병력 증파 등의 강경책을 채택해 중국 측의 저항을 초래했다. 더욱이 시마다 의원은 장개석의 국민정부가 일본군에 맞서 화북지방에 병력을 증파시킨 것을 비난하는 한편, 중국이 상해에서 일을 꾸몄다고 비난하고 있다. 1937년 7월의 노구교사건 이후, 8월에 상해에서는 일본의 해군육전대 소속 오야마 이사오大山勇夫가 중국의 보안대원에 의해 사살되는 사건이 벌어졌다(오야마 사건). 이는 일본의 군인이 중국의 공항을 무리하게 정찰하다가 벌어진 일

---

19) 중국 북부.
20) 『第72回帝国議会衆議院議事速記録』 第2号, 1937년 9월 6일, 16.

이었고, 오늘날에는 일본군의 의도적인 도발이라는 견해가 유력하다.[21] 하지만 일본군은 이를 빌미로 중국을 압박하며 상해에 대군을 파견했고, 결국 중국군과 일본군은 각각 수십만 대군을 동원해 상해에서 치열한 전투를 벌였다. 상해는 국제도시이며 서구의 조계가 있었기 때문에 중국으로서는 세계에 일본의 침략을 알리는 데 효과적인 장소이기도 했다.[22] 결국, 상해에서의 전투는 중일전쟁의 확대에 커다란 기점이 되었다. 시마다 의원은 상해 전투를 기점으로 한 중일전쟁의 확대를 중국의 책임으로 돌린 것이다. 시마다 의원의 견해는 같은 날, 중의원예산위원회(임시군사비 예산안 심의)에서 히로타 고키広田弘毅 외무대신이 했던 발언과도 일맥상통한다. 중국 국민정부와의 외교 교섭은 어떻게 진행되고 있는지에 대한 의원의 질문에 대해, 히로타 외무대신은 일본 정부는 장개석이 이끄는 남경 정부(국민정부)에 대해 주의를 환기시켰다고 주장하는 한편, 남경 정부에 정전협정의 필요성을 주장하고 양군의 교전을 줄이기 위해 노력했지만, 남경 정부가 이를 받아들이지 않았다고 밝혔다.[23] 요컨대 일본은 사건이 전쟁으로 확대되지 않도록 노력했다는 것이다. 이와 같은 견해는 단기 결전의 계획이 빗나가고, 전쟁이 장기화로 접어들 무렵인 1938년에도 변하지 않았다. 예를 들어 1938년 3월 9일, 제73의회(1937년 12월 소집) 중의원 본회의에서 정우회의 하라구치 하쓰타로原口初太郎 의원은 임시군사비 제1차 추가예산안에 대해 찬성 의견을 밝히면서, "제국 정부는 사변 발발 당초에, 불확대·현지 해결 방침을 견지했지만, 안타깝게도 지나 국민정부의 계획적 항일 행동 때문에 확대될 수밖에 없었습니다"[24]라고 주장했다. 정리하자면, 일본 정치 지도층은 중일전쟁의 발발과 확대와 관련해 그 책임이 전적으로 중국에 있다고 본 것이다.

---

21) 笠原十九司, 『海軍の日中戦争』, 東京: 平凡社, 2015, 38-77 참조.

22) 래너 미터, 기세찬·권성욱 역, 『중일전쟁』, 글항아리, 2020, 112.

23) 『第72回帝国議会衆議院予算委員会議録』 第2回, 1937년 9월 6일, 19.

24) 『第73回帝国議会衆議院議事速記録』 第25号, 1938년 3월 9일, 583.

둘째, 중일전쟁의 발발과 확대의 책임이 중국에 있다면, 일본의 침략에 대한 중국의 민족적 저항을 어떻게 이해해야 할까? 일본 정치 지도층은 중국의 저항을 민족적 저항으로 인식하지 않고 이를 '비적匪賊'의 활동, 공산주의, 외국 세력의 지원 탓으로 돌렸다. 먼저 중국의 저항을 '비적', '단비團匪' 등의 활동으로 간주하는 경우를 살펴보자. 1937년 9월 9일, 제72 의회 귀족원 본회의(1937년도 세입세출 총예산 추가안 심의)에서 교우구락부交友倶樂部의 다케코시 요사부로竹越與三郎 의원은 임시군사비 예산안에 대해 찬성의 의견을 표하면서 다음과 같이 말했다.

> 지금은 이미 북지사건北支事件도 아니고 일지사건日支事件도 아닙니다. 이것은 단비의 재현再現입니다. 지금으로부터 30여 년 전에 산동山東의 일각에서 의화단이라고 하는 종교와 같은 애국 운동 같은 것이 일어났습니다만 (…) 모든 외국인을 배척하고 북경에 있는 모든 외국인을 살육하는 대운동이 되었는데 (…) 오늘의 시국을 보니, 이미 보통의 사건이 아니라 단비의 난의 재현입니다. 그 증거로 남경에 있는 사려 있는 정치가는 모두 권력을 잃었고, 공산당 혹은 외국 배척파의 손에 떨어졌습니다.[25]

다케코시 의원은 중국의 항일과 군사적 저항을 1900년 화북지방에서 일어난 의화단 운동과 같다고 주장하고 있다. 물론 여기서 그가 강조하는 것은 민족적 저항이 아니라, 맹목적 배외, 외국인 학살이다. 즉 그는 일본에 저항하는 중국 세력을 극단적 사상을 가진 폭도로 간주한 것이다. 이와 같은 시각은 일본 육군의 그것과 비슷하다. 1940년 2월 7일, 제75의회(1939년 12월 소집) 중의원 예산위원회(임시군사비 제3차 추가예산안 심의)에서 하타 슌로쿠畑俊六 육군대신은 전황을 설명하는 도중에 '비적'들이 철도를 파괴하고 있다고 지적하면서, '비적'의 토벌을 언급하기도 했다.[26] 참고로 일본군은 게릴라전을 구사하는 중국 공산당 측, 홍군紅軍도

---

25) 『第72回帝国議会貴族院議事速記録』 第5号, 1937년 9월 9일, 35.
26) 『第75回帝国議会衆議院予算委員第四分科会議録』 第1回, 1940년 2월 16일, 20-21.

'비적', '단비' 등으로 불렀다.[27] 참고로 중국 공산당의 활동이 활발해지자 '비적', '단비' 등은 거의 홍군과 동일시되었다.

다음으로 중국의 저항을 공산주의 세력으로 간주하는 시각을 살펴보자. 1937년 9월 6일, 제72의회 중의원 예산위원회(임시군사비 예산안 심의)에서 고노에 수상은 중국 정책 관련 질문에 답변하는 과정에서 다음과 같이 밝혔다.

> 현재 지나가 항일 정책을 고수하고 있는데, 이 정책의 배후에는 적화 세력이 숨어 있어서 여러 가지로 조종하고 있다는 것은 천하가 다 아는 사실입니다. 이번 사변에서 제국의 목적은 직접적으로는 어제도 말씀드린 대로 지나의 반성을 촉구해서 지나의 항일 정책을 포기하게 만드는 것입니다. 간접적으로는 그 배후에 있는 적화 세력을 지나에서 일소하고, 적화 세력을 배격하는 것이 간접 목적이라고 생각합니다.[28]

이것은 흡사 중국 전체를 '빨갱이'로 매도하는 것과 같은 말인데, 앞에서 언급한 다케코시 의원의 의견과도 일맥상통한다. 중국의 공산화 가능성을 주장하는 의견은 이후에도 계속 등장한다.[29]

마지막으로 외국 세력의 지원 탓을 살펴보자. 1937년 9월 6일, 제72의회 중의원 예산위원회(임시군사비 예산안 심의)에서 민정당의 오가와 고타로小川郷太郎 의원은 정부 측에 임시군사비의 지출과 작전 현황에 대해 질문하면서, 소련이 중국에 비행기와 기타 군수품을 지원하고 심지어 비행사를 공급하고 있다고 지적하는 한편, 그 때문에 중국 정부와 중국군이 공산화될 우려가 있다고 말했다.[30] 국민정부의 공산화 가능성은 현실성이

---

27) '공산비共産匪'라는 표현도 있다. 『第73回帝国議会衆議院予算委員会議録』第12回, 1938년 3월 1일, 5. 그 외에 '토비土匪', '비단匪團'이라는 표현도 쓰였다.
28) 『第72回帝国議会衆議院予算委員会議録』第2回, 1937년 9월 6일, 25.
29) 『第76回帝国議会衆議院予算委員会議録』第10回, 1941년 2월 4일, 236 참조.
30) 『第72回帝国議会衆議院予算委員会議録』第2回, 1937년 9월 6일, 6-7.

떨어지지만, 실제로 당시 소련이 중국에 무기를 제공하고 있는 것은 사실이었다. 하지만 일본이 더욱 불만이었던 것은 정치·경제적으로 긴밀한 관계를 맺고 있는 미국·영국의 장개석 지원이었다. 이것과 관련해서는 정부측 인사보다 의원들의 불만 표출이 두드러진다. 가령 1940년 2월 7일, 제75의회 중의원 예산위원회(임시군사비 제3차 추가예산안 심의)에서 정우회의 구보이 요시미치窪井義道 의원은 중국에 미국, 영국, 프랑스, 이탈리아 등의 조계가 있다고 지적하면서, "특히 장개석을 원조하기 위해 이들 나라가 사변 이래 마음대로 군수 자재, 군용기 등을 장개석에게 보내, 적을 이롭게 한 것은 말할 나위도 없습니다. (…) 또 여러 나라는 일본이 신사적인 태도를 취하고 있음에도 현재 일본과 전쟁하고 있는 적에게 온갖 원조를 하는 상황입니다"31)라고 했고, 2월 10일, 제75의회 예산위원회(임시군사비 제3차 추가예산안 심의)에서 동방회東方會의 유타니 요시하루由谷義治 의원은 외무대신에게 미국의 동향을 묻는 과정에서 "일본과 전쟁을 하는 상대인 장개석 정부에, 2,000만 달러의 차관을 준 것은 국민이 말하기를, 새롭게 아메리카라는 적국이 나타났다"32)라고 언급하면서, 정부의 대책을 촉구했다. 태평양전쟁 발발 전까지 미국, 영국, 소련은 중립을 유지하면서도 중국의 국민정부를 원조했는데, 이에 대한 불만을 터뜨린 것이다. 정리하자면, 일본 정치 지도층은 중국의 민족적 저항을 '비적'의 활동으로 폄훼하는가 하면, 공산당과 외국 세력에 의해 억지로 유지되는 것으로 간주했던 셈이다.

셋째, 그렇다면 중국과 일본의 바람직한 관계는 어떤 것일까? 여기에 관한 일본 정치 지도층의 견해는 중국의 굴복 및 일본에 의한 중일 제휴로 압축할 수 있다. 물론 일본 정치 지도층도 일본과 중국의 우호를 강조하긴 했다. 하지만 그것은 장개석의 국민정부가 굴복하는 것을 전제로 한

31) 『第75回帝国議会衆議院予算委員会議録』 第4回, 1940년 2월 7일, 37.
32) 『第75回帝国議会衆議院予算委員会議録』 第7回, 1940년 2월 10일, 131.

것이었다. 1937년 9월 9일, 제72의회 귀족원 본회의(1937년도 세입세출 총예산 추가안 심의)에서 연구회研究會의 이노우에 다다시로井上匡四郎 의원은 임시군사비 예산안 등에 찬성의 뜻을 표하면서, 일본이 가장 친하게 지내야 할 나라는 중국이라고 강조했다. 그리고 중국의 고대 문화에 대해 찬사의 늘어놓은 다음, 일본은 결코 중국 국민을 적으로 하는 것이 아니며, 잘못된 지도 정신 아래 일본 국민에 맞서고 있는 남경의 국민정부 및 그 군대를 적으로 하고 있다고 말했다.[33] 나아가 1938년 1월 25일, 제73의회 귀족원 본회의(국무대신의 연설)에서 고노에 수상은 "북지北支 기타 지역에 일본과 진정으로 제휴할 만한 신정권의 성립을 기대하고 있습니다"[34]라고 했고, 해군 출신의 내무대신 스에쓰구 노부마사末次信正는 "지나가 의지할 수 없는 것을 의지하면서 무익한 저항을 계속한다면, 결국 지나 전토全土가 초토"[35]화할 것이라고 주장했다. 사실상 국민정부의 항복을 전제로 한 발언인데, 그 상태에서 중국과 일본의 제휴를 강조하는 발언이 쏟아진 것은 말할 나위도 없다. 1937년 9월 6일, 중의원 예산위원회(임시군사비 예산안 심의)에서 정우회의 오카다 다다히코岡田忠彦 의원은 히로타 고키 외무대신에게 중국 정책에 대해 질문하면서, 일본은 원래 영토 야심이 없다고 전제한 다음 북지北支, 즉 북중국을 일본과 특수한 관계로 묶고, 그곳의 자원을 이용해야 한다고 주장했다.[36] 그러자 히로타 외무대신은 북중국은 일본·만주·중국의 관계에 있어서 그 연장선의 지역이라고 하면서 오카다의 주장을 긍정하는 답변을 했다.[37] 나아가 히로타 외무대신은 다음과 같이 말했다.

---

33) 『第72回帝国議会貴族院議事速記録』第5号, 1937년 9월 9일, 35.
34) 『第73回帝国議会貴族院議事速記録』第3号, 1938년 1월 25일, 23.
35) 『第73回帝国議会貴族院議事速記録』第3号, 1938년 1월 25일, 23.
36) 『第72回帝国議会衆議院予算委員会議録』第2回, 1937년 9월 6일, 17-18.
37) 『第72回帝国議会衆議院予算委員会議録』第2回, 1937년 9월 6일, 18.

우리 제국의 지나에 대한 방침은. 종국에는 일日·지支가 제휴해서 동아의 안정을 꾀하고 상호 공영을 도모하는 것에 있습니다. 그런 의미로서 남경 정부의 반성을 재차 촉구하는 것입니다.[38]

이것은 비교적 중일전쟁 초기의 발언인데, 이후에도 그런 기조는 변하지 않았다. 1938년 3월 4일, 중의원 예산위원회(임시군사비 제1차 추가예산안 심의)에서 민정당의 하라 후지로原夫次郎 의원이 정부 측에 대해 행한 다음 발언도 그런 예이다.

우리 일본이 이렇게 대 희생. 대 결심을 가지고 일·지의 진정한 제휴를 통해 극동 평화를 확립하려고 할 때를 맞아, 임시정부에 의해 착실히 개선되고자 하는 지나에 대해서는, 상당한 군대가 주둔하는 것에 아무도 이견이 없을 것으로 생각합니다.[39]

이에 대해 히로타 고키 외무대신은 하라 의원의 취지에 공감하면서, 점령지 내 주민을 돕고, 일본의 진의를 이해시키기 위해 여러 가지 방법을 생각하고 있다고 대답했다.[40] 일본 측이 구상한 제휴가 어떤 것인지가 잘 드러나는 문답이라 할 수 있다. 이렇게 볼 때, 일본 정치 지도층은 장개석의 국민정부가 일본에 굴복(혹은 해체)하고, 중국이 일본에 예속되는 형태로 제휴하는 것을 원했다고 볼 수 있다.

첫 번째·두 번째·세 번째를 정리하면, 일본 정치 지도층은 중일전쟁에 대한 책임이 중국에 있다고 보았고, 중국의 민족적인 저항을 '비적'의 활동·공산주의·외국 세력의 지원 탓으로 폄훼했으며, 중일 관계를 중국의 굴복과 예속을 전제로 바라보았다고 할 수 있다. 이렇게 볼 때, 중일전쟁기 일본 정치 지도층의 대 중국 인식은 대 중국 멸시라고 정리할 수 있다.

---

38) 『第72回帝国議会衆議院予算委員会議録』 第2回, 1937년 9월 6일, 19.
39) 『第73回帝国議会衆議院予算委員会議録』 第15回, 1938년 3월 4일, 21.
40) 『第73回帝国議会衆議院予算委員会議録』 第15回, 1938년 3월 4일, 21.

4. 일본 정치 지도층의 전쟁 수행 논리

그럼, 이제 전쟁 수행 논리에 대해 살펴보자. 전쟁 수행 논리는 앞에서 언급한 대 중국 인식과 관련해서 세 가지로 정리할 수 있다.

첫째, '응징應懲'의 논리를 들 수 있다. 중일전쟁 발발과 확대의 책임이 중국에 있다고 간주한 일본 정치 지도층은 중일전쟁 초기, 중국에 대한 응징을 강하게 주장했다. 즉, 중국을 응징해서 반성을 촉구한다는 것이었다. 1937년 8월 15일, 즉 일본 정부, 다시 말해서 고노에 내각은 「제국정부성명」을 발표했는데, 그 일부는 다음과 같다.

> 제국으로서는 이미 참는 것이 한계에 도달했으며, 지나군의 포악함을 응징함으로써 남경정부의 반성을 촉구하기 위해 부득이 단호한 조치를 취하기에 이르렀다.[41]

중국에 대한 응징 표명은 이후에도 계속 등장한다. 가령 1937년 9월 6일, 제72의회 중의원 예산위원회(임시군사비 예산안 심의)에서 스기야마 겐 육군대신은 임시군사비 예산안을 요구하면서, "단호하게 난폭한 남경 정부 및 군대를 철저하게 응징하는 것이 제국 정부의 결의"[42]라고 했고, 민정당의 오가와 고타로小川鄕太郎 의원도 중국 정부와 군대가 공산주의로 가는 길이 점점 열리는 것 같다면서 "그렇기에 지금 우리가 지나를 응징하는 싸움을 하고 있습니다"[43]라고 발언했다. 당시 일본에서는 사회 전반에 걸쳐 강력한 반중 감정과 함께 "폭지응징暴支膺懲(난폭한 지나를 응징함)"이란 말이 유행하고 있었는데, 정치 지도층의 인식도 이것과 거의 다

---

41) 「北支事変特輯」, 1937년 8월 17일, 『各種情報資料·北支事変関係情報綴其ノ二』, 国立公文書館 소장(Ref.A03023899000, アジア歴史資料センター).
42) 『第72回帝国議会衆議院予算委員会議録』 第2回, 1937년 9월 6일, 3.
43) 『第72回帝国議会衆議院予算委員会議録』 第2回, 1937년 9월 6일, 7.

르지 않은 셈이다. 여기서 등장하는 일본어 '응징'은 한국어의 '응징'과 한자가 같고 단어의 뉘앙스도 같다. 이것은 상대를 동등한 국가가 아니라, 격이 낮은 존재로 취급하는 것이다.

그렇다면 '응징'은 어떻게 실행에 옮겨졌을까? 일본의 정치 지도층은 그 해답을 단기 결전에서 찾았다. 즉, 중국군에 철저한 타격을 입혀서 국민정부를 굴복시킨다는 것이었다. 1937년 9월 6일, 제72의회 중의원 예산위원회(임시군사비 예산안 심의)에서 고노에 수상은 중일전쟁과 관련한 군사비 예산을 설명하면서, 장기에 걸쳐 저항하는 것은 중국 측의 계략·전략이고, 중국에 철저하게 타격을 가하는 것이 득책이라고 강조했다.[44] 스기야마 육군대신의 의견도 그와 같았는데, 그는 "철저하게 타격을 가해서 빨리 해결을 지어야 한다고 생각하고 있고, 이미 그 계획을 실행하고 있다"라고 말했다.[45] 정부 인사들은 임시군사비 예산안 약 20억 엔이 단기 결전, 속전속결을 위한 예산임을 강조하면서 이를 통과시켜 달라고 한 것이다. 실제로 이후 일본군은 국민정부의 수도인 남경 공략을 목표로 빠르게 전진했고, 수도를 함락시키기도 했다. 요컨대 응징의 논리는 단기 결전의 시도로 이어졌다고 말할 수 있다. 물론, 단기 결전 시도는 이후 전쟁이 장기전으로 흘러감에 따라 점차 사라지게 된다.

둘째, '비적' 소탕·방공防共·외국 세력 배격의 논리를 살펴보자. 이것은 중국의 항일은 '비적', 공산주의, 외세의 지원에 힘입은 잘못된 것이기 때문에, '비적'을 소탕하고 공산주의를 막으며 미국·영국·소련 등의 외세를 배척해야 한다는 논리라고 할 수 있다. 이 논리는 중일전쟁 초기에는 별로 강조되지 않았지만, 전쟁이 장기화로 흘러감에 따라 점점 크게 강조되었다. 그 이유는 초기에 단기 결전으로 국민정부를 굴복시킬 수 있을 것으로 기대했기 때문이다. 그렇게 중국의 항복을 받아내면, 중국의 항일에 대한

---

44) 『第72回帝国議会衆議院予算委員会議録』 第2回, 1937년 9월 6일, 6.
45) 『第72回帝国議会衆議院予算委員会議録』 第2回, 1937년 9월 6일, 6.

평가는 더이상 중요하지 않게 된다. 그러나 1937년 12월 남경이 함락되었음에도 국민정부는 저항을 계속했고, 1938년부터 전쟁이 장기전으로 흘러감에 따라 '비적' 소탕·방공·외세 배척의 논리는 더욱 강화된다. 가령 1938년 3월 1일, 제73의회 중의원 예산위원회(임시군사비 제1차 추가예산안 심의)에서 스기야마 육군대신은 전황에 관해 설명했는데, 이때 다음과 같이 언급했다.

> 산서성山西省 방면의 산지 내에는 공산비共産匪가 준동하고 있습니다만, 이들은 소재의 농민을 강제 징발해서 편성하는 경우가 많아, 진짜 공산당원은 극소수입니다. 그 비율은 전체적으로 100분의 5가 안 되는 경우도 있습니다. 일반적으로 공산비의 난폭한 행동은 주민이 혐오하고 있습니다. 그들의 주둔이 길어짐에 따라 촌락 등에서는 일본군의 점거를 기뻐하고 있으며, 우리 군의 지도를 따라 치안 회복에 노력하는 이도 적지 않습니다.[46]

그렇게 밝히며 스기야마 육군대신은 촌락에서 '공산비' 토벌이 필요함을 언급했다. 여기서 '공산비'는 중국 공산당 게릴라를 지칭하는데, 사실상 중국 공산당의 홍군을 가리킨다. 요컨대 중국 게릴라전을 통한 민족적 저항은 한낱 '비적'에 불과하므로 토벌하면 그만이라는 논리이다. 앞에서 언급했듯이, 1940년 2월 16일, 제75의회(1939년 12월 소집) 중의원 예산위원회(임시군사비 제3차 추가예산안 심의)에서 하타 슌로쿠 육군대신은 '비적'들이 철도를 파괴하고 있다고 하면서 '비적'의 토벌에 관해 언급했는데, 이것도 그런 맥락의 주장이다. 다음으로 방공에 관한 문제를 보자. 1940년 2월 7일, 제75의회 중의원 예산위원회(임시군사비 제3차 추가예산안 심의)에서 정우회의 구보이 요시미치 의원은 방공을 강조하면서, 중국에서 공산당은 장개석과 깊이 연결되어 있고, 국민당과 소련도 연관되어 있다고 주장했다. 그래서 1936년 방공협정을 맺은 독일·이탈리아와의 유

---

46) 『第73回帝国議会衆議院予算委員会議録』第12回, 1938년 3월 1일, 5.

대를 강화하는 한편, 중국과도 방공협정을 맺어야 한다고 주장했다. 이에 대해 아리타 하치로有田八郎 외무대신도 구보이 의원의 의견을 긍정적으로 평가했다.[47] 방공협정을 매개로 외부에서는 독일·이탈리아, 중국 내에서는 괴뢰 정부와의 유대를 강화하자는 것이다.[48] '비적' 소탕·방공의 강조와 함께 외세 배격 논리도 강조되었다. 전쟁이 장기화에 접어들기 시작한 1938년 3월 2일, 중의원 예산위원회(임시군사비 제1차 추가예산안 심의)에서 스기야마 육군대신은 전쟁 경비를 설명하면서, 장기전과 복잡한 국제관계 속에서 제3국의 간섭·책모를 막아야 한다고 언급했다.[49] 물론, 여기서 제3국은 주로 미국, 영국, 소련을 의미한다. 이후에도 외세 배격의 주장은 더욱 강해진다. 1938년 3월 7일, 제73의회 중의원 예산위원회(임시군사비 제1차 추가예산안 심의)에서 동방회의 유타니 요시하루 의원은 임시군사비 제1차 추가예산안과 관련해 히로타 고키 외무대신에게 질의하면서 "파나이 호 사건[50] 이래, 일본이 지나에 대한 군사행동에서 무엇인가를 두려워하는 것 같은 낌새가 있는 것을 가슴 아프게 생각합니다. 영국을 두려워하는 것인지, 아메리카를 두려워하는 것인지 말하기는 어렵지만"[51]이라고 말했다. 그리고는 정부가 장기전을 버리고 단기 섬멸전에 나설 것을 주장했다. 미국·영국과의 관계를 고려하지 말고, 신속하게 국민정부를 무너뜨리자는 주장이었다. 1940년 9월의 베트남 북부 점령 이후에는 대외 관계의 악화에 따라 일본 정치 지도층의 태도 또한 더욱 강경해졌는데, 가령 1941년 1월 26일, 제76의회(1940년 12월 소집) 중의원 예

---

47) 『第75回帝国議会衆議院予算委員会議録』 第4回, 1940년 2월 7일, 34-36.

48) 물론, 독일·이탈리아와의 유대를 강화하는 것에 대한 우려도 존재했다. 『第74回帝国議会衆議院予算委員会議録』 第19回, 1939년 3월 8일, 2-3 참조.

49) 『第73回帝国議会衆議院予算委員会議録』 第12回, 1938년 3월 1일, 3.

50) 1937년 12월, 양자강을 항해하던 미 군함 파나이 호를 일본의 항공기가 공격해서 침몰시킨 사건.

51) 『第73回帝国議会衆議院予算委員会議録』 第17回, 1938년 3월 7일, 41.

산위원회(임시군사비 제4차 추가예산안 심의)에서 중의원의원구락부의 구보이 요시미치窪井義道 의원은, 미국이 스스로 세계 평화를 유지하는 것처럼 행동하지만, 미국이야말로 세계 평화를 혼란에 빠뜨리고 세계전쟁을 스스로 만드는 것 같다고 지적했다. 그리고 미국의 장개석 지원을 강력하게 비난했다. 그리고 마쓰오카 요스케松岡洋右 외무대신이 이에 동의하는 긴 발언을 이어나감으로써 박수를 받았다.[52] 이제 중국을 지원하는 외세를 일본의 잠재적 적국으로 간주한 것이다. 이처럼 중일전쟁과 함께 따라 비적 소탕·방공·외세 배척의 논리는 점점 강화되었다.

그럼 '비적' 소탕·방공·외국 세력 배격의 논리는 어떻게 실행에 옮겨졌을까? 앞에서 다루었듯이, 1938년 3월 1일, 제73의회 중의원 예산위원회(임시군사비 제1차 추가예산안 심의)에서 스기야마 겐 육군대신은 촌락에서 '공산비' 토벌이 필요하다는 것을 언급했는데, 그는 필요성만 언급하지 않았다. 스기야마 육군대신은 무력과 선무공작을 병행하고 있음을 밝히면서, 하북성河北省 및 하남성河南省 북부에서 약 3만 명이 일본군에 귀순 혹은 귀순 예정이라고 밝혔다. 그리고 '공산비'에 대해 요지에 병력을 배치해서 치안을 회복시키고 있다고 말했다.[53] 체계적인 대책을 세우지 않고서는 '비적'에 대처할 수 없게 된 것이다. 그리고 1940년 8월의 백단대전百團大戰 이후, 일본군은 매우 광범위한 지역을 파괴하면서 '비적', 즉 항일 게릴라 소탕에 힘을 기울이게 된다. 방공의 경우, 일본은 1940년 9월에 과거 방공협정을 맺었던 독일·이탈리아와 삼국동맹을 체결해 유대를 더욱 강화했고, 같은 해 11월에는 왕정위 괴뢰 정부와 방공협정을 포함한 일화기본조약[54]을 맺었다. 외국 세력 배격도 실행에 옮겨졌다. 일본은 방공협정을 통해 미국·영국·소련을 견제했고, 미국의 반대를 무릅쓰고 1940

---

52) 『第76回帝国議会衆議院予算委員会議録』 第5回, 1941년 1월 26일, 66-69.

53) 『第73回帝国議会衆議院予算委員会議録』 第12回, 1938년 3월 1일, 5.

54) 조약 내용에 관해서는 『官報』, 1940년 12월 3일, 33(国立国会図書館デジタルコレクション) 참조.

년과 1941년에 걸쳐 베트남을 점령했다. 일본은 중국은 물론, 동아시아 전체에서 미국·영국·소련의 영향력 차단을 시도한 셈이다.

셋째, 괴뢰 정부 수립의 논리를 들 수 있다. 명목상 이것은 중국과 일본의 '제휴'를 위해, 일본에 우호적인 '정부'의 수립을 유도하겠다는 것이지만, 실제로는 괴뢰 정부 수립을 의미했다. 괴뢰 정부 수립은 중국과의 제휴와 함께 자주 언급된다. 앞에서 언급했듯이, 1938년 1월 25일, 제73의회 귀족원 본회의(국무대신의 연설)에서 고노에 수상은 "북지北支 기타 지역에 일본과 진정으로 제휴할만한 신정권의 성립을 기대하고 있습니다"[55]라고 했다. 이것은 고노에 수상이 발표한 제1차 고노에 성명과도 합치된다. 남경을 함락시킨 뒤에도 국민정부가 굴복하지 않자 발표한 이 성명의 일부 내용은 다음과 같다.

> 제국 정부는 차후 국민정부를 상대하지 않고, 제국과 진정으로 제휴할만한 신흥 정부의 성립·발전을 기대하며, 신흥 정부와 양국 국교를 조정하고, 갱생해서 신 지나의 건설에 협력하고자 한다.[56]

이후 1938년 11월에 발표한 제2차 고노에 성명에서는 태도가 조금 누그러지긴 했지만, 괴뢰 정부를 수립한다는 취지는 변함이 없었다.[57] 정부 인사만 괴뢰 정부 수립을 주장한 것은 아니었다. 가령 1938년 3월 11일, 제73의회 귀족원 예산위원회(임시군사비 제1차 추가예산안 심의)에서 동화회同和會의 오시마 겐이치大島健一 의원은 대규모 임시군사비 예산안에 찬성하면서, 정부 측에 장개석 정권의 타도와 그 휘하의 항일 병력 섬멸,

---

55) 『第73回帝国議会貴族院議事速記録』 第3号, 1938년 1월 25일, 23.
56) 「帝国政府声明」, 1938년 1월 16일, 『各種情報資料·支那事変彙報』, 国立公文書館 소장(Ref. A03023981800, アジア歴史資料センター).
57) 「近衛首相演述集」(その二)/1, 第一章 「声明、告諭、訓令、訓辞」, 12-15, 『外務大臣(其ノ他)ノ演説及声明集』 第三巻, 外務省外交史料館 소장(Ref.B02030031600, アジア歴史資料センター).

친일 방공의 문화를 가진 중국의 건설을 주문했다.[58] 또 1939년 2월 22일, 제74의회(1938년 12월 소집) 중의원 예산위원회(임시군사비 제2차 추가예산안 심의)에서 정우회의 하라 소베原惣兵衛 의원은 중국에 세운 임시정부[59]에 상당한 지식이 있는 일본인 인재를 들여보내, 지도하고 협력하면서 진정한 중일 제휴를 도모해야 한다고 발언했다.[60] 중국의 자원과 시장을 차지하고 싶지만, 제1차 세계대전 이후 남의 나라를 노골적으로 식민지로 삼는 것이 국제적으로 금기시되는 상황에서, 괴뢰 정부 수립을 모색한 것이다.[61]

괴뢰 정부와 관련한 일본 정치 지도층의 발언은 결코 빈말이 아니었다. 일본은 중일전쟁 초기부터 여러 곳에 괴뢰 정부를 수립했다. 이것은 지방 차원에서 세운 정부들이었다. 하지만 장개석의 국민정부가 일본에 굴복하지 않고 끝까지 저항하자, 장개석의 국민정부를 완전히 대체할 전국적인 정부 수립을 모색했다. 그래서 국민정부의 유력자 왕정위를 포섭하는 공작을 감행했고, 그 결과 왕정위는 중경의 국민정부에서 탈출해 일본에 합류한 다음, 1940년 3월, 정식으로 괴뢰 정부를 수립했다. 1940년 2월 7일, 제75의회 중의원 예산위원회(임시군사비 제3차 추가예산안 심의)에서 요나이 미쓰마사米内光政 수상은 왕정위 정권의 수립, 대중 관계에 관한 질문에 대해, "새로운 중앙정부가 수립되고 신속하게 정리되어, 그 기초가 공고해지는 것을 바라고 있습니다. 그즈음에 새로운 중앙정부를 인정하고, 공사 혹은 대사를 파견하는 것이 당연하다고 생각합니다"[62]라고 대답했

---

58) 『第73回帝国議会貴族院予算委員会議事速記録』 第15号, 1938년 3월 11일, 16.
59) 일본이 중일전쟁 초기에 북경에 세운 임시정부. 나중에 왕정위 정부와 합쳐졌다.
60) 『第74回帝国議会衆議院予算委員会議録』 第14回, 1939년 2월 22일, 6.
61) 참고로 일본은 시베리아 출병, 만주사변 당시에도 괴뢰 정부를 수립했다. 중일전쟁 초기에도 중국에 복수의 괴뢰 정부를 수립했는데, 나중에는 왕정위를 중심으로 하나로 합쳐졌다.
62) 『第75回帝国議会衆議院予算委員会議録』 第4回, 1940년 2월 7일, 34.

다. 그리고 다음 날인 2월 8일, 정우회의 안도 마사즈미安藤正純 의원은 왕정위 정부의 수립을 환영하는 뜻을 밝히면서, 왕정위 정권에 부족한 재력과 병력을 지원해주기 위해, 일본군의 병력 주둔·중국과의 경제 제휴를 주장하기도 했다. 정식으로 출범하기 직전인 왕정위 괴뢰 정부에 대한 기대를 엿볼 수 있는 대목이다. 그렇게 괴뢰 정부 수립의 논리는 실행에 옮겨졌다.

첫 번째·두 번째·세 번째를 정리하면, 일본 정치 지도층은 대 중국 멸시에 기초해, 중일전쟁에서 '응징'의 논리, '비적' 소탕·방공·외국 세력 배격의 논리, 괴뢰 정부 수립의 논리를 고수했다고 볼 수 있다. 위 3개 논리는 하나같이 중국의 항복과 무장 해제를 요구하는 것이었고, 이는 결국, 군사적 굴복으로 귀결되는 논리이다. 이렇게 볼 때, 중일전쟁기 일본 정치 지도층의 전쟁 수행 논리는 군사적 굴복이라고 결론지을 수 있다.

5. 맺음말

본고는 중일전쟁기 일본 정치 지도층의 대 중국 인식과 이와 관련한 전쟁 수행 논리를, 임시군사비 법률안과 예산안 심사 부분을 중심으로 분석했다. 특정 예산의 요구와 그 심사 과정은 해당 문제를 적나라하게 드러내기 마련이다. 따라서 전쟁과 이를 수행하는 정치 지도층의 인식을 파악하는 데 있어서 임시군사비 관련 논의 분석은 매우 유효한 것이라고 할 수 있다. 이와 같은 관점에서 본고는 임시군사비 법률안, 예산 심사 부분에서 나타난 일본 정치 지도층의 대 중국 인식과 전쟁 수행 논리를 면밀하게 검토했다.

먼저 대 중국 인식의 경우, 일본 정치 지도층은 중일전쟁의 발발과 확대에 대한 책임이 중국에 있다고 보았고, 중국의 민족적 저항을 '비적'의 활동, 공산주의, 외국 세력의 지원 탓으로 여겼다. 또 중국과 일본의 바람직한 관계를 중국의 굴복 및 일본에 의한 중일 제휴로 간주했다. 이를 종합하면, 당시 일본 정치 지도층의 대 중국 인식은 대 중국 멸시로 정리할 수 있다. 한편, 이러한 인식과 관련해서 전쟁 수행 논리의 경우, 일본 정치 지도층은 중국을 응징해야 한다는 '응징'의 논리, 중국의 민족적 저항에 대해 '비적' 소탕·방공·외국 세력 배격의 논리, 중국에 괴뢰 정부를 세워야 한다는 괴뢰 정부 수립의 논리를 견지하고, 이를 실행에 옮겼다. 이를 종합하면, 당시 일본 정치 지도층의 전쟁 수행 논리는 중국의 군사적 굴복으로 정리할 수 있다.

그렇다면, 일본 정치 지도층의 대 중국 인식은 중일전쟁에 어떤 영향을 주었을까? 앞에서 언급했듯이, 중일전쟁은 초기에는 우발적인 군사 충돌로 시작되었다가 전면전으로 확대되었고, 종국에는 미국과의 전쟁으로 이어졌다. 이 일련의 과정에서 일본은 전쟁의 장기화, 미국과의 확전은 반드시 피하고자 했다. 전쟁의 장기화는 국력의 한계로 무리이며 소련과의 군사적 긴장감 때문에 반드시 피해야 했고, 미국과의 확전은 국력의 차이·전략 물자의 의존이라는 면에서 자멸에 가까운 선택이었기 때문이다. 그래서 중일전쟁 초기에 불확대 방침을 내세우기도 했고, 국민정부와 협상을 시도하기도 했으며, 왕정위를 포섭해 괴뢰 정부를 세우기도 했다. 또 1941년에는 중국 문제를 두고 미국과 협상을 진행하기도 했다. 하지만 결론적으로 그러한 일본의 시도는 오래가지 못했다. 일본 정치 지도층은 대 중국 멸시의 관점에서, 중일전쟁의 발발과 확대의 책임이 전적으로 중국에 있다고 보았고, 중국의 민족적 저항을 '비적'의 활동, 공산주의, 외국 세력의 지원 탓으로 돌리며 과소평가했다. 더욱이 중국과의 우호 관계마저 중국의 굴복을 전제로 생각했다. 이러한 인식은 전쟁의 타협점을 찾기보다는 오히려 전쟁 수행 논리를 뒷받침했다. 즉, 중국에 대한 '응징'의 논리, '비적' 소탕·방공·외국 세력 배격의 논리, 괴뢰 정부 수립의 논리를 지탱해 주는 역할을 했던 셈이다. 위의 논리는 반드시 중국의 군사적 굴복을 받아 내야겠다는 논리로 귀결된다. 그리고 실제로 일본 정치 지도층은 자신들의 논리를 실행에 옮기며 전쟁을 수행했다. 결론적으로 중일전쟁기 일본 정치 지도층의 대 중국 멸시는 중일전쟁의 장기화와 확대에 일정한 영향을 끼쳤다고 볼 수 있다. 즉, 전쟁을 지속시킨 하나의 동력이었던 셈이다.

덧붙이자면, 위와 같은 분석은 정치 지도층이 상대국을 크게 멸시했을 때, 전쟁과 관련해 중대한 오판을 저지를 수 있다는 것을 나타내 준다. 당시 일본 정치 지도층은 중일 갈등의 모든 책임을 상대국에 뒤집어씌우고 상대국의 국가적 정통성을 부인하는 한편, 상대국의 정권이 교체만 된다면 우호 관계가 성립될 수 있다는 중대한 오판을 저질렀다. 더욱이 중국과 대규모 전쟁을 수행하면서도, 중국과 중국인과의 우호 관계를 강조하는 한편, 중국과의 전쟁을 '사변'이라고 표현하며 애써 그 의미를 축소했다. 상대를 전쟁 상대국이 아닌 '비적' 혹은 교체되어야 할 정부라고 간주하면 협상의 여지가 생길 리 없다. 이와 같은 일련의 흐름은 현재 진행되고 있는 러시아·우크라이나 전쟁(2022년 2월 발발)이 왜 쉽게 끝나지 않고 있는지에 대한 이해를 제공한다. 2022년 11월 현재, 러시아는 우크라이나와의 갈등에 대해 그 책임이 우크라이나에 있다고 간주하고 있고, 독립 국가로서 우크라이나의 정통성을 인정하고 있지 않으며, 친 서방 경향의 현 우크라이나 정부 또한 인정하지 않고 있다. 또 실질적으로 우크라이나를 상대로 전쟁을 수행하면서도 우크라이나와의 역사적 유대·우크라이나인에 대한 우호를 강조하는 한편, '특수군사작전'이라는 명칭을 고집하며 전쟁 수행 자체를 부정하고 있다. 그리고 그러한 러시아의 태도에 대해, 우크라이나는 국가의 가용 자원을 총동원하고 미국·영국 등 서방 국가의 지원을 받으며 강력하게 저항하고 있다. 이러한 상황에서 협상이 타결될 리가 없다. 이러한 맥락에서 현재의 러시아·우크라이나 전쟁을 바라본다면, 중일전쟁 당시 중국이 일본으로부터 제대로 된 전쟁 상대국으로 인정받지 못했던 것처럼 오늘날의 우크라이나도 러시아로부터 제대로 된 전쟁 상대국으로 인정받지 못하는 상황이라고 볼 수 있다. 그러므로 러시아·우크라이나 전쟁은 장기화 혹은 확전의 가능성이 상존한다. 일본이 '지나사변'이라고 불렀던 중일전쟁처럼 말이다.

참고문헌

『外務大臣(其ノ他)ノ演説及声明集』第三巻, 外務省外交史料館 소장(Ref.B0203
    0031600, アジア歴史資料センター)
『各種情報資料・北支事変関係情報綴其ノ二』, 国立公文書館 소장(Ref.A0302389
    9000, アジア歴史資料センター)
『各種情報資料・支那事変彙報』, 国立公文書館 소장(Ref. A03023981800, アジ
    ア歴史資料センター)
『官報』
『帝国議会貴族院議事速記録』
『帝国議会貴族院委員会議事速記録』
『帝国議会衆議院議事速記録』
『帝国議会衆議院委員会議録』

김항, 『제국일본의 사상』, 창비, 2015
래너 미터, 기세찬·권성욱 역, 『중일전쟁』, 글항아리, 2020
박영준, 『제국 일본의 전쟁』, 사회평론아카데미, 2020

박필현, 「『인문평론』에 나타난 '지나(支那)'」, 『한국문예비평연구』 45, 한국현
    대문예비평학회, 2014
성근제, 「만주국과 중국관」, 『중국사회과학논총』 2/1, 성균관대학교 성균중국
    연구소, 2020
신현승, 『제국 지식인의 패러독스와 역사철학』, 태학사, 2015
심원섭, 「일본 '만주'시 속의 대 중국관」, 『현대문학의 연구』 43, 한국문학연
    구학회, 2011
윤여일, 「내재하는 중국: 다케우치 요시미에게 중국 연구란 무엇이었나」, 『역
    사비평』, 역사비평사, 2009
윤현명, 「중일전쟁기 일본 제국의회의 임시군사비 심의」, 『일본역사연구』 46,

일본사학회, 2017

윤현명, 「중일전쟁기 일본 육해군의 임시군사비 전용 문제 분석」, 『군사』 119, 국방부 군사편찬연구소, 2021

이기용, 「일본근대사상 속의 '중국'」, 『일본사상』 21, 한국일본사상사학회, 2011

이삼성, 「'제국' 개념과 19세기 근대 일본」, 『국제정치논총』 51/1, 한국국제정치학회, 2011

이형식, 「'支那通' 야노 진이치(矢野仁一)의 중국인식과 對中정책」, 『사림』 58, 수선사학회, 2016

정치영, 「'만한 이곳저곳'으로 본 나쓰메 소세키의 만주여행과 만주 인식」, 『문화역사지리』 32/2, 한국문화역사지리학회, 2020

伊藤之雄, 「日清戦前の中国·朝鮮認識の形成と外交論」, 『近代日本のアジア認識』, 東京: 緑蔭書房, 2001

笠原十九司, 『海軍の日中戦争』, 東京: 平凡社, 2015

長谷川雄一, 『近代日本の国際認識』, 東京: 芦書房, 2016

萩原稔, 「五·四運動以後の日本知識人の中国認識」, 『近代日本の対外認識2』, 東京: 彩流社, 2017

藤原彰, 『日中全面戦争』, 東京: 小学館, 1988

阿部猛, 「日中戦争期の日本人の中国観」, 『日本の中の異文化』 2, 2006

大川真, 「吉野作造の中国論」, 『吉野作造記念館吉野作造研究』 14, 2018

神谷昌史, 「文明·大勢·孤立-徳富蘇峰における'支那'認識-」, 『大東法政論集』 10, 2002

川島真, 「'支那', '支那国', '支那共和国'-日本外務省の対中呼称政策」, 『中国研究月報』 571, 1995

小池聖一, 「'国家'としての中国, '場'としての中国」, 『国際政治』 108, 1995

小林文男, 「矢内原忠雄の中国観」 『アジア経済 』 13/2, 1972

小松裕, 「近代日本のレイシズム-民衆の中国(人)観を例に」, 『文学部論叢』 78, 2003

島恭彦, 「日中戦争と中国認識-島恭彦氏に聞く」, 『歴史評論』 269, 1972

謝銀萍,「南京から見る芥川龍之介の中国観」,『ICU比較文化』50, 2018

胆紅,「'東亜協同体'論をめぐって-戦時下日本の中国論」,『中国研究月報』61/10, 2007

趙暁靚,「北一輝の中国論」,『中国研究月報』59/8, 2005

趙暁靚,「満州事変下における吉野作造の中国論」,『人間環境学研究』4/2, 2006

樋口秀実,「日本陸軍の中国認識の変遷と'分治合作主義'」,『アジア経済』57/1, 2016

浜口裕子,「石原莞爾の対中国観を追う」,『政治・経済・法律研究』21/1, 2018

藤田昌志,「北一輝の日本論・中国論」,『比較文化研究』106, 2013

山本義彦,「準戦時・戦時体制下(日中戦争期)の清沢洌(その1)」,『近きに在りて』34, 1998

山本義彦,「準戦時・戦時体制下(日中戦争期)の清沢洌(その2)」,『近きに在りて』35, 1999

劉家,「'支那通' 長野朗の日中問題観」,『東アジア』7, 1998

劉金鵬,「竹内好の中国革命に対する認識」,『比較日本文化学研究』6, 2013

楊沛,「雑誌'旅'に見られる近代日本人の中国観について」,『立教大学ランゲージ
　　センター紀要』34, 2015

현대 몽골인의 중국 인식과 그 역사적 뿌리

엔. 알탄투그스
몽골국립대학교 역사학과 교수

1. 서론

몽골국은 러시아와 중국 사이에 끼어 있는, 오랜 역사를 가진 동북아시아 지역 국가의 하나이다. 몽골과 중국은 내륙으로 수천 킬로미터의 국경을 맞대고 있으며, 두 나라는 인구수와 경제 규모, 역사와 문화, 세계에서 점하는 위치 등 여러 측면에서 비교할 수 없을 정도로 차이가 크다. 현재 몽골국의 입장에서 중국은 가장 큰 무역 상대국이자 바다로 나가는 가장 가까운 길이다. 반면에 중국의 입장에서 몽골은 러시아와 교류할 수 있는 가까운 길이자 대규모 석탄 공급처 가운데 하나이다. 21세기에 들어 몽골과 중국 두 나라는 선린우호 동반자 관계를 더욱 돈독히 하고, 그 양국 관계는 현재 전략적 동반자 관계 수준에 이르렀다.[1]

현대 몽골인들의 중국에 대한 인식은 여러 가지 측면에서 세계 다른 나라 사람들과 차이가 있으며, 그것은 오랜 역사 과정에서 형성되었다고 할 수 있다. 특히 반反중국 정서가 몽골인들 사이에 널리 퍼져 있고, 이러한 반중 정서는 때때로 혐오 수준에 이를 만큼 끓어오르기도 한다. 그러나 이러한 생각은 대부분 현재 두 나라의 정치 관계에 직접적인 영향을 미치

---

1) (역주) 몽-중 관계는 정확하게 2003년에 "선린우호 및 상호신뢰동반자 관계", 2011년에 "전략적 동반자 관계", 2014년에 "포괄적 전략적 동반자 관계"로 발전하였다.

지 않고 있으며, 정치와 지정학 및 경제 등 양국 관계를 규정짓는 핵심적인 요인들을 넘지 못하고 있다. 우리는 이 글에서 중국에 대한 몽골인들의 인식, 그 가운데서 반중 정서를 탐구함으로써 현대 몽골-중국 관계와 관련한 핵심 상황에 대해 더욱 확실하게 이해할 수 있을 것이다.

중국과 중국인에 대한 몽골인들의 인식 그리고 몽골인들의 반중 정서에 대해서는 근년 일부 학자들이 별도로 연구하여 논문을 쓰고 잡지에 발표하였다. 예를 들면 멘데깅 자르갈사이항Mendeegiin Jargalsaikhan은 「포스트 공산주의 몽골에 남아 있는 반중국 정서: 왜 중국인을 싫어하는가?」에서 몽골인들 가운데 널리 퍼져 있는 반중 정서에 특별히 주목하고 그 이유를 다음과 같이 정리하였다.[2] 첫째는 식민 지배에 대한 기억[3], 둘째는 순혈주의純血主義에 대한 인식[4], 셋째는 반중 정서를 부추긴 공산주의자의 선전 유산, 넷째는 제3의 이웃 정책[5], 국가 안보를 확고하게 하기 위한 정부의 외국인 투자 균형 유지 정책, 사업상 이해관계가 있는 집단들의 이익을 지키기 위한 일부 품목의 중국산 제품에 대한 수입 금지 요구 등으로 설명하고 있다. 그의 설명을 자세히 살펴보면 몽골인들의 반중 정서는 이전 시기 역사로부터 물려받은 공포를 불러일으키는 과거의 기억을 기본으로, 그밖에 어떤 한 개인 또는 특정 집단들이 몽골인들의 인식에 영향을 미칠 목적으로 상황을 의도적으로 부풀리는 의식적 활동의 결과라는 것이다.

한편 한국 연구자 이평래는 「몽골인의 중국 인식과 몽중 관계의 현실」

---

2) Mendee Jargalsaikhan, "Lingering anti-Sinic sentiments in post-Communist Mongolia: Why dislike the Chinese?", Voices from Central Asia 19, January 2015.

3) (역주) 17세기에서 20세기 초기에 이르는 청나라의 몽골 지배를 말한다.

4) (역주) 2021년 일부 몽골인들은 중국인의 유입과 이주로 혼혈이 이루어지면서 민족의 존립이 위태로워질 수 있다고 주장한다.

5) (역주) 제3의 이웃 정책은 두 이웃(중국, 러시아)의 압력을 완화하기 위한 몽골의 외교 정책이다. 주요 제3의 이웃은 미국, 일본, 유럽연합, 인도, 한국, 캐나다 등 서방 국가이다.

이라는 논문에서 이 문제를 약간 다른 각도에서 바라보고 있다6) 그는 몽골과 중국의 경제 관계가 확대됨에 따라 몽골국의 독립과 안보 위험이 생겨나고, 심지어 중국에 예속되는 상황에 부닥치게 되고, 거기에다가 중국인들이 너나없이 몽골국을 자신들의 잃어버린 영토라고 생각하고 있는 데서 현재 중국에 대한 정서가 생겨났다고 본다. 즉 이러한 제반 상황이 좋든 싫든 일반 몽골인들의 생각이 반중국적으로 향하게 된다는 것이 그의 주장이다. 간단히 말하면 몽골인들의 반중 정서는 단지 지난 과거의 역사적 유산에 대한 기억에 그치지 않고, 오늘날 실제 상황과 요인에서 불가피하게 나온 것이라는 주장이다. 이평래의 주장은 멘데깅 자르갈사이항과 공통점도 있지만 차이점도 있다.

필자는 이 논문에서 본 주제를 몽골인들이 자국을 높게 평가하는 민족주의적 관점에서 고찰하지 않을 것이다. 이러한 관점은 세계 대부분의 사회에서 해당 사회의 소수자들 가운데 외국과 외국인을 혐오하고, 이웃을 증오하는 등 어떤 형태로든 나타나는 현상이다. 따라서 이것이 일반 몽골인의 생각을 대변한다고 볼 수 없다. 그 대신 중국에 대한 몽골 일반 대중의 정서를 대변하는 생각, 즉 중국에 대한 정치 및 역사적 인식, 중국의 위험, 중국의 영향력에 대한 정서를 고찰할 것이다. 이를 위하여 필자는 먼저 햐타드Khyatad(현대 몽골어에서 중국 또는 漢族을 뜻함)라는 개념이 도대체 무엇을 가리키는지를 분명하게 할 필요가 있다고 생각한다.

---

6) 『몽골학 논총』, 울란바타르, 2019, 302-312. (역주) 이평래의 이러한 견해는 「몽중 관계의 과거와 현재」, 『몽골의 체제전환과 동북아 평화지정학』, 서울대학교 출판문화원, 2021에서 상세히 논의하고 있다.

2. 햐타드는 누구인가?

몽골어에서 햐타드라는 낱말은 현대의 중국中國이라는 개념을 가리키는 것이 아니고, 그곳의 주요 민족인 한족을 가리키는 말이다. 이 때문에 몽골인들은 햐타드의 역사라는 말과 한족의 역사, 햐타드의 땅이라는 말을 예로부터 한족이 자리 잡고 살아온 땅을 가리키는 것으로 이해하였다. 따라서 햐타드의 위험이라는 말은 한족의 위험, 햐타드를 혐오한다는 말은 한족을 혐오한다는 것을 뜻한다. 그래서 몽골인들은 중화인민공화국이라는 말을 중국이라는 직접적인 뜻을 넘어 "한족 인민공화국"으로도 이해한다. 그리고 몽골-중국 관계는 "몽골국-한족의 국가" 관계를 말한다. 이러한 관점은 세계 다른 나라에서 가리키는 중국에 관한 개념의 범위에서 벗어나 있다. 예를 들면 영어의 차이나China는 한족을 가리킬 뿐 아니라 중화인민공화국 전체를 가리키는 데 반해, 몽골어의 햐탸드는 만리장성 이남 지역을 가리키는 개념이다. 현재 중화인민공화국에 속해 있는 내몽골인들 사이에서도 내몽골자치구를 몽골의 땅, 만리장성 이남 지역을 햐타드의 땅으로 부르는 관행이 오늘날까지 이어진다. 이는 중국에 관한 몽골인들의 생각이 다른 민족들과 전혀 다르고, 좀 더 세분화되어 있다는 것을 말해 준다.

3. 어휘 문제

현대 몽골어에서는 중국을 햐타드(중국 또는 한족), 낭히아드Nankhiad (漢人), 호자Khujaa(華僑), 종가Jungaa(中國) 등 여러 가지로 부른다. 이 가운데서 가장 널리 사용되고 있는 것이 햐타드이다. 이 말은 원래 몽골계인 햐탄Khyatan(거란)에서 기원한다. 햐타드는 햐탄의 복수형이지만 현재는 햐타드 울스(중국), 햐타드 헬(중국어), 햐타드 소욜(중국 문화)을 지칭하는 어휘로 쓰인다. 필자는 햐타드라는 말의 의미를 좀 더 확실하게 밝히기 위하여 몽골인들이 예로부터 이를 어떻게 부르고 기록해 왔는가를 몽골 자료를 통하여 살펴보려고 한다.

햐타드라는 어휘가 처음 기록된 것은 『몽골비사』와 관련이 있다. 키릴 문자로 옮긴 『몽골비사』에는 금金나라를 "햐탄 이르겐Khyatan irgen(햐탄 사람)", 거란을 "하르 햐탄Khar Khyatan(검은 햐탄)이라고 하였다. 후대 몽골 자료에 자주 등장하는 낭히아드라는 말은 『몽골비사』에는 나오지 않는다.[7] 라케빌츠Rachewiltz가 펴낸 『몽골비사』 라틴어 전사轉寫에는 금나라가 "키타드kitad"[8] 혹은 "키타트kitat", 거란이 "카라 키타드qara kidad(검은 키타드)"[9]로 되어 있다.[10] 『몽골비사』 한문 원본[11]에는 이들 두 단어를 표기하면서 "키타디Kitad-i"라는 말을 걸탑적乞塔的(방역은 契丹行, 즉 '거란을'이라는 뜻)으로, "카라-키타드-운qara-kitad-un"이라는 말을 합랄걸답돈合剌乞荅敦(방역은 契丹的, 즉 '거란의'이라는 뜻)이라고 하였다.[12]

『집사集史』[13] 기록에 따르면 당해 시기 중국을 중국인들은 한지중토漢地中土, 몽골인들은 자우 쿠트, 인도인들은 친, 페르시아인들은 키타이라고 하였다. 반면에 중국 동남부를 중국인들은 만지, 몽골인들은 낭키

---

7) 『몽골비사』, 울란바타르, 2006.
8) (역주) 햐타드(Khyatad)의 고전몽골어 표기.
9) (역주) 하르-햐타드(Khar-Khyatad)의 고전몽골어 표기.
10) Igor de Rachewiltz, Index to The Secret History of the Mongols, Bloomington: Indiana University Publications, 1972, 144.
11) (역주) 13세기 초기에 쓰인 『몽골비사』의 몽골어 원본은 없고 14세기 말기에 한자로 전사된 이른바 한자 전사본만 전해진다. 한문 원본은 바로 이 한자 전사본을 말한다.
12) B. Sum'yabaatar, 『몽골비사, 낱말의 전사』, 울란바타르, 1990, 728-729.
13) (역주) 14세기 초기 페르시아 역사가 라시드 앗 딘(Rashid-al-Din Hamadani, 1247~1318)에 의해 편찬된 역사서.

아스, 인도인들은 마친, 중국 서남부를 중국인들은 다이류大理, 몽골인들은 카라 장, 인도인들은 칸다하르라고 불렀다. 한편 몽골인들은 중국 북부에 있는 거란인을 "검은 키타이"라고 구분하여 불렀는데, 이 말이 다른 민족에도 널리 퍼졌다. 그런가 하면 거란인들은 여진을 누지, 몽골인들과 다른 민족들은 주르제(주르첸)라고 불렀다.14) 이들 이름 붙이기를 놓고 보면 몽골인들은 남중국을 낭키아스, 북중국을 키타이(복수형으로 키타드), 거란을 검은 햐타드(키타드)라고 부르고 있었음이 분명하다. 다만 전체 중국을 지칭할 때 사용한 아우 쿠트가 무슨 말인지는 분명하지 않다.

그런데 학자들이 13세기 저작으로 보고 있는 『십선복백사十善福白史』라는 몽골문 자료에는 햐타드 혹은 검은 햐타드라는 말은 나오지 않고, 단지 "그것의 낭기아드 울루스(낭기아드 나라)"라는 말만 등장한다.15) 한편 17세기 쓰인 『황금사黃金史』라는 몽골문 자료에는 거란을 "검은 햐타드", 금나라를 "햐타드"라고 한 라케빌츠Rachewiltz의 전사와 일치하고, 또한 그밖에도 명나라를 "햐타드 울루스", 중국 전체를 "햐타드의 6개 성省", 한족을 "햐타드"라고 불렀는데, 낭히아드와 낭기아스라는 말은 나오지 않는다.16) 1677년 저술된 것으로 보이는 『아스락치사史』라는 몽골문 역사서에는 금나라를 "햐타드", 명나라를 "햐타드 울루스"라고 적고 있다.17)

한편 1725년에 쓰인 곰보자브의 『항하지류恒河之流』라는 몽골문 자료에는 명나라, 중국 땅, 중국 문화, 중국 옷 앞에 모두 "햐타드"를 붙여 쓰고 있다.18) 당해 자료에는 또한 "낭기아드 국가의 복식"이라고 하여 낭기아

---

14) *Akhbar-e Mongolan buyu Mongolchuudyn eldev sonin*, 울란바타르, 2018, 64의 각주 9.
15) 『십선복백사十善福白史』, 울란바타르, 2006, 22.
16) Luvsanvandan, 『황금사』, 울란바타르, 2006, 106, 107, 194, 197, 211, 214, 222, 223, 233, 234, 236, 250, 271, 273.
17) Jamba, 『아스락치사』, 울란바타르, 2006.

드라는 말이 한 번 나온다.[19] 1739년에 쓰인 다르마 구시의 『금륜천폭金輪千輻』이라는 몽골문 자료에는 금나라와 명나라를 "햐타드"라고 쓰고 있으며, 그밖에도 "햐다드 베일", "모햐타드" 등 "햐타드"라는 어휘가 들어간 몽골인 이름이 여러 차례 나온다.[20] 1817년에 곰보반질이 쓴 『황금염주黃金念珠』라는 몽골문 자료에는 낭기아드와 햐타드 두 단어를 같은 뜻으로 섞어 쓰고 있다.[21]

그런데 20세기 몽골의 저명한 역사학자인 아마르A. Amnar는 중국을 1933년에 쓴 「몽골인들의 반反만주 투쟁과 독립 상황 및 몽골에 예로부터 전해오는 정치 상황」이라는 논문에서 햐타드라는 말을 사용하였다. 그러나 1934년에 출간된 『몽골략사略史』에서는 주로 낭히아스라는 말을 사용하였다. 물론 그는 햐타드와 낭히아스를 같은 뜻으로 사용하였다.[22]

20세기 초기 몽골문 공문서에서는 중국인을 "이르겐irgen(公民)"이라고 적었다. 예를 들면 1914년 사인 노용 한 아이막의 한 관리가 보낸 공문서에 "그 무렵부터 시절이 엄중한 호브드 성城에서 이르겐 추드irgenchüüd(중국인들)이 변심하여 봉기하니 할하 아이막에서 많은 군대를 보내 진압하게 되면서 이르겐irgen (중국인)과 몽골인들이 서로 생각이 어긋나게 되었다"라는 말이 나온다.[23] 여기에 등장하는 "이르겐"과 "이르겐추드"는 중국인을 가리키는 말이다. 그러나 이는 당해 시기 공문서에서 이름을 붙인 것이다. 일반적인 대화에서는 "햐타드"라는 말이 더 자주 사용되었던 것으로 보인다. 그런가 하면 만주족이 창건한 청나라를 "햐타드"라고 부르는 언어 습관이 일반인들 사이에 퍼져 있었던 것으로 보인다. 이는 초원에

---

18) Gombojav, 『항하지류恒河之流』, 울란바타르, 2006, 14, 17-19.
19) Gombojav, 『항하지류恒河之流』, 울란바타르, 2006, 16.
20) Darma güüsh, 『금륜천폭金輪千輻』, 울란바타르, 2006.
21) Gombovanjil, 『황금염주』, 울란바타르, 2006.
22) A. Amar, 『몽골략사略史』, 울란바타르, 2006.
23) D. Bazardorj, 『북몽골의 大盛魁社』, 울란바타르, 2015, 160.

서 수행된 민속학 현지 조사 때문에 수집된 19세기 말~20세기 초기 상황과 관련이 있는 구전 자료에 의하여 확인된다. 호브드 아이막 뭉흐하이르 항 솜 주민 T. 탄자드T. Tamzad가 1988년 만주족의 청나라 지배 시기 다르항 베이싱 호쇼旗에 퍼져 있었던 구전 자료를 구술하면서 만주 황제를 "햐타드 황제"라고 했다는 것이 그 한 사례이다.24)

1912년에서 1949년까지 몽골인들은 공문서에서 중국을 "돈다드 이르겐 울루스(중화민국)"이라 불렀다. 이는 1912년에 창건된 중화민국이라는 국가 명칭의 축자적 번역이다. 그런데 몽골인들은 한족을 그들이 건설한 국가와 더불어 "햐타드"라고 불러왔으며, 1949년에 건설된 중화인민공화국이라는 국명의 중화라는 말도 "햐타드"라고 번역하였다. 여기에서 "햐타드"라는 말을 한족으로 한정하여 이해하고 있는 몽골의 전통적인 국가 정책이 분명하게 확인된다.

『몽골비사』, 『집사』, 롭상단진의 『황금사』 등 세 자료에서 거란을 가리킬 때 "하르 햐타드(검은 햐타드)"라 한 데 반하여, 금나라를 "햐타드" 혹은 "키타이kitai"라고 표기하였다. 여기에서 몽골인들이 13세기부터 거란을 "검은 햐타드", 여진어를 쓰는 금나라를 "햐타드"라고 구별하여 부른 것이 관행화되었음을 알 수 있다. 17세기 몽골 문필가들은 이 전통을 이어받으면서 후대의 명나라를 "햐타드"라고 썼다. 즉 몽골인들은 원나라 시대에 "햐타드"라는 말로 이전 금나라 예하에 있었던 북중국을 지칭했다면, 몽골제국 이후 시기부터는 명나라를 "햐타드"로, 만주족이 세운 청나라 시기부터는 한족을 "햐타드"로 지칭하게 되었던 것으로 보인다. 이에 근거하여 역사적으로 "햐타드"라는 말의 의미를 다음의 몇 시기로 나눠 볼 수 있을 것이다.

---

24) 『몽골 민속학 초원 조사자료(1988~1989)』 10권, 울란바타르, 2011, 15.

① 금나라를 가리킨 시기, 13세기 초기
② 원나라 예하의 북중국을 가리킨 시기, 13-14세기
③ 명나라를 가리킨 시기, 14-17세기
④ 만주족의 청나라 예하의 만리장성 이남 지역과 함께 한족 전체를 가리킨 시기, 17-20세기 초기
⑤ 중화민국과 중화인민공화국, 한족 모두를 가리킨 시기, 20세기부터 현재까지

한편 낭히아드라는 명칭에 대하여 말하자면, 원나라 시대 북중국을 "햐타드", 남중국을 "낭기아스"라고 구별하여 부른 데서 "낭히아드"라는 말이 문어文語에서 중국이라는 의미로서 20세기까지 사용되었다. 20세기 초기 청조의 신정新政25) 시기부터 몽골어에는 "만주와 햐타드(한족)의 탐욕스러운 상인들" 혹은 "만주와 햐타드의 포악한 관리" 등 "만주와 햐타드(한족)"라는 합성어가 자주 나타나지만, 만주와 낭히아드"라는 합성어는 보이지 않는다. 이로 미뤄 보면 "낭히아드"는 문어 혹은 공식적인 표현을 통하여 몽골어에 유입된 한어漢語에서 기원한 차용어임을 알 수 있다.

이상의 고찰을 통하여 보면 몽골인들은 현대 몽골어에서 "햐타드"라는 말을 한족이 건설한 국가, 한족, 한족의 말과 문화를 가리키는 뜻으로 사용하고 있음을 알 수 있다. 여기에는 물론 내몽골, 만주, 카자흐, 위구르, 티베트인은 포함되지 않는다. 바꿔 말하면 오늘날 몽골인들은 햐타드가 한족을 지칭한다고 이해하며, 따라서 현대의 중화인민공화국은 한족이 다른 민족을 지배하는 한족의 국가이다. 이러한 인식은 중화인민공화국의 56개 민족의 통합적 역사에 대한 중국의 공식적인 주장에 반하는 것이다.

---

25) (역주) 1901년부터 1911년 辛亥革命으로 청조가 멸망할 때까지 추진된 淸의 마지막 개혁 운동으로 변방인 몽골 지역은 중국 內地보다 늦은 1906년부터 본격화되었다.

4. 중국을 보는 전통적인 견해

1988년 호브드 아이막 뭉흐하이르항 솜 주민인 S. 나드가이S. Naadgai
는 " [⋯] 중국인들은 매우 나쁜 마음씨를 갖고 있기 때문에 야브강 메르
겐Yavgan mergen을 독살하였다", "몽골인의 머리에서 모자 장식 술의 숫자
에 따라 피가 나온다. 붉은 고리 달린 코담배 통을 주고 입에서 콸콸 피게
나오도록 중국인들이 (그것을) 만들었다고들 한다"라고 구술하였다.26) 20
세기 중엽에 이러한 내용을 담은 구전 전설에 나타난 중국인들은 몽골인
들에게 독을 주어 죽이고, 몽골인들이 중시하는 상징물(코담배 통)을 훼손
하는 모습으로 나타난다. 이는 중국인에 대한 일반 몽골인들의 전통적인
인식을 일정 부분 보여 준다. 만주 정권(청나라)이 의도적으로 이런 생각
을 몽골인들에게 불어 넣었다고 하기는 어렵다. 그렇다면 이러한 반중 정
서가 일반 몽골인들 사이에서 저절로 생겨났거나 예로부터 전해내려 왔을
수도 있겠다.

하지만 "나쁜 중국"은 몽골인들이 생각하는 중국의 일부분이다. 이와
달리 생업으로부터 생겨난 "일반 중국"에 대한 생각도 있다. 주지하듯이
만주족이 세운 청나라 지배 말기부터 1930년대까지 중국 상인들과 몽골
로 이주한 중국인들은 몽골의 국내외 상업, 수공업, 농업을 대부분 장악하
고 있었다. 바로 이 때문에 상업, 수공업, 농업, 식품 공장 등의 여러 분야
에서 몽골인들은 중국인을 경제적 관점에서 바라보았다. 몽골인들은 중국
상품을 구매하고, 수공업 도구나 음식류를 중국어로 부르는 것을 부끄러
워하거나 주저하지 않았다. 그리고 바로 이 시기에 몽골어에 가장 많은
중국어가 유입되었다.

중국에 대한 몽골인들의 전통적인 생각은 이중적인 경향이 있었다. 즉
생업과 관련한 "일반 중국", 안보와 연계된 "나쁜 중국"이라는 모습이 중

26)『몽골 민속학 초원 조사자료(1988~1989)』10권, 울란바타르, 2011, 33, 40.

국을 바라보는 몽골인들의 눈에 혼재되어 나타났다.

5. 침략, "나쁜 중국"과 "중국 형님"

1912~1914년 호브드, 내몽골, 홀룬보이르 등지에서 전개된 몽골과 중국 간 전쟁, 1919년 중국 군벌들의 몽골 침략은 몽골인들 사이에 "나쁜 중국"이라는 반중 정서를 강화시켰다. 1982년 오브스 아이막 주민 Ch. 체지셍자브Ch. Tseejiisenjav는 다음과 같은 이야기를 전해 주었다.

"나르반칭Narvanchin 스님에 관한 이러한 이야기 하나가 있다. 중국이 몽골을 정복하겠다고 하던 시기였다. 나르반칭 게겐(나르반칭 高僧)이 12세 때 중국 베이징에 가서 큰 회사에서 독한 술을 달라고 하자 매니저가 몽골국에 나르반칭이 몇 명이나 있냐고 묻자, 몽골인을 모두 나라반칭이라 한다고 하였다. 그러자 데려오라고 함에, 술을 주고 술로써 마르반칭을 취하게 하기는커녕 술잔도 가득 채우지 못하였다. 나르반칭 게겐이 화를 내면서 당신들은 술로 한 잔을 가득 채우지 못하면서 어떻게 몽골을 지배할 수 있겠는가? 라고 하면서 서 있던 자리를 세차게 밟자 베이징이 서북쪽으로 기울어졌다고 한다".[27)]

이 이야기를 보면 나르반칭 호탁트(나르반칭 活佛)를 술에 취하게 하려한 베이징에 있는 어떤 회사 매니저는 몽골인들 사이에 널리 퍼져 있던 "나쁜 중국"의 형상임을 알 수 있다. 1930년대 중국 상인들을 몽골 시장에서 축출한 후, 중국에 대한 몽골인들의 이러한 생각은 1949년까지 거의 바뀌지 않은 채 이어졌다.

1949년 중화인민공화국이 성립된 다음 1950년대에 몽골과 중국 관계는 경제 부문에서 크게 발전하고, 중국 정부는 몽골에 대규모 차관과 무상

---

27) 『몽골 민속학 초원 조사자료(1988~1989)』 10권, 울란바타르, 2011, 362.

원조를 제공하고 수천 명의 노동자를 보내 몽골 건설 현장에서 일하게 하고 농사를 짓게 하였다. 그 결과 몽골에서는 중국에서 제공한 총 3억 2,870만 루블의 자본으로 공장, 농업용수 시설, 기반시설, 건축 등 여러 부문에서 30개의 대규모 시설이 문을 열었다.[28] 몽골 지도자들도 소련과 중국의 차관과 지원을 흔쾌히 받아들이고, 소련과 중국이라는 "좋은" 두 형님에 대하여 차별 없이 칭찬하고 선전하였다. 몽골의 저명한 학자이자 작가인 Ts. 담딩수렝Ts. Damdinsüren은 1952년에 중국을 다음과 같이 칭송하였다.

> 마오쩌둥이 지도하는
> 우리의 동무 중국 인민들
> 깜짝 놀랄 혁명을 이룩하고
> 일어선 새 나라를 건설함에
> 유목민 몽골 대중은
> 크게 기뻐하네.[29]

이 시기에도 중국에 대한 인식은 기본적으로 변하지 않았지만, 당과 정부에서 행한 체계적인 선전에 힘입어 "중국 형님"이라는 표현까지 퍼진 것이다. 중국에 관한 체계적인 선전 및 중국에서 몽골에 제공한 무상 원조와 저리 차관이 몽골인들의 중국을 바라보는 관점을 완전히 바꾸지는 못했지만, 중국 정부를 보는 태도에 중요한 변화를 가져온 것은 사실이다. 몽골인들 입장에서 보면 중국인들은 20세기 전반기 내내 그들이 어떤 정책을 견지하든, 또 어떤 통치 체제를 갖고 있든 관계없이 적대 세력이었다. 그러나 중화인민공화국이 성립되고 양국 간 외교 관계가 수립된 후 몽골인들에게 중국은 적이 아니라 이웃 국가이자 세계 다른 나라들과 교

---

28) N. Altantögs, "1956~1960년 중국이 몽골에 제공한 무상원조와 저리 차관의 결과에 관한 연구", Historia Mongolarum 477/37, 2017, 129-154.
29) 『대중국의 인민에게』, 울란바타르: Ulayn khevleliin üildever, 1952, 3.

류하는 두 번째의 "창愈"30)으로 변화하였다.

10여 년 동안 이어진 몽골과 중국의 "형님과 동생의 굳건한 우호 관계"는 1960년대 소련과 중국 관계가 냉각됨에 따라 막을 내리고, 중국인들은 더는 몽골인들의 형님이 아니었다. 1960~1984년 소련과 중국 간에 확대된 대립과 충돌 시기에 몽골 정부는 안보적 측면에서 반反마오쩌둥주의 선전을 강력하게 전개하였다. 즉 몽골 정부는 계속해서 마오주의자들이 몽골을 중국의 일부라고 중상 비방하는 것에 대하여, 마오주의자들이 노동자들의 화합에 해악을 끼치고 분열시키고 있는 것에 대하여, 마오주의자들이 중국 인민을 기만하고 포악한 미 제국주의자들과 연계하여 음모를 꾸미는 것에 대하여 체계적인 선전을 전개하였고, 몽골인들 역시 모두 이를 믿었다. 특히 중국의 문화대혁명 시기에 이데올로기 충돌이 눈에 띄게 격화되었다. 당시 몽골 인민혁명당 중앙위원회 제1서기 Yu. 체덴발Yu. Tsedenbal은 "중국 지배집단인 마오쩌둥 무리의 정치적 방향과 실제적인 과업의 본질은 대국大國의 원칙을 잃은 국수주의, 인종차별주의, 침략주의, 규범 없는 기질 그리고 평화와 사회주의 과업 및 국제 무산자들의 이익에 반하여 역행하는 행위이다"라고 썼다.31) 또한 그는 문화대혁명 기간에 중화인민공화국에서 내몽골 땅을 중국의 여러 성省에 떼어 주고, 한인들을 대규모로 이주시켜 내몽골을 중국화 시키려 한다고 비판하였다. 또한 그는 『몽골과 중국 관계에 대한 몽골 인민혁명당의 국제주의적 입장』이라는 논총에서 "마오주의자들의 이러한 반反몽골 운동은 우리나라 입장에서 보면 먼 옛날부터 우리 선조들이 견지해 온, 몽골의 독립을 무너뜨리고, 이를 중국 일부로 만들려는 희망을 실현하기 위한 것과 관련이 있음이 분명하다"라고 쓰고, 당해 시기 중국 정책의 궁극적 목표는 몽골의 독립을

---

30) (역주) 내륙국가인 몽골 처지에서 보면 1921년 혁명 후 외국으로 나가는 첫 번째 창은 소련이었다.

31) 『마오주의 마오 무리』 II, 울란바타르, 1975, 5.

무너뜨리고 지배하는 것이라고 설명하였다.[32]

이 상황은 몽골에 거주하는 중국 이민자 문제에도 반영되었다. 소련과 중국 관계가 따뜻해지는 첫 징후가 보이기 시작한 1983년 M. 제네M. Zenee는 「중국 이민자 문제가 무엇을 보여 주고 있습니까?」라는 논문에서 "1960년대부터 중국 지도자들의 마오주의 추종 정책이 두 나라 관계에 눈에 띄는 어려움을 가져오자 곧바로 몽골 거주 중국 이민자 업무가 그에 따라 변화하였다"라고 하면서, 중국 이민자들이 암거래나 투기를 하고, 도박을 하는 등 노동하지 않고 부유하게 사는 것을 비판하고, 중국 이민자들을 정치 목적으로 이용하는 것은 마오쩌둥이 "믿는 유일한 방법"이었고, 이는 몽골에 살던 중국 이민자들의 직업에서 드러난다고 했음을 상기시켰다.[33]

20세기 전반기에 몽골인들의 독립과 자주적 국가 건설을 위하여 투쟁한 주요 대상은 "나쁜 중국인"과 그들이 건설한 중국이었다면, 몽골인들이 사회주의를 건설하기 위하여 투쟁하던 시기 주요 대상은 마오주의 추종자인 "나쁜 중국인"이었다. 1990년이 되었을 때도 몽골인들이 가장 싫어하는 민족은 20세기 초기와 같이 중국인 그대로였다.

6. 오늘날 몽골인들의 중국인에 대한 정치적 인식

1990년 냉전이 끝나고, 소련과 중국 관계가 호전되고, 몽골국에서도 민주혁명이 일어나고, 시민 중심의 민주 사회가 건설되기 시작하였다. 아울러 몽골과 중국 관계 역시 정상화되고 양국은 선린우호 관계를 맺고, 중국은 단기간에 몽골 경제에서 주요한 역할을 하기 시작하였다. 그러나

---

32) 『몽-중 관계에 대한 몽골 인민혁명당의 국제주의적 입장』, 울란바타르, 1984, 79.
33) M. Zenee, "중국 이민자 문제가 무엇을 보여주고 있습니까?", *Dornodakhiny sudlalyn asuudal* 2/9, 1983, 22-30.

몽골인들 사이에서 반중 정서는 지워지지 않았고, 지난 30년 동안 오히려 강화되었다고 할 수 있다.

연구자들은 이 문제에 관심을 두고 몇 가지 연구를 진행하였다. 그중에서 특히 2016년 캐나다 사회정책발전연구소SPDRI와 미국의 국제공화연구소IRI 요청으로 몽골에서 수행한 "몽골여론조사 사회연구" 결과 몽골인들의 53%가 남쪽 이웃인 중국에 대하여 어떤 상태로든 불편하게 대한다는 것이 확인되었다.[34] 내몽골 연구자 수렝타나B. Shürentana는 몽골인들의 중국을 인식하는 과정과 변화 발전의 이유를 연구한 주요 연구자들의 견해를 분류하여 역사-문화적 요인, 구체적인 상황에서 비롯된 요인, 심리적-정신적 요인으로 그들의 입장을 정리하였다.

몽골 대중의 정서와 학자들의 논문을 보면 몽골인들 사이에서는 중국에 대하여 기본적으로 두 가지 생각이 있음이 확인된다. 첫째는 중국 위험론이고, 둘째는 중국 영향력이다. 몽골의 중국 연구자인 간바타르Ya. Ganbaatar는 「중국의 위험인가? 중국의 영향인가?」라는 글에서 이 두 가지 인식을 고찰하였다.[35] 중국의 위험에 대한 우려는 몽골인들의 반중 정서 가운데서 가장 널리 퍼져 있는 것이다. 이러한 생각은 중국에의 동화로부터 오는 두려움과 불가분의 관계에 있다. 그래서 몽골인들은 몽골 문화, 역사, 정치, 경제 방면의 안전한 상황을 늘 중시하고 있다. 이 관점은 가끔 중국인을 비하하는 태도를 생겨나게 하는데, 이는 "나쁜 중국"에 대한 몽골인들의 전통적인 정서와 깊은 관계가 있다. 중국의 위험에 대한 우려는 내부적으로 역사 갈등과 경제적 종속 상황에 대한 두려움을 내포하고 있다.

몽골인들이 가장 민감하게 생각하는 문제들 가운데 하나는 몽골과 중국 간에 존재하는 역사 문제이다. 중국 역사 서술에서는 "몽골 문제蒙古問

---

34) B. Shülentana, "몽골인들의 중국 인식에 관한 연구 개요", *Olon ulsyn sudlal* 44/112, 2021. [https://doi.org/10.5564/jis.v44i113.1778.]

35) Ya. Ganbaatar, 「중국의 위험인가? 중국의 영향인가?」, 『몽중 관계의 지난 60년에서 향후 60년으로』, 울란바타르: Admon, 2010, 45-51.

題"라고 부르는 별도의 주제가 있다. 중국의 대중들 사이에 존재하면서 확실하게 굳어진 "잃어버린 영토", 즉 "몽골 문제"라는 관점에 따르면 몽골국은 예로부터 중국 땅이었는데, 러시아의 사주로 인하여 중국에서 분리하여 독립국이 되었다고 믿고 있다. 몽골국이 중국의 잃어버린 영토라는 이 주제는 중국 사회관계망에서 폭넓게 논의되고, 그때마다 이것이 몽골인에게 전해지면서, 몽골인들은 한족 중국인들 모두가 몽골을 잃어버린 영토라고 믿고 있음을 잘 알게 되었다. 그러나 몽골인들 입장에서는 몽골이 한 번도 중국 영토가 아니었다는 역사학자들의 논증을 굳게 믿고 있다. 바로 이러한 역사 논쟁은 1950년대에 기본 틀이 갖춰졌다. 1956~1957년 처음 몽골, 소련, 중국의 역사학자들이 함께 몽골 인민공화국사를 집필하려는 작업을 시작했으나, 주요 역사 문제를 놓고 의견이 엇갈렸다. 그래서 중국학자들은 사료만 제공하고 공동 작업에서 빠졌다. 더구나 문화대혁명 시기에 몽골사를 왜곡한 자료들이 중국 간행물에 연이어 출간되자 몽골 역사가들은 이에 대하여 격렬히 반대하였다. 몽골, 소련 역사학자들의 논문을 집성한 『역사를 왜곡하는 마오주의자의 방법론을 비판한다』라는 소책자에서는 몽골사를 중국사의 한 부분, 몽골인민공화국이 소비에트연방의 잔악한 식민주의에 희생되어 피해를 보고 있다고 쓰고 있는 중국학자들과 그들의 저술이나 간행물 내용을 마오주의의 무도한 사주라고 비판하였다.

전체 몽골족을 포괄한 몽골사 인식과 한족 전체를 포괄한 역사 인식 사이에는 이처럼 서로 대립하는 의견이 존재한다. 중국 역사학자들이 중국사를 중화인민공화국에 대한 정치적 이해와 현재 중국의 국경을 기준으로 과거사를 평가하는 것은 역사학의 법칙에 부합하지 않은 정치 목적에서 나온 것이다.[36] 그 때문에 몽골인들은 중국 정부의 말을 믿지만, "일반

---

36) N. Altantögs, "몽골 근현대사에 관한 중국 역사학자들이 견지하고 민족의 원칙에 대한 비판", *Olon ulsyn sudlal* 1/110), 2020.

중국인"을 믿지 못하고 "나쁜 중국"이라는 인식으로 이행하는데 이 갈등이 큰 영향을 미치고 있다고 볼 수 있다. 예를 들면 몽골 평론가 인드라 Indra는 "몽골인들은 무엇 때문에 중국인들을 믿지 못하는가? 왜냐하면, 중국인들이 몽골의 존립을 부정하기 때문이다'라고 썼다.[37]

몽골인들의 반중국 정서에 자극제가 되었던 사건이 근년에도 일어났다. 중화인민공화국 내몽골자치구 중학교에서 몽골어로 가르치던 수업을 2020~2021년 학기부터 축소하기 시작하였다. 몽골인들은 이를 중국인들이 몽골 등 다른 민족을 자신들에게 동화시키는 작업을 계속 수행하려 한다는 확실한 근거라고 보았다. 그래서 2000년 9월 4일 울란바타르 소재 중화인민공화국 대사관 앞에서 벌어진 반대 집회 참석자들은 중국의 내몽골자치구에서 추진하고 있는 정책을 비판하고, "내몽골에서 몽골어를 구하자!", "몽골어로 배우는 것을 금지하는 것은 반反몽골 행위이다", "모어母語로 말하는 것은 천부天賦의 권리이다. 이 문제는 우리에게도 닥칠 수 있다는 것을 부정할 수 없다!"라는 견해를 밝혔다.[38]

몽골을 자신의 잃어버린 영토로 보는 중국인들의 믿음 그리고 내몽골의 중국화 정책은 몽골인들 사이에서 중국의 위험에 대한 인식의 정신적 측면을 구성하고 있다. 중국의 위험을 부추기는 또 하나의 측면은 경제 안보 문제이다. 1990년 이후 몽골에는 소련이 남긴 주인 없는 공간에 중국인들이 빠르게 들어와, 몽골의 대내외 교역과 광업, 육류, 밀가루, 채소류 외에 다른 식품과 의복, 기타 물품 등 거래 상품을 대부분 중국산으로 채웠다. 특히 2006년부터 몽골 경제에 중국의 영향력이 눈에 띄게 커지고, 러시아의 경제적 영향력이 급격히 줄어들어 철도와 유류 등 일부 분야에 한정되었다.

몽골인들은 몽골이 경제 부문에서 중국에 예속되고 있는 과정을 코로

---

37) [http://www.baabar.mn/article/5202](검색일 2021. 12. 4.).
38) [https://lead.style/n/Nzr7T5rJwcCme3dDKruv](검색일 2021. 12. 4.).

나19 발생 시기에 확실하게 이해하였다. 2020~2021년 팬데믹 영향으로 몽골-중국 간 국경 관문들이 자주 폐쇄되자 몽골의 수출과 외화 수입이 현저하게 감소하고, 일상 용품 및 가공 원자재, 각종 기계와 도구들이 부족하여 공장이 멈추는 등 몽골 경제에 타격을 주는 여러 가지 일이 발생하였다. 이는 몽골인들에게 커다란 경고로 다가와 중국에 대한 인식에 큰 영향을 미쳤다. B. 뭉근타미르B. Möngöntamir 기자는 〈보도: 생산 국가가 될 것을 일깨워 준 남쪽 이웃에 감사드린다〉라는 기사에서 몽골인들은 수입 용기와 포장 제품의 90% 이상을 중국에서 수입하고 있음을 특기하고, 식품을 담을 용기가 없어질 위험에 빠진 것을 알리고, 생산 국가가 되어야 한다고 경고한 남쪽 이웃에 거듭 사의를 표명한다고 하였다. 또한, "머지 않아 우리 몽골인들은 감자, 당근, 양배추, 양파 등 주요 작물 외에도 기타 채소를 국내에서 재배하고, 비닐봉지를 생산하고, 원자재라고 마음 졸이지 않고 편안하게 살 것이다"라고 기대하고 있다고 하였다. 본 기사는 팬데믹으로 인하여 물류 부문에서 문제가 생긴 사례를 통해 몽골인들이 경제적으로 중국에 예속되고 있는 과정을 적나라하게 보여 주었다.

중국 경제에서 일어나는 변화가 몽골인들에게 끼치는 과도한 영향을 몽골의 농목축업, 오요톨고이Oyutolgoi 동광銅鑛에 대한 제3의 이웃 국가의 투자, 몽골-러시아 합작회사인 울란바타르 철도, 러시아의 유류 수출 등 일부 분야가 완화시켜 주고 있다.

그밖에도 중국 차관의 덫에 대하여 환기하는 내용을 담은 기사들이 몽골의 뉴스 매체에 보도되고 있다. 예를 들면 O. 뭉흐바트O. Mönkhbat 기자는 itoim.mn의 온라인판에 실린 2019년 11월 6일 자의 〈채권국, 즉 중화인민공화국의 차관의 덫〉이라는 기사에서 중국 집권자들은 채무국의 경제 상황에 관한 상세한 연구에 기초하여 어떤 경우에도 상환할 수 없을 정도에 이를 때까지 차관을 공여한다. 만일 채무국들이 채무를 상환하지 못하는 상황에 이르면 중국은 당해국의 영토의 일정한 부분, 혹은 당해국에 군사기지를 건설하는 등의 방법으로 채무를 돌려받는다. 스리랑카와 아프리카의 지부티공화국 등의 사례가 이를 말해 준다고 설명하고 있다.[39]

중국의 경제적 영향은 한편으로 몽골 경제 성장에 도움을 주고 있지만, 다른 한편으로 몽골 경제가 독립성을 상실할 수 있다는 점을 몽골인들에게 상기시켜 준 것이다. 2014년 몽골은행에서 수행한 〈중국 경제가 몽골국에 미치는 영향〉이라는 연구에 따르면, 중국은 몽골 전체 수출의 91%, 수입의 28%를 점하고 있으며, 중국은 또 몽골의 가장 큰 투자국이며, 몽골 국경을 통해 들어온 전체 외국인 중 60%를 중국인이 차지한다. 이 연구는 몽골국 경제가 단 하나의 구매자만 갖고 있는 것은 "주의를 요하는 문제"라고 강조하였다.

중국의 거대한 경제에 더욱더 예속되어 가는 이 과정은 몽골인들 처지에서 보면 실질적으로 근거가 있는 우려이고, 반중 정서를 키우는 경제적 이유의 하나이다. 또한, 이와 더불어 러시아의 대對아시아 정책이 지나치게 약화되어 있는 것도 몽골인들에게 "고립의 공포"를 자아내고, 이로 인하여 중국을 질시하고 의심하는 상황을 더해 주고 있다. 1950년대 몽골인들이 중국과 공개적으로 협력할 때 소련의 후원과 보호에 의지했던 반면, 현재 러시아는 몽골에서의 영향력을 점점 잃어가고 있다. 몽골인들의 보편적인 생각을 보아도, 연구자들의 저술을 보아도 러시아가 몽골 안보의 "마지막 보루"임에는 변함이 없다. 예를 들면 러시아학 연구자 A. 냠도르징A. Nyamdorjin은 "러시아연방은 몽골의 안보와 독립의 마지막 보루이다"라고 하였다. 이어 그는 경제적 예속 상태를 통하여 향후 정치적 종속 상황에 들어간다는 우려의 측면에서 몽골인들 처지에서 보면 러시아는 정치 및 다른 부문에서 안보의 보루라고 하였다. 아울러 그는 만일 몽골의 안보에 어떤 문제가 발생하면 국제무대에서 러시아에 의지할 필요가 있다는

---

39) O. Mönkhbat, 〈채무의 제국 혹은 중화인민공화국의 채무의 덫〉, [http://itoim.mn/article/GZEu4/18872](검색일 2021. 12. 4.).

생각을 표명하였다. 그러나 러시아는 몽골에서의 영향력을 가장 낮은 수준에 이르게 했으며, 이는 몽골인들 입장에서 매우 불안한 상황을 만들었다고 할 수 있다. 아무튼 두 이웃 국가의 영향력이 균형을 잃은 것은 몽골인들이 어쩔 수 없이 중국을 경계하고, 중국의 위험에 대한 인식을 증대시켰다.

몽골 경제에서 중국의 정치 및 경제적 영향력이 점점 증대됨에 따라 몽골인들은 이 문제에 대하여 두 가지 다른 입장을 견지하고 있다. 한쪽은 이 상황을 반대하면서 중국의 경제적 영향력을 감소시키고 국내 생산을 발전시키기를 바라는 입장이다. 이는 어쩔 수 없이 중국의 위험을 걱정하는 정서에 이르게 된다. 다른 한편에서는 중국의 경제적 영향력이 세계적 특징을 불가피하게 갖는 것으로 보고, 거기에 적응할 것을 주창하고 있다. 일부 몽골 지식인들은 중국 위험론 정서를 비판하고, 그 대신 중국 영향력 정서를 유지하자는 의견을 개진하기도 한다. 이는 중국 위험론 정서와 비교하면 좀 더 부드럽고 타협적이다. 그들에 따르면 중국은 실제적인 조건에서 몽골과 비교할 때 지나치게 거대하므로 몽골인들 스스로 약점을 분명하게 깨닫고, 나아가 중국의 강대국 부상에 적응하는 방식으로 국가 경제를 빨리 발전시키자는 제안이다. 그 기초는 중국 정부의 우호적인 정책에 대한 신뢰와 "일반 중국"에 대한 몽골인들의 전통적인 인식이다. 그러나 이 관점은 이전의 "일반 중국"이라는 인식과 차이가 있다. 중국 영향력 정서 주창자들은 몽골인들에게 중국인과 교역을 하는 것 외에, 중국인을 이해하는 것을 배우고, 중국인과 몽골인 간에 상호 신뢰를 쌓는 것이 필요하다고 본다. 예를 들면 D. 다기수렝D. Dagisüren은 "몽골과 중국은 서로 상대국의 완전한 주권과 독립을 승인하고 존중한다는 것을 연이어 확인하고 있음에도 불구하고, 일반 몽골들 사이에서 중국 위험론이 계속 존속한다는 것은 두 나라 간 상호 신뢰가 얼마나 중요한지를 보여 주고 있다"라고 하였다.[40] 그러나 이 관점은 몽골인들에게 어쩔 수 없이 확대되고 있는 중국의 영향력에 적응할 것을 주창하면서 몽골인과 중국인들 간에 존재하는 역사 갈등과 경제 통제력 상실에 대한 위험을 어떻게 해결할지에 대한 효과적인 방법을 제시하지 않고 있다. 이 견해가 일반 몽골인들 사이에 널리 퍼지지 못하고 있는 이유도 여기에 있다.

중국 정부는 몽골의 독립, 주권, 완전한 영토 보존을 전적으로 승인하고 우호 관계를 맺어 발전시키고 있지만, 대다수 몽골인 사이에서 중국인의 명성이 높아지지 않고 중국인은 "나쁘다"라는 인식이 바뀌지 않고 있다. 이전 역사에서 "나쁜 중국"은 중국의 몽골에 대한 침략, 소련과 중국의 갈등, 몽골 정부에서 전개한 반중 선전과 관련이 있었다고 한다면, 오늘날 몽골인들 머릿속의 "나쁜 중국"은 역사 갈등 및 경제 안보와 더 관련이 있는 것으로 변하였다. 역사 인식의 대립하는 상황과 경제 부문의 과도한 영향력은 중국 정부와 전혀 관련이 없다는 인식이 몽골인들 사이에서 분명히 존재한다. 그래서 몽골인들은 그 원인을 "중국인" 쪽으로 돌려 이해하게 되면서, "일반 중국"과 "나쁜 중국"에 대한 전통적인 견해의 경계와 구분이 희미해지고 있다. 그리고 이것이 러시아의 관심 부족에서 기인한 고립 공포와 합해지면서 현대 몽골인들 사이에서 반중국 정서가 더욱 확대되었다.

7. 결론

13세기 몽골어에 "햐타드"라는 말은 금나라를 지칭하는 매우 분명한 뜻을 갖고 있었다. 그러나 명나라 시대부터 몽골인들은 남중국을 포함하여 중국 전체를 "햐타드"라고 불렀다. 즉 이전에 북중국을 지칭한 "햐타드", 남중국을 지칭한 "낭히아드" 등 어휘의 차이가 없어지고, 이들은 만

---

40) Dagiisuren Dorjderem, 『21世紀初蒙中關係研究』, 博士論文吉林大學, 2014, 130.

리장성 남쪽에 거주하는 한족에 대한 몽골어 이름으로 자리 잡아 현재까지 그 뜻으로 쓰이고 있다.

20세기 중엽까지 일반 몽골인들 사이에서는 몽골인들에게 해를 입히고, 지배하고 억압하기를 바라는 "나쁜 중국", 몽골인들과 상거래를 하고 수공예를 경영하던 "일반 중국"이라는 두 가지 모습의 중국인 상이 존재하였다. 20세기에 몽골과 중국 사이에 전개된 전쟁과 충돌 및 소련과 중국의 1960~1980년의 "냉전"은 몽골인들 사이에 "나쁜 중국"이라는 인식을 굳건하게 자리잡게 하여, "나쁜 중국"은 중국 정부의 침략 정책의 표현이 되기에 이르렀다. 이와 더불어 중국 농민과 상인, 노동자는 몽골인들에게 아무런 해를 끼치지 않고 적이 아닌 "일반 중국"이라는 인식이 동시에 존재해 왔다.

사회주의 시기 몽골의 반중 정서는 당과 정부로부터 반중 선전을 수행하는 방식으로 반중 사상을 유포시키는, 즉 위에서 아래로 유포시킨 것이라 할 수 있다. 반면에 오늘날 반중 정서는 국민들로부터 정부에 영향을 미치는 그리고 그것을 포퓰리스트 정치인들이 낚아채는 방식으로 아래에서 위로 향하는 형태로 변화하였다. 그래서 정부에서 중국과 우호 협력 관계를 발전시키려고 지속적인 정책을 추진하지만, 일반 몽골인들 사이에서는 중국에 반대하는 행동을 취하고, 중국인을 혐오하는 정서가 완강하게 살아남았다.

현대 몽골인들의 반중 정서는 역사적 관점에서 보면 20세기까지 존속하고 있던 중국 위험론 및 상업적 이해관계와 여러 가지 요인으로 연계되어 있으며, 역사 과정에서 몽골인들 사이의 중국 위험론은 몽골과 중국의 역사 문제 갈등, 몽골에서의 중국 경제의 월등한 위치, 러시아 영향력의 축소라는 주로 세 가지 요인으로 인하여 더욱 확대되는 추세이다.

전체적으로 보면 오늘날 몽골인들 사이에서 퍼진 이러한 반중 정서는 단순히 지난 시기의 유산이 아닐 뿐만 아니라 일시적 선전에서 비롯된 인위적인 것도 결코 아니다. 필자는 여기에 분명히 역사적 근거가 있으며, 또 실질적인 이유가 있다고 보고 있다. 1990년 이후 소련이 남긴 주인 없는 공간에 중국인들이 재빨리 들어와, 몽골 국내외 교역, 광산, 육류, 밀가루, 채소를 비롯한 기타 식품, 의복 등 각종 상품이 사실상 중국에 예속되었고, "몽골은 중국의 잃어버린 영토"라는 생각이 중국인들 사이에서 널리 퍼졌다. 그리고 이 요인들은 몽골인들의 마음에 강한 반감을 생겨나게 하였다. 이는 인접한 강대국의 거대한 힘으로부터 경제적 독립을 지키고, 그 누구로부터도 독립적으로 존속할 역사적 기반을 보전하여 살아남기 위해 싸우는 약소국 국민의 불가피한 대응이라 할 수 있다.

(번역: 한국외국어대학교 중앙아시아연구소 연구교수 이평래)

참고문헌

『대중국의 인민에게』, 울란바타르: Ulayn khevleliin üildever, 1952.

『몽골 민속학 초원 조사자료(1988~1989)』 10권, 울란바타르, 2011.

『몽골비사』, 울란바타르, 2006.

『몽골학 논총』, 울란바타르, 2019.

『마오주의 마오 무리』 II, 울란바타르, 1975.

『몽-중 관계에 대한 몽골 인민혁명당의 국제주의적 입장』, 울란바타르, 1984.

『십선복백사(十善福白史)』, 울란바타르, 2006.

이평래, 〈몽중 관계의 과가와 현재〉, 『몽골의 체제전환과 동북아 평화지정학』, 서울대학교 출판문화원, 2021.

Akhbar-e Mongolan buyu Mongolchuudyn eldev sonin, 울란바타르, 2018,

Altantögs, N., 〈1956~1960년 중국이 몽골에 제공한 무상원조와 저리 차관의 결과에 관한 연구〉, Historia Mongolarum, 477 (37), 2017.

Altantögs, N., 〈몽골 근현대사에 관한 중국 역사학자들이 견지하고 민족의 원칙에 대한 비판〉, Olon ulsyn sudlal NO.1 (110), 2020.

Amar, A., 『몽골략사(略史)』, 울란바타르, 2006.

Bazardorj, D., 『북몽골의 大盛魁社』, 울란바타르, 2015.

Dagiisuren Dorjderem, 〈21世紀初蒙中關係研究〉(博士論文,吉林大學),2014.

Darma güüsh, 『금륜천폭(金輪千輻)』, 울란바타르, 2006.

Ganbaatar, Ya., 〈중국의 위험인가? 중국의 영향인가?,『몽중 관계의 지난 60년에서 향후 60년으로』, 울란바타르: Admon, 2010.

Gombojav, 『항하지류(恒河之流)』, 울란바타르, 2006.

Gombovanjil, 『황금염주』, 울란바타르, 2006.

Igor de Rachewiltz, Index to The Secret History of the Mongols, Bloomington: Indiana University Publications, 1972.

Jamba, 『아스락치사』, 울란바타르, 2006.

Luvsanvandan, 『황금사』, 울란바타르, 2006.

Mendee Jargalsaikhan, Lingering anti-Sinic sentiments in post-Communist Mongolia: Why dislike the Chinese?//Voices from Central Asia, No. 19, January 2015.

Sum'yabaatar, B., 『몽골비사, 낱말의 전사』, 울란바타르, 1990,

Shülentana, B., 〈몽골인들의 중국 인식에 관한 연구 개요〉, Olon ulsyn sudlal Vol. 44, No. 112, 2021.

Zenee, M., 〈중국 이민자 문제가 무엇을 보여주고 있습니까?〉, Dornodakhiny sudlalyn asuudal, 1983, 2(9).

http://www.baabar.mn/article/5202(2021.12.04. 검색).

https://lead.style/n/Nzr7T5rJwcCme3dDKruv(2021.12.04. 검색).

http://itoim.mn/article/GZEu4/18872(2021.12.04 검색).

2부

아시아인 혐오의
역사적 구조

서양인의 아시아인 혐오

최난경
암스테르담 자유대학교 강사

1. 들어가며

서양인들의 아시아인에 대한 혐오범죄가 최근 급증했다. 1990년대 이후 한류, 일류, 중류 등 문화적 지구화 바람으로 서양과 아시아 사이의 교류가 늘어났지만 수출 및 기술 경쟁력이 제고되면서 서양의 시장을 압박해오는 아시아 경제에 대한 위기감도 증가해 왔다. 그런 상황에서2020년 중국 우한시에서 시작된 코로나 위기가 인류 역사에 전무후무할 정도의 변동을 초래한 팬데믹으로 드러난 이래 아시아에 대한 의심과 비난이 확산되어 왔다. 아시아인들에 대한 증오범죄가 무차별적으로 발생하면서 서양인들의 아시아인에 대한 혐오를 보다 체계적으로 이해할 필요성이 커졌다.

국제인권단체인 아티클 19에 따르면, 혐오는 "국제법에서 인정하는 보호되어야 할 특성을 실제로 갖고 있거나 혹은 가진 것으로 인식되는 개인이나 집단에 대한 격앙되고 불합리한 비난, 적의, 증오의 감정"이다(서울대학교 인권센터, 2015: 13). 혐오는 감정이나 견해를 표현하는 것으로 항상 행동으로 옮겨지지는 않는다. 하지만 혐오는 차별적인 성격을 갖는다는 점에서 단순한 편견과는 다르다.

인종 차별과 혐오에서 비롯한 폭력과 범죄는 새로운 현상은 아니지만 주로 사적인 대화나 신문, 잡지의 사설에서만 자주 언급되어 왔을 뿐이다. 그리고 여러가지 이유로 혐오에 대한 학문적인 연구나 논의는 비교적 최근에서야 시작되었다(Perry, 2012: 171). 혐오가 폭력이나 범죄의 동기라는 사실을 증명하기도 힘들고 다른 시간과 공간에서 다양한 형태로 표출되는 혐오에 대한 경험적 자료를 수집하고 공통적인 특성이나 패턴을 찾는 것도 쉽지 않기 때문이다. 또 혐오범죄의 가해자와 피해자 집단을 이해하기 위해서 무엇을 먼저 고려해야 하는지, 혐오가 당사자들뿐만 아니라 정치·사회·문화적으로 어떤 영향을 미치는지 등에 대한 체계적인 자료 수집과 이론적 논의도 필요하다.

이 글은 서양인들의 아시아인에 대한 혐오를 유럽과 북미의 역사·정치·사회의 측면에서 분석하고자 한다. 따라서 이 글에서 서양인들은 주로 미국이나 유럽에서 살고 있는 백인들을 가리킨다. 논의를 세 부분으로 나누어서 진행하겠다. 우선, 혐오를 개인적이기보다는 사회적이고 정치적인 현상으로 분석할 필요성과 중요성을 확인하겠다. 다음으로 서양인들의 아시아인에 대한 혐오가 근대역사에서 어떤 패턴으로 형성되어 왔는지를 사회·정치적 측면에 중점을 두고 살펴보겠다. 마지막으로 코로나 팬데믹을 계기로 심화되어 온 정체성의 갈등이 혐오범죄나 폭력으로 분출되고 그렇게 표출된 혐오가 다시 편견과 증오를 정당화시키고 강화시키는 현재의 상황을 분석하겠다.

2. 혐오: 사회적이고 정치적인 현상

《하바드 법 리뷰Harvard Law Review》의 편집자들은 1993년 보고서에서 아시아계 미국인들에 대한 인종차별적 범죄를 두 가지로 구분한다(Perry, 2012: 223). 첫 번째는 합리적 표적rational targeting의 경우로 가해자들이 인종이라는 변수를 통해서 피해자에 대해서 알아야 할 다른 정보 -예를 들어 현금을 많이 갖고 있으면서 반항할 가능성은 낮다- 를 추측하고 행동을 결정한다. 두 번째는 인종차별적 폭력racist violence의 경우로 피해자가 속한 인종이 자신이 속한 집단과 동등하지 않으며 많은 사회적 병폐들의 원인이라는 적개심이 동기가 되어 범행을 결정한다. 두 가지 종류의 범죄 사이에 중요한 차이점이 있음에도 불구하고 편견과 혐오가 개인적인 현상이기보다는 그것이 사회적으로 용납되고 심지어 폭력이나 범죄를 정당화시킨다는 점에서 구조적이고 정치적인 문제임을 보여 준다. 편견이나 인종주의 때문에 저지른 폭력은 단순히 편협한 한 개인의 행동이라기보다는 그가 속한 집단과 다른 집단들이 상호작용하는 사회 구조와 문화에서 그 뿌리를 찾아야 한다(Young, 1990). 따라서 혐오범죄는 단절된 사건이라기보다는 오랫동안 지속되어 온 과정의 연속으로 봐야 한다. 가해자들이 처벌되어도 사라지지 않는 이유이다.

물론 모든 편견이나 혐오가 폭력을 조장하지는 않는다. 하지만 서양인들이 아시아인들에게 폭력이나 범죄의 형태로 표출하는 혐오는 아시아인들이 자신들과 다를 뿐만 아니라 언제든지 다른 종류의 '그들'로 대체할 수 있다는 고정관념을 서로 공유하고 확신시켜 주는 집단적인 과정을 통해서 만들어진다. 그 과정에서 가해자 집단과 피해자 집단 사이의 힘의 불균형이 강조된다. 혐오의 피해자가 될 수 있는 '그들'은 인종이나 국적, 종교, 젠더, 섹슈얼리티, 장애와 같은 요소에 의해서 규정된다. 따라서 혐오에는 유색 인종이나 무슬림들에 대한 인종차별주의뿐만 아니라 여성을 비하하거나 수치심을 불러일으키는 성차별주의, 성소수자나 동성애자들에 대한 증오, 난민이나 망명신청자, 이민노동자들에 대한 외국인 혐오 등도 포함된다. 혐오를 표현하고 행동으로 옮김으로써 지배적인 집단이 '타인'으로 규정된 집단들에게 자신의 정치적·사회적·문화적 우월함을 확인시키고 또 확인받는 것이다.

따라서 인종차별적 혐오는 피해자 당사자에게 상처를 줄 뿐만 아니라 피해자가 속한 집단 전체를 종속시키는 결과를 가져온다. 인종주의적 혐오에서 비롯된 범죄가 대부분 낯선 사람에 의해서 자행되기 때문이다. 인종차별적 범죄에 대한 한 보고서에 따르면 84 퍼센트의 범죄가 낯선 사람에 의해서 저질러졌고, 76 퍼센트의 피해자가 특별한 이유없이 공격당했다고 보고했다 (McDevitt et. al., 2012: 145). 혐오나 편견에 따른 범죄의 피해자가 무엇을 했는지 보다는 어떤 집단에 속하는 것처럼 보이는가에 따라서 결정된다는 주장을 뒷받침한다. 가해자의 입장에서 보면 혐오의 대상이 되는 집단에 속하거나 속하는 것처럼 보이는 누구든지 피해자가 될 수 있다. 따라서, 피해자의 입장에서는 자신이 언제 어디에서 혐오범죄의 대상이 될 지 알 수 없고 방지할 수 없다는 점에서 좌절감과 불안함을 느낀다. 자신들의 행동이나 의지에 상관없이 혐오범죄의 대상이 된다는 점에서 걱정하고 무기력감을 느낀다. 그런 상황을 막기 위해서는 잘못된 시간에 잘못된 장소에 있게 되는 상황을 피해야 하는데 그건 거의 불가능하기 때문이다. 그래서 혐오범죄의 피해자들은 자신들을 보호할 수 없다는 무기력감을 공통적으로 표현한다(McDevitt et. al., 2012: 146). 예를 들어, 작가이자 시인인 박 캐시 홍은 2021년 4월 한 인터뷰에서 다른 아시아계 미국인들에게 "조용히 있어요. 잘 보이면서도 눈에 띄지는 말아요"라고 권유했다(Cathy Hong Park, in an interview in April, 2021; Durso, 2021: 416에서 재인용).

이성애적 백인 남성들의 관점에서 보면 동성애자나 여성, 피난민, 이민 노동자들이 모두 혐오의 대상이 될 수 있지만, 다양한 정체성을 갖고 있는 피해자들을 세분해서 각 집단이 혐오를 어떻게 경험하는지 분석하는 연구도 시급하다. 북미나 유럽에서 아시아인들이 경험하는 혐오를 보다 잘 이해하기 위해서는 다른 정체성의 입장을 갖고 있는 피해자들이 혐오를 왜 그리고 어떻게 경험하는지 더 많은 자료 축적과 연구가 필요하다. 특히, 북미나 유럽에서 사회적 위계질서를 잘 따르는 모범적인 소수자라는 고정관념의 대상이었던 아시아인들이 갑자기 병균을 옮기는 파렴치한 이방인이라는 비난을 받게 된 것이 이전부터 지속되어 온 과정의 연속인지 아니면 갑작스러운 변화인지 생각해 볼 필요가 있다.

3. 서양인들의 아시아인 혐오의 역사와 현재

서구사회에서의 혐오에 대한 연구는 유색 인종들에 대한 역사적, 제도적, 사회문화적, 그리고 물리적 차별의 행위와 현상에 초점을 두어 왔다. 최근까지 미국이나 유럽에서의 인종 차별이 주로 흑인을 비롯한 유색 인종들의 인권을 유린하고 억압하는 형태로 발생해 왔기 때문이다. 하지만 백인과 유색 인종 사이의 힘의 불균형이 유지되는 상황에서 혐오에 대한 인식과 지식은 여전히 단편적이고 부수적이다. 그리고 무차별적으로 비인간적인 대우를 받아 온 다른 유색 인종들과 달리 차별과 용인 사이에서 모호한 대우를 받아 온 아시아인들에 대해 우리가 아는 것은 더더욱 제한되어 왔다. 하지만 개화와 식민통치의 대상이었던 아시아가 이전의 식민자들과 나란히 서게 된 21세기, 이제 그 모호함은 아시아인에 대한 분명한 "견제와 질시"로 바뀐 것 같다(이학영, 2021). 아시아가 비상하는 동안 유럽과 북미사회에서는 높은 실업율과 심화되는 불평등에 대한 좌절과 불만으로 집단적 증오 역시 증가해 온 점을 주시할 필요가 있다. 경제 위기의 상황에서 백인들에게 아시아인들은 자신들의 직업을 훔쳐가는 이민자들이고, 다른 소수자들의 입장에서 아시아인들은 부당한 경쟁자들로서 희생양이 되어도 괜찮다. 그리고 최근 아시아인들에 대한 혐오는 우익 성향의 정치인들과 보수적인 미디어에 의해 부추겨지면서 역사적으로 반복되어 온 혐오의 패턴을 다시 한 번 조성하고 있다.

최근까지 미국이나 유럽사회에서 아시아인들은 두 가지 상반된 이미지로 투영되어 왔다. 한편으로는 모범적인 소수집단으로 전형화되면서 용인의 대상이지만 다른 한편으로는 열등하지만 언제든지 백인들을 압도할 수 있는 위협적인 집단으로 통제해야 할 대상이었다. 아시아인들에 대한 의심과 멸시가 팽배했지만 흑인이나 다른 유색 인종들처럼 체계적인 인종 차별의 대상은 아니었다. 아시아에서 온 이민자들은 대부분 온순하고 규범을 잘 따르며 일을 열심히 하는 것으로 알려져서 사회적 통합이 쉬운 대상이라는 이미지가 자리잡고 있었기 때문이다. 하지만 긍정적인 이미지 덕분에 다른 유색 인종에 비해서 상대적으로 인종 차별을 덜 경험하기는 했지만 아시아인에 대한 의심과 편견이 전혀 없었던 것은 아니다. 아시아인들을 패쇄적이고 비밀스러운 위험한 이방인으로 보거나 많은 현금을 갖고 다니는 허영심 많은 부류로 보는 부정적인 시각은 늘 존재해 왔고, 기회가 있을 때마다 개인의 권리나 안전을 위협하는 행위를 정당화시키는 데 이용되어 왔다. 그리고 최근 개인적인 의심과 멸시가 정치인이나 미디어를 통해서 제도적으로 인정받으면서 차별과 혐오가 부끄럽지 않고 오히려 당연한 권리라는 인식이 확산되었다.

사실 '우리'와 다른 '그들'에 대한 의심과 멸시는 늘 인종차별적인 혐오로 발전할 가능성을 갖고 있는지도 모른다. 그런 점에서 유럽에서의 인종주의가 근대국가의 발달 과정에서 형성된 국가이데올로기의 핵심이었다는 주장을 고려해 볼 수 있다. 『증오하는 인간의 탄생』(2019, 역사비평사)에서 나인호 교수는 19세기 말부터 20세기 초 사이 부르조아들이 근대국가를 위협하는 내외부의 적을 공동으로 배척하기 위해 증오의 사상을 국가이데올로기로 발전시켰다고 분석한다(이유진, 2019). 인종주의가 민족주의와 제국주의를 연결시키는 촉매제가 되면서 유대인들은 말살의 대상이 되었고 일본의 제국적 성장은 황인종이 세계를 지배할 것이라는 공포의 원인이 되었다는 것이다. 사실, 황인종이 백인 중심의 사회를 위협하는 시대가 올 것이라는 위기론인 황화론은 일본이 청일전쟁과 러일전쟁을 이기면서 막강한 제국으로 성장하기 시작하던 19세기 말부터 유럽사회 곳

곳에 존재해 왔다(김진리, 2020). 그렇게 인종주의는 하나의 이념으로서 많은 서구사회들의 근대역사를 규정하였고 불균형한 권력관계를 유지하기 위해서 특정 사회집단을 증오와 배척의 대상으로 만드는 데 이용되어 왔다.

2020년 초에 시작한 코로나 위기가 서양인들이 아시아인에 대한 혐오를 거침없이 표출할 수 있는 전환점을 제공했다는 의견이 팽배하다. 하지만 아시아인들의 미국 이민역사가 150년이 넘었고 그들에 대한 인종 차별이 끊임없이 발생되어 왔다는 보고에 주목할 필요가 있다(배정환, 2021). 사실 아시아인들의 이민역사는 인종주의적 차별과 폭력의 역사로서 코로나 팬데믹이 발생하고 "중국 바이러스"라는 수사적 표현이 미디어를 장식하기 훨씬 이전부터 혐오의 대상으로 제도적, 정치적 그리고 사회문화적으로 규정되어 왔다.

1850년대 대규모의 중국이민자들이 미국의 캘리포니아를 비롯한 서부지역에 정착하기 시작했다. 대부분 위험하고 보수가 적은 광부 일이나 철도를 건설하는 일을 했는데도 그들은 미국 시민들로부터 일자리를 뺏었다는 비난을 받았다. 그리고 1854년 캘리포니아 주법원은 아시아인들로 하여금 백인의 주장을 반박하는 증언을 할 수 없도록 결정하면서, 사실상 아시아인들을 상대로 저질러진 폭력이 처벌될 수 없도록 했다. 1871년에는 로스앤젤레스의 한 작은 중국 지역사회에서 백인과 히스패닉계가 일으킨 폭동에서 17명의 중국남자 어른과 아이들이 살해되었다. 폭동을 일으킨 사람들 중 여덟 명이 살인죄로 확정되었지만 나중에 법원이 그 판결을 뒤집었다. 그리고 11년이 지난 후 국회는 이민을 제한하는 첫 법인 중국인예외법Chinese Exclusion Act을 통과시켰는데, 이 법은 60년 동안 연장되었고 1943년에서야 폐지되었다(Durso, 2021: 415).

아시아인에 대한 폭력은 1885년 와이오밍 영토의 록스프링스에서 중국광부들을 상대로 다시 발생했다. 총 28명이 죽고 79채의 집이 불에 탔다. 20세기로 전환되는 시점 샌프란시스코에서 페스트 질병이 발발했을 때 그 첫 희생자가 중국계 이민자였다. 경찰은 급속히 차이나타운을 둘러 싸고 백인들이 중국인들의 재산을 파괴하지 못하도록 통행을 제한했다 (Akiyama, 2008). 2차 세계대전 동안에는 일본이민자들과 일본계 미국인들이 수용소에 억류되었다. 일본군이 진주만을 공격한 지 73일 후 미국정부는 미국에 거주하는 일본계 시민들에게 복수를 하기로 결정했다. 당시의 미국 대통령 루스벨트는 군부로 하여금 캘리포니아와 오레곤, 워싱턴 등 서부해안에 살고 있던 12만 명에 달하는 일본계 미국인들을 억류하기 위해 열 개의 수용소를 건설하고 운영하도록 하는 행정명령 9066호에 서명했다. 억류된 일본계 미국인들 중의 3분의 2가 미국시민자였다(Akiyama, 2008: 209). 마침내 그들이 풀려났을 때에는 이미 집과 사업체들이 파손되어 있었다. 1980년대 베트남계 이미자들이 텍사스 주에 새우사업을 시작했을 때 그들은 다시 한 번 미국인들로부터 직업을 빼앗았다는 비난을 받아야 했다. 이번에는 백인우월주의 집단인 쿠 클럭스 클랜Ku Klux Klan이 나서서 텍사스 주변의 해변을 순찰하고 고기잡이 배들에 불을 질렀다(Durso, 2021: 415-6).

2001년에 통과된 애국자법Patriot Act은 테러 방지를 위한 정부의 조사권을 특별히 "적처럼 보이는" 아랍인들과 무슬림인들 그리고 남아시아계 미국인들을 겨냥할 수 있도록 했다. 이 법에 따라서 지정된 25개국 출신의 이민자들은 이민 및 세관집행 당국이 설치한 국가안보 출입국 신고시스템에 등록해야만 했다. 2003년 6월까지 이 시스템에 등록해야 했던 8만 2천 명의 남자들 중 약 16 퍼센트는 이민규정 위반을 이유로 추방 결정을 받았다. 이들 외에도 수만 명이 입국시 등록을 해야 했음에도 불구하고 이 시스템은 단지 11명의 테러혐의자를 찾아내는 데 성공했다(ACLU, 2004; Akiyama, 2008: 211에서 재인용). 미국 정부는 "적처럼 보이는" 사람들을 겨냥했지만 인종주의적 편견과 혐오를 묵인했고 특정한 집단에 속하는 사람들이 폭력이나 범죄의 대상이 되도록 조장했다고 볼 수 있다. 미 연방수사국의 2005년 혐오범죄보고서에 따르면 2001년 테러 공격 이후 아랍계와 무슬림을 상대로 한 혐오범죄가 250 퍼센트 증가했다(FBI, 2005; Akiyama, 2008: 212에서 재인용).

코로나 팬데믹과 같은 위기와 혼란의 상황에서 혐오는 다시 한번 '우리'와 '그들' 사이의 관계를 규정하고 특정 집단을 희생양으로 만드는 데 이용되어 왔다. 다른 유색 인종들에 비해서 일을 열심히 하고 경제적으로 성공한 모범적인 소수집단이라는 이미지의 뒷면에서 많은 아시아인들은 차별과 멸시, 의심과 증오의 경험들에 대해 침묵해 왔다. 그리고 그렇게 일상에서 버텨 온 차별이 코로나 위기를 기점으로 해서 아시아인에 대한 혐오의 폭력과 범죄라는 사회적이고 정치적인 현상과 행태로 드러났다.

4. 정체성을 기반으로 한 혐오, 그리고 차별을 통한 정체성의 재생산

코로나 팬데믹은 아시아인들이 다른 소수인종들과 다른 종류의 혐오를 받아왔다는 주장을 다시 한번 생각하도록 만든다. '아메리칸 드림'을 이루고 미국의 주류사회에 성공적으로 진입한 아시아인들의 예는 소수임에도 불구하고 인종주의가 사회구조적인 문제라기 보다는 개인적인 문제라는 주장을 가능하게 했다. 의도하지는 않았지만 열심히 일하고 성실한 아시아인들은 백인남자들이 지배하는 정치경제적 위계질서를 유지할 수 있을 뿐만 아니라 흑인이나 이민노동자들과 같은 사회적 소수자들이 겪는 구조적 차별에 대한 책임을 회피할 수 있도록 해 주었다. 그 결과 성공신화의 주인공이 되지 못한 대다수의 아시아인들은 백인들이 주도하는 주류사회에 진입하지도 못하면서 다른 소수집단들로부터도 소외되어 왔다. 그렇게 미국사회에서의 아시아인들은 모범적인 예로 살아가면서 주류와 비주류 모두로부터 차별과 혐오를 받아 왔다. 그리고 코로나 바이러스를 '중국 바이러스'라고 거침없이 내뱉은 트럼프 대통령은 이미 사회 구석구석에 팽배해 온 아시아인에 대한 혐오를 폭력과 범죄로 분출하도록 조장했다. 길거리나 버스정류장, 상점 등 공공장소에서 아시아계 여성과 노약자들에게 언어와 신체적 폭력을 행사하는 사례들이 급증했다. 2020년 3월 시민단체 연합인 아시아태평양 입안 및 정책이사회A3PCON가 차별 철폐를 위한 중국인들의 모임, 그리고 샌프란시스코 주립대학의 아시아연구학과가 공동으로 아시아인에 대한 혐오범죄를 조사·수집하는 센터를 출범했는데, 그 센터의 웹사이트에 따르면 2020년 3월 19일부터 2021년 2월 28일까지 3,795건의 혐오범죄가 접수되었다 (Durso, 2021: 414).

유럽이나 호주사회에서도 비슷한 양상으로 아시아인에 대한 혐오범죄와 폭력이 급증했다. 2020년 10월 급속하게 확산되는 코로나 바이러스를 억제하기 위해서 프랑스 에마뉘엘 마크롱 대통령이 시민들의 이동 제한을 발표하자 아시아인들을 대상으로 한 무차별적 폭행 사건이 갑자기 늘어났다는 보고가 있다(김진리, 2020). 독일, 영국, 스페인, 이탈리아 등 다른 유럽사회에서도 아시아인들에 대한 무차별적 폭행과 폭언의 범죄 행위가 증가했다(박설민, 2020). 정치권이 친미 노선을 분명히 하면서 중국과 무역분쟁에 휩쓸린 호주사회도 코로나 위기를 기점으로 해서 반중국/반아시아 감정이 집단적인 폭력으로 분출되기 시작했다. 한 예로 2020년 4월 멜버른에서 아시아계 여성 세 명이 길거리에서 호주 백인 여성들로부터 뭇매를 맞고 인종차별적인 폭언을 당하는 장면이 인터넷에 올려졌다(노석철, 2020). 2021년 6월 아시아인들이 많이 거주하는 브리즈번에서 동양인 학생 세 명이 일곱 명의 십대 호주학생들로부터 무차별하게 폭행을 당했는데 그 영상이 7월 초 현지 언론에 의해서 보도되었다(노유림, 2021).

서양인의 아시아인 혐오가 여성에 대한 혐오와도 밀접하게 연관되어 있다는 점도 고려해야 한다. 나인호 교수는 인종주의 사상가들의 대부분이 여성혐오주의자였다고 지적한다. 또 2020년 한 해 동안 미국에서 발생한 3,800여 건의 아시아인 혐오범죄 중 피해자들의 68 퍼센트가 여성이었다고 한다 (유혜영, 2021). 유럽에 거주하는 아시아인에 대한 인종 차별과 혐오범죄를 신고할 수 있는 핫라인의 설립을 청원하고 있는 '유럽을 말하는 아시아인의 목소리Asian Voices Europe'라는 시민단체도 접수된 187건의 사건들 중 3분의 2가 두세 명으로 이루어진 젊은 남자들에 의해서 행해졌으며 피해자의 84 퍼센트가 여성이었다고 분석한다.

코로나 위기가 원인이라기 보다는 정치·경제·사회문화적으로 뿌리가 깊은 인종주의가 위기감에 의해서 정당화되고 확산된 것으로 보인다. 서양인들, 특히 인종적·종교적·성적 정체성이 강한 백인 남성들이 자신들과 다른 집단들을 여러 사회문제들의 원인으로 비난하고 혐오의 대상으로 지목한 것이다. 근대국가의 형성 과정에서 부르조아들이 인종주의를 바탕으로 식민제국을 확장하고 자본주의 경제를 발전시켰듯이, 21세기의 북미와 유럽사회의 일부 시민들은 이민자들을 영원한 '비시민자'로 차별함으로써 자신들의 권리와 우월함을 재확인하려고 해왔다. 유색인이나 이민자, 그리고 여성에 대한 차별과 혐오를 통해서 백인남성들의 인종적·종교적·성적 정체성이 확인되고 그 정체성은 다시 '우리'가 아닌 '그들'에 대한 혐오를 정당화시키고 부추긴다.

그러한 정체성의 정치를 이용해서 지역사회의 이익과 정부의 책임을 강조해 온 우익 성향의 포퓰리스트들이 코로나 펜데믹을 정치적 기회로 이용한 점은 전혀 놀랍지 않다. 코로나 바이러스가 어떻게 발생했고 급속하게 퍼지고 있는지 설명하는 자리에서 우익 성향을 보여 온 유럽정치인들은 아시아인들에 대한 혐오를 아무런 여과없이 그대로 표현했다. 전 이탈리아 부총리였던 마테오 살비니Matteo Salvini는 바이러스의 확산을 막기 위해 국경을 통제해야 한다고 주장했고, 헝가리의 총리 빅토르 오르반

Victor Orbán은 이란 출신의 학생이 코로나 바이러스의 첫 환자라는 사실을 이용해서 코로나 팬데믹을 이민자를 받아들인 결과로 규정했다(Klein, 2020: 32). 팬데믹의 위기에 직면해서 위험을 감수하면서 묵묵히 일해 온 간호사, 교사, 경찰, 청소부, 슈퍼마켓 직원들의 상당수가 이민자 출신이라는 점은 전혀 고려되지 않았다.

아시아인에 대한 혐오 범죄와 폭력의 빠른 확산에는 우익 성향 정치인들뿐만 적극적으로 대응하지 않고 심지어 묵인하고 동조한 언론과 정부에도 책임이 크다(Li and Nicholson, 2021). 예를 들어 프랑스의 Le Courier Picard 잡지는 2020년 1월호의 표지에 "황색경고Alerte jaune"라는 제목과 마스크를 쓴 아시아 여성의 사진을 함께 실으면서 논란을 불러일으켰다. 극우 및 보수언론 뿐 아니라 뉴욕타임스와 같은 진보 성향의 언론들도 코로나를 다루는 기사에서 차이나타운이나 아시아인의 이미지를 첨부함으로써 아시아인을 '위험한 타인'으로 인식하도록 했다. 그리고 반이민적·반아시아적 혐오에 동정적인 보수언론과 우유부단한 정부는 언론과 표현의 자유라는 이름으로 혐오가 온라인을 통해서 정당화되고 확산되는 것을 막지 못했다.

혐오가 온라인을 통해서 확산되면서 시민사회가 정부를 견제하고 사회적 합의를 도출하는 데 긍정적인 역할을 할 것으로 기대를 모았던 소셜미디어에 대한 논의도 바뀌고 있다. 사실, 소셜미디어는 힘없고 흩어져 있는 개인들이 목소리를 모으고 연대하는 데 큰 공헌을 할 잠재력을 갖고 있고, '흑인의 삶도 중요하다'나 '미투'와 같은 정체성을 기반으로 한 운동들이 전세계적으로 폭발적인 파장을 가져오는 데에도 중요한 역할을 했다. 하지만 최근 온라인은 언론의 자유보다는 한 집단이 다른 집단을 상대로 폭력을 촉발하거나 확산시킬 의도로 이용하는 소위 말하는 '위험한 연설dangerous speech'이 장악하고 있다(Susan Benesch, 2013; Banaji and Bhat, 2021: 9에서 재인용). 특정 집단이 언론과 표현의 자유를 이용해서 타인의 삶과 자유를 유린하는 데 이용할 수도 있다. 정당이나 이익집단들을 배후에 두고 있는 시민단체들이나 활동가들이 위험한 연설을 이용해서 시위를 주동하기도 하고 단순히 혐오의 내용을 전파하고 부추기기도 한다. 그리고 조직되지 않은 개인들은 온라인에서 혐오의 담론을 공유하고 응원하면서 비슷한 정체성과 보수적 또는 우익성향을 가진 다른 개인들이나 집단에 동참한다.

가해자의 정체성이 혐오범죄나 폭력의 동력이라면, 혐오범죄는 '다름'을 제조하고 가해자와 피해자의 정체성을 재생산시키는 중요한 메커니즘이다(Perry, 2012: 97). 그렇게 혐오범죄 또는 인종차별적 폭력ethnoviolence은 이미 역사적으로 재차 확인되어 온 불균형한 권력관계를 유지하는 데 기여한다. 민주주의와 평등을 원칙으로 하지만 미국이나 유럽의 사회들은 국적이나 인종, 젠더, 계급, 성 정체성과 같은 정체성에 따라서 형성된 위계질서를 '다름'이라는 개념으로 정당화하고 받아들여 왔다. 집단들 사이의 "자연스러운" 다름과 소속의 분리는 누구에게는 지배와 규범, 특권을 의미하고 다른 누구에게는 종속과 주변, 그리고 불리함을 암시한다. 다르기 때문에 열등한 것이 아니라 지배적인 집단들이 다른 집단들을 일탈적인 존재라고 규정하는 것이다. 다름을 부족함이나 열등함의 원인으로 보고 인종이나 성 정체성, 종교, 계급 등에 따라서 위계질서를 만드는 사회적이고 정치적인 행위이다. 여성은 그들의 약함과 비합리성 때문에 열등하고 아시아인들은 극도로 합리적이라서 열등하다. 그리고 열등한 다른 집단들에게 자원과 권력이 불평등하게 분배되는 것은 당연하고 정당한 일이다.

우리는 이렇게 정체성을 재생산하는 혐오의 메커니즘이 서양인의 아시아인에 대한 혐오의 경우 어떻게 작동하고 어떤 영향을 미치는지 좀 더 알아야 할 것이다. 북미나 유럽의 근대역사에서 아시아인들은 일상에서 견뎌내야 하는 의심의 눈초리와 차별을 개인의 능력과 운이 좋으면 피할 수도 있고 이겨낼 수 있다는 믿음으로 버텨냈고 그렇게 잊어 왔다. 그들의

"잘 보이지만 눈에 띄지 않는" 전략이 최근까지, 적어도 코로나 팬데믹 이전까지는 글로벌 교육과 취업, 문화적 지구화 등을 통해서 성공하는 듯했다. 지구화로 열린 가능성을 개인이 어떻게 대응하는 지에 따라서 삶의 성패가 좌우되는 것처럼 보였다. 그리고 교육과 직업, 연애와 결혼, 여행과 레저 등에서 개인의 선택은 더이상 국적이나 인종, 종교, 젠더, 성 정체성 등과 같은 정체성과 관계없는 것처럼 보였다. 하지만 경쟁이 점점 더 치열해진 반면, 개인이나 집단이 사회구조적인 문제들을 함께 비판하고 조직적으로 대항할 수 있는 관심이나 능력은 현저하게 떨어졌다. 개인의 능력은 여전히 국적, 인종, 성별, 젠더, 계급과 같은 구조적 요인에 의해 좌우되고 대부분의 개인들은 실업이나 불의의 사고, 재해의 상황에서 별다른 선택을 하지 못한다. 서양의 보수 언론과 극우 정치인들이 코로나 바이러스를 중국 바이러스로 매도할 때 중국인이 아닌 아시아인들은 자신의 국적을 제대로 알리려는 노력을 했음에도 불구하고 여전히 혐오범죄나 폭력의 대상의 되었던 것이다.

5. 나오며

우리는 종종 다른 사람들에 대해 선입견을 갖고 싫어한다. 하지만 근대 북미와 유럽의 정치·경제·사회·문화적 발전의 역사는 '우리'를 '그들'과 구분하고 '우리'가 헤게모니를 획득하고 유지하기 위해서 '그들'의 평등한 지위와 권리를 부정하는 과정의 연속이었다. 그러한 헤게모니에 맞서기 위한 '그들'의 집단적 노력은 주로 단편적이었고 일회적인 것으로 의미있는 결과를 가져오지 못했다. 불평등하게 배분된 권력과 자원을 얻기 위해서 '그들'은 개인의 노력과 능력, 그리고 운에 기대를 걸 수밖에 없었다. 따라서, 서양인의 아시아인에 대한 혐오범죄와 폭력은 단지 코로나 위기 때문에 발생한 것도 아니고 그 위기가 끝나면 사라질 일도 아닐 것이다. 그리고 혐오를 개인적인 차원의 문제가 아니라 역사적으로 구축되어 온 사회정치적인 문제로 인식한다면 각 정부의 정치적 의지와 정책적 대응의 중요성도 커진다.

사실 북미와 유럽의 정부들이 혐오의 현상과 범죄의 증가에 대해 아무런 대응을 하지 않은 것은 아니다. 다양성과 포용성의 원칙을 지키기 위해서 그들은 나름 법적·제도적·정책적 대응을 모색해 왔다. 혐오범죄의 증가 추세를 조사하도록 하고, 그런 범죄를 처벌하는 법을 제정하고, 그리고 교육이나 대중 홍보를 통해서 시민들의 인식을 전환하고자 했다. 의식있는 시민들은 인종주의적 차별과 혐오를 반대하는 사회운동에 동참해서 분노와 불안을 야기하는 사회적 갈등과 분열을 자체적으로 해결하고자 했다. 하지만 현재 유럽과 북미사회는 혐오범죄나 폭력 외에도 기득권의 정체성을 재생산하는 데 이용될 수 있는 경제 위기와 불평등의 문제가 심각하다. 2022년에 시작된 우크라이나 전쟁으로 가중된 에너지 위기와 높은 인플레이션으로 경제적 전망이 어두운 상황에서 혐오는 당장 해결해야 할 문제도 아니고 집단적 정체성에 호소해서 위기를 극복하는 데 오히려 필요할 수도 있다.

현재 북미와 유럽에서 살고 있는 아시아인들에게도 혐오가 가장 시급한 문제는 아닌 것 같다. 아직 코로나 바이러스의 확산이 지속되고 있던 2021년 10월에 실시된 '세계의 걱정거리'에 대한 조사에서 1위는 코로나가 아니라 빈곤과 불평등이었고 2위는 실업이었다는 보고가 있다(곽노필, 2021). 아직 체계적인 분석이 미흡하지만, 코로나 팬데믹이 인종 차별의 근거로 이용되면서 이전부터 존재해 온 불평등의 문제가 더욱 악화되었다는 보고도 있다. 미국, 영국, 네덜란드, 그리고 스웨덴에서 수집된 자료를 바탕으로 한 보고에 따르면 코로나로 인한 팬데믹이 인종 및 사회적 소수 집단들의 건강과 경제에 훨씬 더 큰 타격을 가져왔다고 한다(Hooijer and

King, 2021). 선진경제와 확고한 민주주의를 갖춘 나라들이지만 팬데믹 이전부터 차별적 대우를 받아 온 유색인종이나 다른 사회적 소수집단들의 상황을 인정하지 않고 그들을 위한 의료 및 경제적 지원을 늘리지 않았기 때문이다.

혐오가 폭력과 범죄의 행동으로 연결될 때 그렇게 표출된 혐오는 다시 편견과 증오를 정당화시키고 강화시킬 수 있다. 그러한 혐오가 길거리와 온라인에서 거침없이 표현되는 상황에서 정부 관료나 법조인, 언론인들이 별다른 제재를 하지 않을 때 그 혐오는 사회적으로 용인되고 제도적으로 정착될 수 있다. 그 혐오가 최근 아시아인들을 겨냥하는 데에는 코로나 팬데믹보다 더 큰 정치·경제·사회·문화적 요인이 있다고 봐야 한다. 그리고 아시아인들이 유럽과 북미로 이민을 시작한 이래 구축된 역사적 패턴을 볼 때, '우리'와 '그들' 사이의 그늘에서 살아온 모범적인 소수자라는 고정관념에만 의존하는 것만으로는 차별을 통해서 정체성을 재생산하는 혐오의 메커니즘을 상대할 수 없다고 봐야 한다.

참고문헌

김진리, 「황화론의 재부상: 코로나19 바이러스 시대 프랑스 사회의 동양인 혐오」, 『국제사회보장리뷰』겨울호vol. 15, 한국보건사회연구소, 2020

배정환, 「코로나 시대, 미국에서의 아시아인에 대한 혐오와 증오범죄: 인종주의 담론과 사회통제에 관한 논의」, 『경찰학연구』 21/3, 경찰대학교, 2021

Akiyama, C.,"When You Look Like the Enemy." *Brief Treatment and Crisis Intervention* 8, 2008

Banaji, S., & Bhat, R., *Social Media and Hate*, Routledge Focus on Communication and Society Series., 2021

Durso, P. R., "A word about··· Anti-Asian racism." *Review and Expositor*, 118(4), 2021

Fernando, C., "Asian Xenophobia Against the West", *The ANNALS of the American Academy of Political and Social Science*, 318(1), 1958

Hooijer, Gerda and King, Desmond, "The Racialized Pandemic: Wave One of COVID-19 and the Reproduction of Global North Inequalities." *Perspectives on Politics*, 1-21, 2021

Klein, O., "How is the Far Right Capitalizing on COVID-19?" In Tamir Bar-On, Brbara Molas, & others, *Responses to the COVID-19 Pandemic by the Radical Right: Scapegoating, Conspiracy Theories and New Narratives*, Berlin: Ibidem Verlag, 2020

Li, Yao and Nicholson, Harvey L., "When "model minorities" become "yellow peril" - Othering and the racialization of Asian Americans in the COVID-19 pandemic.", *Sociology Compass*, 15(2), 2021

McDevitt, J., Balboni, J., Carcia, L., & Gu, J., "Consequences for victims: A Comparison of Bias-and Non-Bias-Motivated Assults," in B. Perry,

Hate and Bias Crime: A Reader, Routledge, 2021

Perry, B., *Hate and Bias Crime: A Reader*, Routledge, 2012

Young, I. M., *Justice and the Politics of Difference*, Princeton NJ: Princeton University Press, 1990

서울대학교 인권센터, 「표현의 자유를 위한 국제적 인권단체 Article 19 '혐오표현' 해설」, 2015

곽노필, 「세상 사람들의 '걱정거리'는 코로나가 아니었다, 1위는 OOO.」, 《한겨레》(2021. 11. 13.) [https://www.hani.co.kr/arti/science/future/1019158.html] (검색일2021. 11. 13.)

노석철, 「아시아계 여성 무차별 폭행… 호주 '반중 정서' 심화」, 《국민일보》(2020. 4. 19.) [http://news.kmib.co.kr/article/view.asp?arcid=0014494034&code=61131111&sid1=i] (검색일 2020. 8. 14.)

노유림, 「머리채 잡고 발로 차고, 동양인 학생들 폭행한 호주 10대들」, 《국민일보》(2021. 7. 5.) [http://news.kmib.co.kr/article/viewasp?arcid=0016020680&code=61131111&cp=na] (검색일2021. 11. 12.)

박설민, 「코로나 확산으로 '아시안 혐오' 심각… 조롱부터 폭력까지」, 《시사위크》(2020. 3. 6.) [https://www.sisaweek.com/news/curationViewhtml?idxno=131712](검색일 2021. 11. 13.)

이유진, 「나는 증오한다, 고로 존재한다」, 《한겨레》(2019. 5. 10.) [https://www.hani.co.kr/arti/culture/book/893365.html] (검색일 2021. 11. 11.)

이학영, 「[이학영 칼럼] 미국사회 '아시안 혐오'의 이면」, 《한국경제》(2021. 3. 27.) [https://www.hankyung.com/opinion/article/2021032336561](검색일 2021. 11. 2.)

유혜영, 「아시아 혐오는 뉴노멀?」, 《한겨레》(2021. 4. 4.) [https://www.hani.co.kr/arti/opinion/column/989532.html](검색일 2021. 11. 11.)

아편전쟁 후의 중국의 개항과 서구 인종주의 사조

장효강
중국 장춘사범대학교 역사문화학원 특임교수

1. 들어가며

17세기의 동아시아에는 일종의 안정된 국가 관계 구조가 형성되어 있었는데, 그것은 바로 중화 제국을 핵심으로 하는 화이 질서다. 화이 질서 아래 항구 도시를 매개로 한 "조공 무역"은 조공 외교의 중요한 표현 형식 중 하나로, 무역의 형식을 통해 종주국과 번국, 화華와 이夷의 정치적 지위를 거듭 천명하였다. 저명한 네덜란드 한학자 블리쉐包乐史는 "구 세계의 상업 중심마다 모두 그들 각자의 정치·경제 체제의 각종 계획이 재현되어 있다"[1] 라고 하였다. 이러한 현상은 아편전쟁 후 중국 항구 도시의 개방과 발전 과정에도 반영되었다. 항구 도시의 개방과 봉쇄는 기본적으로 동 시기 국가의 정치·경제 체제에 달려 있는데, 항구 무역의 수출입 상품 구조에서 조공 무역을 정치적 복무로 삼아 근본적 임무를 더욱 강조하였다. 아편전쟁 전 중국이 광주를 중심으로 "일구통상一口通商"했던 국면의 배후에는 화이 질서 및 화이 질서 국가 관계 체계에서 자국의 지위를 유지하려는 정치적 고려가 있었고, 무역의 현실과 정치적 상상력은 광주를 동아시아 도시 가운데 특수한 지위로 올려 놓았다. 광주는 동아시아

---

1) 包乐史, 《看得见的城市-东亚三商港的盛衰浮沉录》, 赖钰匀, 彭昉译, 浙江大学出版社, 2010, 112.

국가 및 유럽 국가의 관계에서 정치·경제 지위와 항구 무역 집산 기능이 더해지면서, 근대화 전야에 장족의 발전을 이루었고, 19세기 중기에 중국의 첫 번째 개항 도시 및 근대화의 창구가 될 수 있는 견실한 기초를 쌓았다. 아편전쟁 후 광주의 일구통상 국면에서 벗어나, 1843년부터 상해 등 5개의 연해 도시는 《남경조약》의 규정에 의거하여 잇따라 통상항으로 개항하였다. 개항과 도시화 과정에서 경제와 무역은 빠르게 발전하였고, 근대 시민 사회 또한 초보적으로 형성되었다. 이와 동시에 서구화 바람이 서구 문명을 이끌고 개항 도시에 유입되었고, 동시에 내륙 지역으로 확산되었으며, 이로 인해 근대 중국 사회의 변천에 영향을 미쳤다.

아편전쟁 전, 중화 제국을 중심으로 이루어진 화이 질서에서 그 사상의 근원은 봉건 문화 존비의 등급을 나누는 관념에서 유래되었다. 중국의 사대부 계층과 지식인은 중화관을 도덕·예의·문명의 정점으로 삼아, 소위 남쪽 오랑캐를 "중국과 다른 예복을 입고, 풍습이 다르며, 음식이 같지 않고, 언어가 통하지 않으니 […] 이러한 까닭에 성왕은 그들을 금수처럼 길렀으니, 그들과 서약하지 않고, 공격하지 않았다"[2] 라고 보았다. 이러한 민족 불평등의 관념은 중국이 세계의 발전을 인식하는 데 방해가 되었고, 천조상국天朝上國의 미몽은 중국의 근대화 발전을 지체시켰다.

한편, 근대 중국의 사상문화 영역 또한 서구 문화의 충격에 직면하였다. 아편전쟁 후, "문명등급론"은 《국제법》의 지식을 받아들이는 것을 근거로 삼아 중국에 전파되기 시작되었다. 게다가 외교 사절로 서양에 가는 중국 사신의 도입과 소개 및 명치유신 이래 일본과 관련된 논술의 영향으로 인해 대량으로 중국에 전해졌다. "많은 중국 지식인은 중국과 외국의 관계에 대한 가벼운 이해에서 비롯하여 "문명등급론"을 신봉하였고, 이것을 중국의 역사와 현실을 스스로 성찰하는 중요한 이론의 전제로 삼았다. 이와 동시에 근대의 다른 지식인은 중국 역사 문화의 애호와 중국 주체성

2) 『汉书』, 권 94, 匈奴传.

의 견지 혹은 마르크스주의의 자본주의와 제국주의에 대한 비판을 받아들여, "문명등급론"을 반성하고 비판하기 시작하였는데, 이것은 근대 중국의 귀중한 사상 유산이다"[3]. 이 글에서는 아편전쟁을 배경으로 중국의 개항과 서구 인종주의를 주제로 삼아 논의를 전개하고, 19세기 중 후반에 중국이 직면한 역사의 대전환 과정에서 근대화의 발전 노정과 사상 문화의 사유와 선택을 고찰하고 탐구하고자 한다. 올바르지 못한 부분에 대해 삼가 전문가들의 비평과 질정을 바란다.

2. 《남경조약》 체결 후의 중국 개항

1) 중영 아편전쟁

17세기의 중국은 쇄국 정책을 실행하여, 동아시아 지역을 고도로 발전하는 세계와 단절시켰다. 하지만 동시대의 서양에서는 지리적 대발견과 신 항로의 개척으로 대규모 상품 생산의 시장과 원료의 기초를 마련하였고, 산업혁명은 또한 완전히 새로운 생산 방식과 생산 관계를 가져왔다. 아주 짧은 시간에, 서방 세계의 경제 면모는 이미 크게 일신되었다. 자료에서 보여 주듯이, 산업혁명 전 세계 경제 연 성장률은 1년 동안 뚜렷한 변화를 보이지 않지만, 1780~1830년이 되자 세계 공업은 연 성장률이 2.6%에 달하고, 세계 무역의 연 성장률은 1.4%에 달했다. 이러한 변화는 주요 자본주의 국가의 생산력의 제고에 의존하고 있는데, 자본주의 생산 방식은 유럽 각국의 경제 실력을 현저하게 제고하였고, 영국을 대표로 하는 서구 국가는 이에 따라 점차 세계 경제의 통치 지위를 확립하였으며, 동아시아 식민지 약탈은 이에 따라 전개되었다. 주목할 점은 유럽 국가의

---

3) 王锐: 「"文明等级论"在近代中国-一个思想史视角的鸟瞰」, 『人文杂志』, 2021년 제1기.

아시아에 대한 식민지화가 비교적 일렀지만, 상당수는 동남아 지역과 남아시아 지역에 집중되었다는 것이다. 국력이 더욱 강성했던 중국에 대해 서구 국가는 시종 효과적인 침투 방법을 찾을 수 없었고, 무역 또한 장기적으로 수입 초과 상태에 처해 있었다. 19세기의 중엽에 이르러서야, 영국과 미국 등의 국가는 비로소 중국의 문을 여는 방법을 잇따라 찾을 수 있었고, 중국 또한 외래 무력의 충격 아래 수동적으로 개항 통상의 길로 나아갔다.

중국과 영국의 교역의 왕래는 유래가 깊다. 명·청 양대의 "일구통상" 시기에 영국 상인은 이미 광주에서 차, 면포, 생 견사, 도자기 등의 상품의 수출 무역에 종사하였다. 이러한 상품은 영국 상선으로부터 유럽으로 운송되었고, 영국 상인에게 거대한 이윤을 안겨 주었다. 17세기 말, 영국 상인은 점차 네덜란드와 포르투갈 상인을 대신하여 중국 무역항에서 가장 활발한 상업 역량을 펼치는 세력이 되었다. 당시의 영국 상인은 거의 중국과 유럽 간의 차와 도자기 무역을 독점하였다. 특히 차는 영국 식민지의 확장에 따라 세계에서 가장 유행하는 음료가 되었다. 임칙서林則徐는 아편전쟁 전야에 현실에 부합하지 않게 높은 곳에서 굽어보는 태도로 영국의 통치자를 가르치려 들었고, "차와 대황은, 외국에서 하루도 없어서는 안 되는 것인데, 중국이 그 이익에 인색하고 그 손해에 관계하지 않으면, 오랑캐는 어찌 살 수 있겠는가"[4] 라고 하였다. 임칙서의 이러한 태도는 당시에 일정한 대표성을 띠었다. 당시의 중국 사대부 계층과 지식인은 보편적으로 서방의 오랑캐는 문화·경제·기술을 막론하고 모두 중국에 뒤쳐졌다고 여겼다. 서구인의 생활 특징에 대해, 중국의 사대부 계층과 지식인은 그것을 금수의 생활로 여김에 의심의 여지가 없었다. 제2차 아편전쟁 시기에, 공친왕은 영국 공사 제임스 브루스額尔金가 가마를 타고 출행하는 것을 보고 묘사하길, "원숭이가 모자를 쓰고 사람처럼 꾸민 듯한 형상으로,

---

4) 『林文忠公政书乙集』, 권4.

차마 눈으로 볼 수 없었다"[5]라고 하였다. 당시 중국 무역상의 우세는 중국 사대부 계층과 지식인의 서양인에 대한 경시를 가중시켰다. 당시 차의 대량 수출은 영국과 중국 간의 무역 수입 초과를 심각하게 만들었다. 대량의 백은이 중국으로 유입되어 영국 주도의 세계 무역 금융 체계에서 은 가격이 급등했고 통화 긴축의 국면을 맞았다. 동시기 영국의 공업 상품은 광주 시장에서 판매가 부진하여 무역 수입 초과 및 해외 은 가격이 고공행진하였는데 문제는 시종 해결할 방법이 없었다. 영국 상인의 발견에 이르러서야 아편 무역으로 중국에서 대량의 백은과 바꾸어 얻을 수 있었고, 영국과 중국 간의 무역 수입 초과의 문제는 비로소 완화되었으며, 국제 시장의 백은 가격은 안정될 수 있었다.

아편 무역은 영국 상인에게 있어 거대한 이익이었지만, 아편의 대량 수입은 중국 민중의 심신 건강에 극심한 고통을 안겨 주었다. 백은의 대량 유출은 중국 금융의 안정성에 영향을 미쳤다. 청 정부는 이에 따라 여러 차례 민간에 아편을 피우지 못하게 명령을 내리고, 광주 해관에 아편 수입을 엄격하게 금하도록 요구했다. 지대한 이익 앞에서 영국 상인은 아편을 운송한 상선을 광주의 먼 바다에 정박시켜 중국선을 통해 해관을 피해 운반하여 항구에 들이든지, 청 정부의 해관에게 직접 뇌물을 주어 불법으로 밀수하여 입항하였다. 당시 영국 정부가 파견한 재중국의 상무 관원은 고의로 영국 상인의 위법 행동을 은폐하였다. 1839년 6월, 흠차대신 임칙서는 광동 호문虎门에서 영미 상인에게 몰수한 아편을 집중적으로 소각했다. 그해7월에 영국 해군이 주룽九龙 침사추이尖沙嘴에서 술에 취해 촌민을 사망에 이르게 하였지만, 영국 상무 총감 엘리엇义律은 가해자를 내주지 않았다. 영국 상인과 청 정부 간의 관계는 더욱 긴장 속으로 치달았고, 같은 해 8월 임칙서는 영국과의 무역을 중단한다고 발표하였다. 중국과 영국의

---

5) 何新华, 『夷夏之间: 对1842~1856年清政府西方外交的研究』, 暨南大学 박사학위 논문, 2004, 100.

갈등은 더욱 확산되었고, 같은 해 11월 무력으로 충돌하는 사태가 발생하였으니, 바로 천비양穿鼻洋 전쟁이다. 이 일이 있기 전, 영국 내각은 이미 결의를 통과시켜, 전쟁의 수단으로 중국에서의 상업 이익을 보호하려 하였다. 1840년 6월, 47대의 함선과 4,000명의 육군으로 조성된 영국 원정군은 영국 해군 소장 엘리엇Anthony Blaxland Stransham의 지휘 아래, 주장코우珠江口에 도착하여 광주항을 봉쇄시켰다. 임칙서 등은 광동 연안에 치밀하게 방어 병력을 배치하였고, 전쟁은 매우 급박하게 돌아갔다. 영국 함대는 기동 우세를 이용하여 따구코우大沽口에 도착하였다. 청 정부는 매우 큰 충격을 받았고, 도광 황제의 전쟁에 대한 태도는 전쟁을 할지 말지에서 화의를 청하는 것으로 바뀌었다.

1841년 1월, 기선琦善은 독단적으로 영국과 《천비초약穿鼻草约》을 맺어 도광 황제로부터 파면당했다. 같은 해 8월 식민지 인도의 남작 포팅어璞鼎查가 영국 함대를 이끌고 홍콩을 떠나, 제2차 대규모 공습을 펼쳐 하문厦门을 점령하였다. 10월에는 정해定海, 진해镇海, 영파宁波를 공격하여 점령하였다. 이 시기에 영국 군대는 병력이 부족하여, 공격을 멈추고 원군을 기다렸다.

1842년 3월 청군은 반공을 전개하였는데, 절동浙东의 모든 전쟁은 실패로 돌아갔다. 도광제는 성경장군盛京将军과 용연각龙渊阁 대학사 기영耆英을 흠차대신으로 삼아, 영국과의 화의에 전권을 부여하였다. 6월에 영국군은 오송吴淞을 공격하여 점령하였고, 7월에 진강镇江을 점령했을 때, 영국군은 이미 정해진 계획대로 장강을 따라 올라가 중국의 주요한 해상 운송 수로를 통제하고, 북경과 남경 간의 조운을 차단하여 절강의 부유한 지역의 세수와 공출미가 수도와 요충지에 도착하지 못하게 하였다. 이것을 협박으로 삼아 더 많은 이익을 수탈하였고, 영국군은 전쟁을 멈추려는 뜻이 전혀 없었다. 8월 초에 영국군은 남경성南京城에 이르러, 연자기燕子矶에 상륙하였다. 영국군의 갑작스러운 출현은 남경성을 혼란에 빠뜨렸고, 청군은 전쟁을 시작하기도 전에 겁을 먹어, 청 정부는 어쩔 수 없이 강화를 요구하고 항복을 받아 줄 것을 요구하였다.

2) 《남경조약》이 중국 도시 경제에 미친 영향

중국은 아편전쟁과 《남경조약》의 체결로 인해 영토를 할양하고 배상금을 지불해야 했다. 국가의 주권을 상실하는 치욕이었을 뿐만 아니라, 3천 이래 미증유의 대전환을 의미했다. 고대의 전통 사회가 근대 사회로의 전환을 요구 받고 있었음을 의미했다. 아시아 전체의 관점으로 볼 때, 중국은 동아시아 국가 관계 체계의 핵심이었다. 따라서 중국의 개항과 개국이 미친 영향은 매우 컸다. 일본과 조선은 모두 중국의 아편전쟁의 패배에 크게 놀랐고, 중국과 마찬가지로 서양 세력의 동진 압력에 직면하게 되었다. 양국의 통치 계층은 중국의 전쟁 실패를 통해 교훈을 얻고자 했는데, 서로 다른 대응 방식을 선택하였다. 중국·일본·조선 삼국 간의 관계는 새로운 변화의 국면으로 접어들게 되었다.

《남경조약》은 동아시아 삼국과 서방 국가가 근대적 외교 원칙에 따라 맺은 첫 번째 조약이다. 《남경조약》 체결 후, 중국의 경제에 큰 변혁이 발생하였다. 영국은 조약을 통해 중국 영토인 홍콩을 빼앗아서 중국 무역과 식민지 약탈의 발판을 마련하였다. 영국 상인과 기타 서구 상인은 연해 항구의 개방을 통해 중국 내륙에 제멋대로 상품을 투매하기 시작했고, 중국의 자연 경제 기구는 공전의 충격을 받았다. 청 정부는 대량의 백은으로 전쟁 배상금을 지불하였고, "매년 선불한 전쟁 배상금은 7,000여만 위안에 달하는데, 배상을 위해, 청 정부는 각종 세수를 대폭 상향했고, 매년 부가한 세수액은 도광 1년의 세수의 몇 배에 달했다"[6]. 이와 동시에, 아편을 포함하여 국내에 수입된 외국 상품은 중국의 백은을 대량으로 유출시

---

6) 王仁忱, 『中國近現代史』, 上海人民出版社, 1984, 35.

컸고, 게다가 해관 등의 중요 부문은 구속을 받았으며, 중국의 경제 발전은 이전에 없었던 저항에 직면하여, 보통 백성들의 생활은 더욱 곤궁해졌다. 아편전쟁 전 중국 남방 연해 일대의 수공업 발전은 비교적 빨랐는데, 값싼 외국 상품의 유입으로 중국 수공업 상품의 판매가 부진하여 많은 수공업 공장이 계속해서 도산하였다. 면 방직업을 예로 들면, 아편전쟁 전 송강松江, 가정嘉定 일대는 강남의 가장 중요한 면포 생산 지역이었고, "옛날 일반 백성의, 다섯 명의 가족이, 하루에 한 필을 짜면, 백 장의 돈을 벌 수 있었는데, 서양의 면포가 성행하면서, 국내의 면포는 나날이 가격이 싸졌고, 그 이익을 계산해 보면, 겨우 옛날의 반 가격일 따름이었다"7). 통계에 의하면, 1840년 중국이 수입한 면사의 수량은 대략 3만 여 단担으로, 시장 총량의 0.4%만을 차지했다.8) 하지만 1894년 중국이 수입한 기계로 짠 면사의 수량은 이미 70만 단을 넘어서서, 그해 시장 면사 총량의 24%를 차지했다.9) 이전의 1890년에 중국이 수입한 기계 면사의 수량은 이미 100만 선을 넘어섰고 108만 단에 도달했는데, 이 숫자는 대략 160만 수공업 방사직 노동자의 연 생산량과 맞먹는 숫자다.10) 이렇게 거대한 면사의 수입 수량은 중국 전통의 수공업 면 방직업에 큰 타격을 주었고, 대량의 기존의 수공업에 종사하던 방직업 노동자들은 잇따라 직업을 잃게 되었으며, 많은 기존의 수공업 발달 지역은 어쩔 수 없이 생산 방식을 바꾸어야 하는 커다란 고통을 겪을 수 밖에 없었다. 이러한 사회 모순이 여러 곳에서 드러났다. 《남경조약》으로 서방 국가는 중국 연해 항구에서 선교할 수

---

7) 杨振福, 『嘉定县志』, 권8, 16-17.

8) 徐新吾, 「近代中国自然经济加深分解与解体的过程」, 『中国经济史研究』, 1988년 제1기.

9) 陈善本·苗士亮, 「晚清沿海农村经济的遭遇和命运」, 『乐山师范学院学报』, 2007년 제1기.

10) 张建磊·刘蕴莹·程隆棣, 「鸦片战争后中国手工棉纺织业的衰落及原因」, 『丝绸』, 2017년 제9기.

있는 권력을 얻었다. 서로 다른 종교 신앙 간의 격렬한 충돌은 중국 전통 사회의 안정적인 구조를 더욱 동요시켰다. 통계에 따르면, "아편전쟁에서 의화단까지 60년 동안, 선교사가 일으킨 소송 사건은 400여 건에 달했으며, 1870년 전후로 강소江苏, 강서江西 등의 성에서 몇 십 개의 도시와 많은 농촌에서 거의 대부분 폭동이 발생하였다".[11]

《남경조약》이 규정한 개항 항은 거대한 경제 사회 변혁에 직면했던 첫 번째 중국 도시이다. 1842년 8월 29일, 남경 강 위에 정박한 영국 군함 "강화려康华丽"에서, 중국과 영국 정부 대표는 정식으로 《남경조약》을 체결하였다. 이에 따라 영국은 중국에서 첫 번째 식민지인 홍콩을 획득했고, "입법통치" 권도 얻었다. 이 외에도 청 정부는 어쩔 수 없이 광주广州, 복주福州, 하문厦门, 영파宁波, 상해上海의 다섯 무역 항구를 통상 항구로 개항하였고, 이것은 다음과 《남경조약》의 규정에 따른 것이었다. "지금부터, 대황제는, 영국 인민이 데리고 온 가족이, 대청大清 연해의 광주, 복주, 하문, 영파, 상해 등의 다섯 항구에 기거하고, 무역 통상을 함에 지장이 없음을 비준한다; 또한 대영국 군주가 파견한 영사, 관사 등의 관리가 이 다섯 성읍에 머무를 수 있고, 상인의 업무를 전문적으로 취급하고, 각 지방관과 공문으로 왕래 할 수 있으며; 영국인에게 아래 조항의 예에 따라, 매출세, 입항세 등의 비용을 명확하게 납부하도록 한다."[12] 이 조항은 영국에게 다섯 항구를 개방하여 통상 무역을 할 수 있음을 명확히 규정한 것일 뿐만 아니라, 파견된 영사 및 영국 상인이 협정 조항에 의거하여 매출세와 입항세를 납부하는 것을 통상 항구를 개방하는 조건으로 삼았다. "물품세와 입항세"에 관해, 《남경조약》은 또 "앞의 제2조에서 영국 상인이 통상 무역을 할 수 있는 광주 등의 다섯 곳에 거주하며, 수입과 수출의 매출세와 입항세를 납부해야 하는데, 모두 공평한 협정 조례에 따라야 하고, 부

---

11) 郑师渠, 『中国近代史』, 北京师范大学出版社, 2007, 127.
12) 王铁崖编, 『中外旧约章汇编』 1, 三联书店, 1957, 31.

서에서 효시를 반포하여, 영국 상인이 조례에 따라 납부할 수 있도록 한다"라고 규정하고 있다. 조약에서 이 부분의 규정에 따르면, 영국은 실질적으로 중국 정부와 관세를 협정할 수 있는 권리를 획득하였고, 중국의 주권은 훼손당했다.

"오구통상五口通商"이 중국 사회에 끼친 영향은 지대하다. 중국 사회의 성격과 경제 구조에 모두 극심한 변화를 초래하였다. 영국을 대표로 하는 서구 열강에게 있어, "오구통상"은 자나깨나 갈망했던 "성과"였다. 중국은 외국 상품에 대한 규제를 완화했고, 서방 국가는 "자유 무역"을 통하여 점차 중국 시장을 점령할 수 있었으며, 대중 무역의 수입 초과 국면을 변화시켰다. 하지만 중국의 근대 도시 발전에 관해 말하자면, "오구통상" 후, 광주 항과 더 나아가 광동 전체 지역은 중국 경제 구조의 중요한 지역의 지위에서 추락하기 시작했다. 광동의 수출입 무역의 쇠락과 맞물려, 상해는 매우 빠른 속도로 성장하였다. 장강 삼각주의 풍요로운 농업과 견사업 및 장강長江의 황금 수로에 기대어, 상해는 점차 광주 항의 동아시아 국제 무역의 선두 지위를 대신하게 되었다.

3) 개항 도시에서 서구 문화의 전파와 융합

관문을 두드리는 서구 열강의 포성과 함께, 자본주의 사회의 정치·경제 체제, 생산 방식, 사유 방식 등은 중국으로 난입하였고, 첫 번째로 충돌한 곳은 가장 먼저 개방된 상해 등의 연해 대외 개방 도시였다. 여기에서 중국과 서구 문화는 격렬하게 충돌하였고, 천지가 개벽하는 사회적 변화가 발생했다.

개항 전의 상해는 경제적으로 풍요롭고, 인문 사상이 모이는 곳으로 전통 문화가 고도로 발전한 지역이었다. 하지만 동시에 상해의 사회 생활은 자기만의 뚜렷한 개성이 있었다. 발달한 연해 무역은 일반 도시 규모를 넘어섰고, 상해는 자신 만의 길을 걸어 나가 점차 상업화된 도시로 발전하였다. 긴 시간 동안 중국의 문화 중심은 중원 지역에 있었고, 상해가 위치한 오월吳越 지역은 소외된 지역이었지만, 송원宋元 이후에 문화 중심이 오월 일대로 옮겨왔다. 하지만 상해는 오랜 시간 동안 주류 문화의 변경 지역에 위치하여, 각종 지역 문화가 이곳에 모였고, 상해 문화는 아주 높은 개방성과 관용성을 갖출 수 있었다. 바로 이러한 이유로, 상해에 서구 문화가 유입되었을 때 너그럽고 넓은 모두 수용하고 축적할 수 있었던 것이다.

개항 전부터, 상해 지역은 서구 문화의 기초를 수용한 것을 갖추고 있었다. 먼저 상품 경제가 발달하여, 상인의 지위 또한 높아졌다. 송대 이후 견사, 면, 소금, 차 등은 경제에서 아주 높은 비율을 차지하였고, 명대 후 상해가 위치한 강남 지역은 더욱 다양화·상품화 그리고 전문화된 경제 구조를 형성할 수 있었다. 다음으로 생활 방식과 행위 방식 등의 방면에서 새로운 것을 추구하고, 사치하는 풍조가 형성되고, 사람들은 보편적으로 음식과 의복을 중시하였다. 마지막으로 상해의 매판과 상인은 가장 활발한 계층으로 전통 문화의 신사 계층 세력이 약해지는 것을 지지하였고, 이것은 상해의 문화인이 가치 취향에서 서구 문화에 더욱 기울게 된 경향을 낳았다.

"중국 근대의 조계지는, 상해로부터 시작되었다."[13] 상해의 조계지 건립 이후, 일군의 외국인은 이국 타향에서 기회가 충만하고 도전적인 지역인 상해로 들어와 조계 지역에 정착하였다. 그들은 선진 물질 문명과 의회 제도, 시정 관리, 윤리 도덕, 가치 관념, 생활 방식 등을 조계 지역으로 가지고 왔고, 이러한 것들이 상해에서 점점 이해되고, 수용되고, 모방되고, 채용되어 아주 자연스럽게 서구의 문화가 상해로 전파되어 중국으로 전해질 수 있었다. 이로 인해, 상해 조계 지역에서는 중국과 서구 문화가 혼합되어 일종의 새로운 형태의 문화인 조계 문화가 만들어졌다. 조계 지역에

---

13) 梁伟峰, 「论上海租界与租界文化」, 『江西社会科学』, 2005년 3기, 36.

드러난 서구 문화 및 조계와 화계(華界)의 큰 격차는 상해 사람들을 강하게 자극시켰고, 상해인이 서구 문화를 대하는 태도에 영향을 미쳤다. 상해의 상인은 서구를 모방하기 시작하면서 주동적으로 가스 회사, 전력 공사를 설립하였다. 상해 시민은 날이 갈수록 건전한 공공질서 의식과 법률 의식을 가질 수 있었고, 상해인은 서구인이 전등, 전화, 상수도를 사용하는 것을 보고 그들의 형태를 학습하여 규정에 따라 일을 처리했다. 또 그들은 서구의 엄격한 도시 관리 제도와 민주 제도의 효율성과 합리성을 발견하고, 자발적으로 모방하였다. 의사회와 상원의원의 선거를 통한 선출, 효율적인 조계 제도의 모방과 행위는 모두 상해인이 서구 문화의 표현을 인정하는 것으로 중국과 서구 문화의 실천적 교류와 융합을 구현된 것이다. 근대 중국과 서구 문화의 교류에서 소수의 사람만이 현실 답사를 통해 서구 문화를 진정으로 이해하였다. 그래서인지 중국과 서구 문화의 교류는 사회 실천의 측면까지는 깊이 들어갈 수 없었다. 그런데 조계가 존재함으로 인해서 서구인은 자기 국가의 기구를 가지고 올 수 있었고, 선진화된 사회 제도, 생활 방식 또한 가지고 올 수 있었다. 중국과 서구의 문화는 실천적 측면에서 여유롭게 접촉하고, 융합할 수 있게 되었다.

관념의 방면에서 살펴보면 개항 전의 상해는 전통 봉건사상의 영향을 받아, 농사를 중시 여기고 상업을 억압하였으며, 토지를 생존의 명맥으로 여겨 농업은 "본업"이고, 상업은 "말업"이라 하였다. 하지만 상해 개항 후, 조계 근거지가 계속해서 확장되자 상점과 공장이 잇따라 개설되었고, 이러한 변화는 모두 땅 가격을 매우 빠르게 상승하도록 부추겼다. 이로써 토지가 상품으로 여겨지기 시작했고, 모든 사회는 일종의 새로운 시각으로 토지의 가치와 그것의 상품화 의의를 다루었다. 개항 전에는 계속 동방의 문명과 전통 유가사상을 존숭하였는데, 개항 후에는 사회의 전통 관념이 점차 쇠미해졌고 서구 문화를 받아들이면서, 근대화로의 전환을 추동하였다.

문명 방면에서는 상해의 조계지 건립 후 서구인이 그들의 선진 물질 문명, 의회 제도, 시정 관리, 윤리 도덕, 가치 관념, 생활 방식 등을 조계로 가지고 왔다. 상해의 상인은 서구를 모방하기 시작하였고, 주동적으로 가스 회사, 전기 회사 등을 설립하였다. 상해 시민은 날이 갈수록 건전한 공공질서 의식과 법률 의식을 가졌다. 상해인은 서양인이 전등, 전화, 상수도를 사용하는 것을 보고 그들의 형태를 학습하여 규정에 따라 일을 처리하였다. 서구의 엄격한 시정 관리 제도와 민주 제도의 효율성과 합리성을 발견한 후, 자발적으로 모방하였고, 선거로 의사회와 상원의원을 선출하고, 효율적으로 조계 제도를 모방하였다. 상해 개항 후, 조계 지역에 도입된 서구의 경제 제도 및 생활 방식은 사회·문화 영역에도 침투되었다. 중국 전통의 풍습·제도·관념은 강렬한 충격을 받았고, 중서中西문화, 신구新旧문화에 격렬한 충돌이 발생하였는데, 이러한 충돌은 새로운 사상의 출현을 야기했다.

　아편전쟁 전에 중국인과 서구인의 교류 방식은 매우 단일하였고, 서구 문명에 대한 인식 또한 아주 황당무계하였다. 아편전쟁은 실패로 돌아갔지만, 중국 사대부 계층과 지식인들 뿌리깊게 박힌 "중국은 고귀하고 오랑캐는 저열하다"는 봉건적인 민족관은 전혀 바뀌지 않았다. 하지만 객관적으로 서구 국가는 전쟁을 수단으로 하여 파격적으로 중국과 세계의 관계를 바꾸었고, 계속해서 중국의 세계 인식을 재정립하고자 하였다. 서구가 "현장"에 있고 "현장에 있지 않음"은 중국 사대부 계층과 지식인이 서구에 대해 아주 다른 두 가지 인식을 갖게 하였다. 어떤 면에서는 당시의 아주 많은 상주문과 비공식적인 서신에 드러나 있듯, 중국 사대부 계층과 지식인은 그 그룹 내부에서 여전히 서구에 대해 "낙관적인 정신"을 가지고 있었고, 서구 문명은 다만 일종의 기물 방면에서 일시적인 우세를 통해 건립된 것이지만, 중화 문명의 문물 제도는 여전히 서구가 따라잡을 수 없을 정도로 고도화된 것으로 여겼다. 중국은 다만 기물 방면에서 조금의 노력을 가한다면, 종전에 잃어 본 적 없었던 천조상방天朝上邦의 지위를 지킬 수 있다고 보았다. 그러나 다른 방면에서 서양인과 깊이 교류한 일군의 사람이나, 일선에서 외교 사무를 보았던 중국인은 구시대적 관념과 제도가 서구 문명이 가지고 온 극심한 충격에 대응을 할 수 없음을 부득이 인정할 수밖에 없었다. 개항지의 "현실 세계"에서, 중화와 오랑캐의 대표는 이미 동등한 자격을 갖추고 있었다. 상해의 공공 조계에서 회신공해会审公廨 제도는 실질적으로 "중화는 고귀하고 오랑캐는 저열하다"는 "상상"을 전복시켰다. 1868년 영국 영사와 상해 관원이 협정한 《양경병설관회심장정洋泾浜设官会审章程》에 따라, 당시 조계지 안에 설립된 재판 기구는, "중국의 지방관 관원(상해 관원)으로부터 파견된 관리와 외국 영사(혹은 파견된 관리)가 조계지의 영사 재판의 범위에 속하지 않는 곳에서 발생한 사건을 함께 심리할 수 있다"[14]라고 하였다. 이것이 의미하는 것은 이전의 저열한 오랑캐와 중화 상국의 관원이 함께, 법정에서 보통의 중국 백성의 경의와 경외를 같이 나눈다는 것이었다. 상해를 대표로 하는 개항 도시에서, 서구의 "현장에 있음"은 중국 사대부와 지식인이 중국의 전통 국가 민족 지위를 인정하는 방식을 새롭게 성찰하도록 점점 이끌었다.

객관적으로 근대 중국인의 서구 문명에 대한 인식과 논의는 일찍이 1840년 아편전쟁 이전에 이미 시작되었는데, 소위 "크게 눈을 뜨고 세계를 보는 것"으로부터 보았던 것은 바로 서구의 식민자가 피와 불로 건설한 세계 질서였고, 이것은 중화 중심의 "천하" 질서와 완전히 다른 것이었다. 1793년(건륭 58) 영국의 매카트니 사절단이 처음으로 중국에 왔을 때, "최초로 산업화 혁명을 일으킨 나라와 가장 걸출한 문명 국가 간의 도도한 만남"이라고 사학가에 의해 묘사되었는데, 이는 이후 두 문명 간의 피할 수 없는 충돌과 충격을 직접적으로 예고한 것이었다.[15] 유럽과 미국이

---

14) 余华川, 『从上海公共租界会审公廨看中西法律制度和思想的冲突与融合』, 华东师范大学 박사학위논문, 2005, 9.

선양한 "문명등급론"과 "인종주의"는 아편전쟁 후에 중국에서 매우 성행하였는데, 이것은 한편으로 중국 사대부 계층과 지식인이 전통 신분의 등급 관념을 이론의 도구로 삼아 당시의 세계 정세를 해석한 필연적인 결과였고, 다른 한편에서 보면 인종주의를 대표로 한 "중국이 이른 시기에 현대화된 서학의 부정적인 영향"이다.16)

3. 중국에서의 서구 인종주의 유포 및 영향

1) "문명등급론"과 인종주의

근대 이래, 서구 자본주의 국가의 전 지구적 확장에 따라 세계적으로 유행한 다양한 이데올로기 담화 중에서 "문명등급론"을 언급하지 않을 수 없다.17) "문명"의 개념은 근대 초기 서구 역사에서 단지 간단하게 어떤 사회 상태를 묘사하는 명사로 쓰인 것이 아니라, 비교적 명확한 정치적 함의를 지니고 있었다. 스페인, 포르투갈 등의 국가는 해외 식민지를 확장하였고, 종교 세력과 정치 세력이 결합하여 "기독교 문명"에 속하는 지의 여부를 표준으로 세계를 구획하였다. 만약 기독교 신앙에 속하지 않은 지역이라면 기독교 신자가 모두 점유할 수 있었다. 이러한 언어 체계 아래 비기독교 지역은 정치적으로 "비문명"에 속했는데, 이것은 현재의 관점에

---

15) 席志武,「文化自信语境下对西方文明观念的反思」,『学术评论』, 2017년 제4기.

16) 參见马红邑,『西学的恶化对中国早期现代化的影响』, 山东大学 석사학위논문, 2013.

17) 중국 학계의 "문명등급론"에 대한 주요 연구 성과: 刘禾主编,『世界秩序与文明等级: 全球史研究的新路径』, 三联书店, 2016; 黄克武, 黄兴涛「从"文明"论述到"文化"论述-清末民初中国思想界的一个重要转折」,『南京大学学报』(哲学社会科学版), 2017년 제1기); 铃木胜吾,『文明与帝国:中国与日本遭遇欧洲国际社会』, 世界知识出版社, 2019; 高波,「晚清理学视野下的英国殖民秩序」,『社会科学战线』2017년 제4기 등등.

서 보면 인류 문명사 발전의 객관적인 현실에 위배되는 것이다.

"문명등급론"이 강조하는 것은 문명의 등급 질서이다. 그것은 근대 서구 열강이 식민지 확장을 위해 제조한 이데올로기의 도구로, 인종주의 학설을 주요 내용으로 삼고 있다. 영어에서, "문명civilization"이라는 이 단어의 시초는 "잘 정연되고 질서 있는 사회"를 가리키는 것이다. 계몽 시대 이래, 이 단어는 "배후에 계몽주의의 일반적인 정신이 잠복되어 있고, 강조하는 것은 세속적이고 진보적인 인류 자아의 발전이다". 이것은 "현대성의 상관 함의를 분명하게 드러내는데: 일종의 확립된 우아함과 질서 있는 상태이다". 이와 동시에, 서구 확장의 실질적 요구에 적응하기 위해, "문명"은 농후한 정치적 함의에 물들었고, "문명"을 상징하는 기독교 신자는 이러한 지역에서 자의적으로 식민 활동을 벌일 수 있었다.

유럽 문명의 긍정적 형상이 의식적으로 형성되는 과정에서, 인종학은 그 가운데 중요한 "근거"로 여겨졌다. 주지하듯이, "인종학" 이라는 이 사상은 17세기 프랑스에서 최초로 탄생하였고, 그 주요 목적은 기독교의 인류 기원 문제를 해석하기 위한 것이었다. 1735년 스웨덴 자연 과학자 린네Carl von Linné는 『자연계통自然系统』이라는 책에서 대량의 근대 의학 지식을 기초로 하여, 처음으로 각각의 인종으로 인류를 구분하는 개념을 세웠다. "인종학"의 탄생 초기에는 식민주의의 "자타인식自他认识"과 밀접한 관련이 있었다. 소위 "자타인식"은 "자아"와 "타자"를 포함한다. 인종주의 지지자의 논점은 "자아"의 자부심 고취에 집중된 반면, "자아" 이외의 민족은 악의적으로 낮게 평가하였다. 전자에 대해서, 벤자민 프랭클린本杰明·富兰克林은, "아마도 나는 나의 민족의 피부색에 일종의 편애가 있는데, 이러한 편애는 인류의 관점에서 보면 아주 자연스러운 것이다" 라고 하였다. 이와 상대적으로, 프랑스 계몽 사상가 몽테스키외孟德斯鸠는 그의 거작 『논법의 정신 论法的精神』에서, "법률도 없고, 규범도 없는", "전제 제국"인 중국에 비판을 가하였다. 그가 생각하기에 중국의 원칙은 "공포"이고, "다만 방망이를 사용해야만 인민에게 어떤 일을 하게 할 수 있다". 또 그가 보기에 중국인은 "자연스럽게 노예성에 복종하는 경향이 있다", 그들은 "지구상에서 가장 기만적인 민족이다". 그는 심지어 "중국에서, 기만은 승인된 것이다" 라고 말하였다. 상술한 인식은 나중에 "황화론黃禍论"의 큰 집결지로 간주되었다.

1885년 프랑스 역사학자 고비노戈比诺는 『인종불평등론人种不平等论』이라는 책을 출판하였다. 이 책은 근대 서구의 "인종학"의 기원으로 불릴 만한데, 작가는 이러한 이유로 서구의 "인종주의의 아버지"로 불린다. 이 책의 핵심 관점은 인종의 우열을 백색 인종, 황색 인종과 흑색 인종으로 나누는 것에 있는데, 각 인종 간에 거스를 수 없는 생리적·심리적 특징이 있다고 보았다. 백색 인종에도 등급 구분이 있어, 아리아인을 가장 높은 위치에 두고, 유일하게 개화된 인종이라 하였다. 기타 인종은 약간의 개화가 필요하여, 꼭 아리아인과의 혼인을 통해서만 실현될 수 있다 하였다.

종합하자면, 근대 이래 자연 과학의 발전에 따라 인류는 자신의 인식을 끊임없이 심화시켰다. 서구의 식민주의가 확장되는 배경 아래, "인종학"은 "문명론"의 서사 체계에 편입되고, 서구 식민주의를 부추기는 이론적 공구로 전락하였다. 1842년 중국의 아편전쟁 실패는 "천조상국天朝上国"이 서구 열강이 구축한 식민지 담론 체계에 융합되도록 핍박받는 결과를 낳았다. 서구의 식민주의가 침입한 시대적 배경하에서, 중국과 서구 간의 교섭 활동은 날이 갈수록 빈번해졌고, 인종주의 학설의 이데올로기 담론은 점차 중국에 전해지기 시작했다.

2) 중국에서 서구 인종주의의 유포

아편전쟁 후, 서구 인종주의는 중국에서 광범위하게 전파되었다. 이것의 전파 경로는 두 가지에 불과한데, 첫 째는 중국과 서구 세력의 직접적

접촉으로 인한 것이고, 두 중국 지식인과 관료가 일본인의 번역을 소개하면서 전파된 것이다.

첫 번째 경로에 대해서 말하자면, 19세기 후반 중국은 외국에 주재 사신을 파견하기 시작하였고, 적지 않은 주재 사신은 서구 국가에 도착하여 자본주의 문명의 번화한 현상을 목도하고, 무의식적으로 "문명등급론"의 영향을 받기 시작하였다. 또한 국내 사람들에게 소개하고 전파하기 위해 글을 썼다. 그 중에서도 곽숭도郭嵩燾는 주요 대표자로, 1875년 청 정부는 "마가리马嘉理"사건 때문에 영국에게 사죄하였다. 곽숭도는 영국 대신으로 임명 받고, 또 프랑스 대신으로도 임명 받아 사신으로 떠났다. 유럽에 방문한 후에, 곽숭도는 아주 빠르게 서방의 인종주의 학설을 수용하였다. 그는 사신 일기에서 다음과 같은 기록을 남겼다.

> 무릇 서양에서는 정치와 종교가 공명한 나라를 civilized(문명적)이라고 말하고, 유럽의 여러 나라는 모두 이렇게 형용된다. 기타 중국과 터키, 페르시아를 Half civilized(반 문명적)이라고 말한다. Half는 번역하면 절반이라는 뜻인데, 절반은 교화되었고 절반은 그렇지 않다는 것을 의미한다. 아프리카의 여러 나라는 barbarian(야만적)이라고 말하는데, 중국에서 오랑캐를 부르는 것과 비슷하고, 서양에서는 교화되지 않았다고 말한다. 삼대 이전에 다만 중국에만 교화가 있어서, 요복要服, 황복荒服의 명칭이 있었고, 모두 중국에서 먼 까닭에 오랑캐라고 불리었다. 한나라 이후로 중국의 교화는 날이 갈수록 쇠미해졌는데, 정치 종교 풍속은 유럽 각국이 홀로 그 우월함을 점유하니, 중국을 보는 것을 삼대 성세 때의 오랑캐를 보는 것과 같이 하고 있다.

곽숭도는 서구의 인종주의를 주요 내용으로 하는 "문명등급론"을 수용하여 유럽 각국을 "교화된 나라"로, 중국을 "오랑캐"로 전락시켰음을 어렵지 않게 알 수 있다. 곽숭도는 정치와 종교 풍속을 중화와 "오랑캐"를 판단하는 표준으로 삼았는데, 일본의 에도 시기에 일본 유학계에 유행한 "화와 이의 자리바꿈華夷变态" 관념과 논리적으로 비슷한 점이 없지 않다. 에도 시대 초기 일본 유학자의 시각에서는 명이 청으로 왕조가 교체되어 중국의 의관과 풍속이 모두 중화에서 오랑캐로 변화한 이상, 중국 또한 중화의 근본적 성격을 잃은 것이었다. 하지만 이러한 논리를 펼쳐 나가면, 일본 또한 오늘날 일부 학자에 의해 "일본형 화이 질서"라 불리는 국제 관계의 구조를 내세울 자격이 생긴다. 이 점에 대해서 말하자면, 비록 일본은 아편전쟁에서 중국이 패배한 후에 비로소 서양 세력이 동양으로 들어오는 것을 힘써 대응하기 시작하였지만, 일본인의 사상 관념은 중국과 비교했을 때 당시 국가의 국제 지위와 민족의 생사 존망을 결정할 "정교 풍속政教风俗"을 일찍이 의식하고 있었다. 이로 인해 설사 똑같이 서구 군함의 대포에 의해 문이 열렸다 하더라도 일본은 서구를 "오랑캐"로 인식하는 적대감과 경멸감을 일찌감치 포기하여 전면적으로 서구 문화의 노선을 받아들여 흡수하는 발전된 방향으로 나아갔고, 심지어 탈아입구脱亚入欧의 구호를 외쳤다. 1880년대에, 일본 국내에서는 일본 정부가 조약을 개정하기 위해 온 힘을 다해 서구 문명의 개화 표준인 "녹명관 외교鹿鳴館外交"에 부합하도록 펼치는 것에 대해 커다란 불만을 가졌는데, 일본 민간에서는 은연중에 감화된 서구 문명의 배경 아래 서구 인종의 "우월"의 가설을 수용하였다. 일본 요코하마 개항 후에 서구인 음식 중에 흔히 있는 소고기와 우유는 원래 종교 신앙의 이유로 소고기와 우유의 섭취가 금지되었던 일본인의 환영을 받았고, 일본 상인은 "우유를 문명의 약제"라고 부르고, 소고기를 파는 상점은 "문명의 약국"이라 불렀다.[18] 당시에 우유와 소고기 광고 중에는 인종주의 시각으로 본 서구의 "인종 우세"적 언사가 충만하였고, "설사 당신이 어떤 좋은 약이 있더라도, 만약 우유로 "기운"을 양생하지 않으면, 좋은 약일지라도 효과를 볼 수 없다. 그래서, 서양 제국은 날마다 식사 시에 우유와 함께 한다" 라고 주장하였다.[19]

갑오전쟁 후 일본으로 유학하는 풍조가 유행하였고, 서구의 인종 학설

---

18) 张晓刚, 「近代横滨与文明开化」, 『日本研究』, 2010년 제1기.

19) 《横滨每日新闻》, 명치 6년 5월 30일.

은 일본의 중역을 통하여 대규모로 중국에 유입되었고, 더 나아가 중국 사회에 깊은 영향을 끼쳤다. 예를 들어 만청의 언론계에서 큰 영향력을 지닌 양계초는 무술유신戊戌維新 후에 일본으로 건너가, 후쿠자와 유키치의 논저를 대량으로 읽고 번역하였다. 인종주의는 그중 주요 내용이었다. 그에 의하면 "서양 학자는, 세계 인류를 3등급으로 나눈다. 하나는 야만인, 다른 하나는 반 개화인, 또 다른 하나는 문명인이다. 이것은 춘추 시기의 의법에서, 거난세据乱世, 승평세升平世, 태평세太平世라고 하였다. 모두 계급이 있고 순서에 의해 생겨났다. 이러한 진화의 진리는, 세계 인민이 공인하는 바이다".20) 양계초가 서구 학자의 인종적 구분 표준을 사용했음을 알 수 있는데, 즉 소위 "야만인, 반 개화인, 문명인"의 표현 방법이 그것이다. 게다가 그는 사회 진화론을 인종적 진보와 사회 발전의 내재 규율로 보았다.

3) 평가와 반성

아편전쟁의 실패로 "천조상국天朝上国"이라는 천 년의 미몽이 산산이 부서지자, 중국 사회의 각계는 모두 크게 놀라며, "이것은 천 년 동안 볼 수 없었던 대변국" 이라고 하였다. 민족 심리 방면에서 분석해 보면, 중국 근대사에서 굴욕적인 반식민지 경험은 국민 경제의 거대한 손실이었을 뿐만 아니라, 중국 국가의 자존심의 추락과 상실을 야기시켰다. 분발하여 "부국강병"을 실현하기 위해 중국의 사인을 중심으로 한 사회 계층은 깊은 탐색에 들어갔다. 그 중에서 가장 큰 노정으로 삼은 것은, 서구의 선진적인 "기물器物"과 "예의 형태礼仪形态"를 학습하는 것이었다. "예의 형태"의 차원에서 인종주의는 그 대표적인 것이었다.

중국 사인 계층은 인종주의적 가치 추세를 답습하였고, 사회 진화론

---

20) 梁启超, 「自由书·文野三界之别」, 吴松等点校: 『饮冰室文集点校』4, 南教育出版社.

이론을 수용하였으며, 근대 중국 사회 "개조"의 실현을 목적으로 하였다. 하지만 사회 진화론은 인종주의의 전모가 아니었다. 인종으로 "우열"을 확정하는 방법은 중국 사대부 계층과 지식인이 "정교풍속"이 국가의 지위를 결정한다는 견해와 결코 같지 않았다. 전자는 단순하게 인종을 일종의 표준으로 삼았다. 이러한 표준 아래에서 설사 프로이센 헌법을 본떠 헌법을 제정한 일본이라 할지라도, 서구인의 시야에서의 형상은 여전히 왜소하고 어색한 것이어서 어릿광대처럼 보였는데, 중국의 형상은 이러한 표준하에 더 오명이 따라다녔다. 아편전쟁 전에 중국을 방문한 서구의 사신 중 수행 화가는 나름의 객관적 필법으로 중국의 도시와 관원 및 보통 백성을 묘사하였는데, 아편전쟁 이후 영국의 신문에 출현한 영국군과 전투 중인 중국 군인과 민중은 이미 구식 무기를 들고, 얼굴이 누렇고 수척한 모습으로, 전쟁을 견딜 수 없는 형상이었다. 개항 도시가 중국 사대부 계층과 지식인에게 서구 문명의 일종의 면모를 펼쳐 보였을지라도, 이것은 서방 문명이 완고하고 오만한 편견을 이미 벗어 던진 것이라고 볼 수는 없었다. 이러한 편견은 중국 개항 도시가 사회 경제에서 더욱더 중요한 시범 가치가 됨에 따라 어렵게 구국의 길을 모색하는 중국 지식인에게 깊은 영향을 끼쳤다. 인종주의는 일종의 이론 공구가 되어, 이백 년 이래의 "화이 변태华夷变态"의 논거로 사용되었는데, 바로 중국 수난의 근원이었다. 양계초는 1898년『청의보清议报』에〈만한의 경계를 허무는 것으로부터 변법을 논함论变法必自平满汉之界始〉의 문장에서, "지금의 만인과 한인은, 누가 우열한 종이고, 누가 열등한 종인가, 지혜롭지 않은 자라도 결정할 수 있다"[21] 라고 하였다. 이와 같이 하나의 낡은 틀에서 다른 하나의 낡은 틀로 뛰어드는 것은 중국 지식인의 비애이자 시대적 비애이다. 결국 진정한 민족의 평등은 지금에 이르기까지 여전히 임무가 막중한 일이다.

많은 중국 지식인이 엉겁결에 인종주의를 일종의 선진적인 세계를 해

---

21)『清议报』1, 9.

석하는 방법으로 여겼을지라도, 인종주의에 대해 비판과 반성의 태도를
가지고 있었던 중국 지식인도 있었다. 예를 들어, 장태염章太炎은 중국과
세계 형세에 대한 그의 판단에 근거해서 전반적으로 중국의 전통을 해석
하고, 동서 전적을 폭넓게 읽으면서 근대 서구로부터 형성된 현대성의 여
러 방침에 대해 반성하기 시작하였다. 그의 저작『제물론석齐物论释』에서,
장태염은 다음과 같이 논술하였다.

> 뜻이 병탄에 있는 자는 겉으로 침략이라는 이름을 피해 고상한 이야기로 원
> 래 의도를 숨긴다. 만약 저 야만인으로 하여금 문화를 얻게 하려고 한다고 말한
> 다면, 이것은 분명 문명과 야만을 구분하는 견해로 걸왕과 도척의 효시임이 분
> 명하다…] 지금 다른 나라를 정복한 자가 모두 그러하다.[22]

곽숭도와 양계초 등의 입장이 같지 않음을 알 수 있는데, 장태염은 가차
없이 서방이 인종주의 허상을 조작하는 본질임을 지적하고 있으며, 이것은
식민지 확장을 위해 만들어 낸 구실임을 밝히는 데 그 목적이 있었다.

특이한 점은 갑오전쟁 후 "요동반도 반환에 대한 삼국의 간섭三国干涉还
辽" 이래로, 일본 지식계와 문화계가 서구 사회에서 날이 갈수록 심화되는
황화론黄祸论을 비롯한 인종 경시 언설을 비판하였다는 것이다. 기존의 연
구는 "황백인종대전黄白人种大战"의 프레임으로 황화론의 형성과 연변을 고
찰하여, 일본인이 서양 인종주의에 반대하였다는 결론을 도출하였다. 그
런데 만약에 황화론을 동아시아 내부의 담론 공간에 놓고 고찰해 보면,
일본이 진정으로 인종주의를 반대한 것이 아님을 발견할 수 있고, 이것을
더욱 이용하여 자신의 제국 인종 질서를 새롭게 구축했음을 알 수 있다.[23]
이 지점은 엄격하게 구분해야만 한다.

서구 마르크스주의 인종과 사회 계층 연구는 두 가지 연구 방법으로

---

22) 章太炎,『齐物论释』, 上海大学出版社, 2018.
23) 李凯航,「明治日本的黄祸论与人种论」,『史林』, 2020년 제2기.

나눌 수 있다. 한 가지 방법은 사회 계층의 정치 경제의 불평등에 더욱 관심을 갖고, 사회 계층과 계급의 관계 및 사회 계층 불평등의 정치·경제학에 대한 분석을 전개하는 것을 주요 내용으로 인종과 사회 계층의 베일을 통과하는 것이었다. 이는 사회 체계의 배척과 충돌 등에 더 심도 깊은 계급 분석과 해석을 제공했다. 다른 하나의 방법은 인종과 사회체계 이데올로기의 사회화 재생산에 더욱 주목하여, 자본주의 국가의 인종 의식 사회화 재생산의 구조적 원인을 분석하는 데 힘쓰는 것이었다. 이 과정에서 국가는 맡은 역할을 톡톡히 하였다. 이러한 연구는 마르크스주의가 인종과 사회 체제 문제를 해석하는 것을 발전시키고 새로운 시각을 더하였다. 이렇듯 서구 마르크스주의 인종과 사회 계층에 대한 연구는 인종과 체계 문제의 연구를 위해 공헌함과 동시에 더 진일보하여 해결해야 하는 난제를 남기기도 했다. 이는 우리가 시장 경제 조건하에서 민족과 민족 간의 관계를 연구할 때 참고할 만한 가치가 시사하는 의의가 있다.

　여기에서 중국 공산당의 역사적 역할과 작용을 강조해야만 할 것이다. 중국 공산당은 장기적인 혁명 투쟁을 통해, 중국 인민을 인솔하여 신중국을 수립하였다. 그 역사적 의의는 미국인 리튼버그Rittenberg가 말한대로, 모택동을 대표로 한 중국 공산당이 아주 큰 일을 해 냈는데, 바로 중국 민족의 의기를 회복시킨 것이다. 중화인민공화국이 성립되고 나서야 중국인은 고개를 똑바로 들고 가슴을 폈고, 숙명론은 아주 큰 타격을 받았으며, 중국인의 정신 면모는 개조되었다.24) 중국 역사 발전의 과정에서 보자면, 신중국의 성립은 바로 인종주의에 대한 가장 맹렬한 반격이었다.

---

24) 李敦白구술, 徐秀麗저술, 『我是一个中国的美国人-敦白口述历史』, 九州出版社, 2014, 298.

4. 결어

요컨대 대항해 시대에 무력으로 정복한 정복자의 배후에는"마음"에 스며든 등급 이론이 있었는데, 이는다른 인종의 차이를 "문명"과 "야만"으로 구분한 "문명등급론"으로 귀납되어 근대 이래 사상적 조류에 깊이 각인되었다. 이것은 유럽과 미국이 세계를 인지한 기초일 뿐만 아니라, 동시에 피정복자가 수용하도록 하기 위한 것이며, 그들의 역사 진보에 대한 상상력을 자극하여 현대 세계 질서의 창조에 직접적으로 개입하였다.[25] 하지만 오늘날에 이르러, 역사에서 서구의 인종주의를 새롭게 심사 숙고해 보면 남다른 느낌이 들 것이다. 특히 2차 대전이 끝난 후, 서구의 이전 식민지 국가는 잇따라 독립하였고, 세계 역사는 새로운 시대에 진입했다. 특히 언급할 만한 점은 많은 "후발 현대화" 국가, 특히 동방의 낙후한 원식민지와 반식민지 국가와 지역이 전쟁이 끝나자 개혁되고 변혁된 것이다.

"후발 현대화" 국가의 경제는 고도로 발전하였고 사회는 현저하게 진보했으며, 이를 통해 세계 정치 구조와 경제의 판도가 변화하였다. 이것은 실질적으로 서구 인종주의론에 대한 강력한 비판과 반박이다. 근대 이래로 중서 문화가 충돌하고 융합한 것은 숨길 수 없는 사실인데, 그 중에서 꼭 필요한 것은 "영양을 흡수하고" 좋지 않은 것에는 "배척하는 반응"을 보였다. 특히 "문명등급론"은 19세기에 서구 열강이 식민지를 확장하는 이데올로기로 이미 진화하여, 유럽의 토양에서 성장한 "인종주의"가 중국의 "시운"에서 실질적으로 중국과 서방이 각자 문명의 본질과 문화 기초를 견지하는 가운데 갈등하고 충돌한 것을 객관적으로 보여 준다. 오늘날에 와서, 서구 세계의 이러한 "문명론"적 역사 논리와 이로부터 촉발된 발전 양식을 세계에 널리 보급할 필요가 있는지, 중국이 이후에 유럽 및 미국과 문화 이념상의 구조적 모순을 어떻게 처리할 것인지와 같은 여러

---

25) 刘禾, 「世界秩序与文明等级-全球史研究的新视野」, 『文化纵横』, 2015년 제6기.

가지 문제는 학술계와 사회 각계에서 깊이 연구하고 사고해야만 할 것이다. 단언하자면 문명은 실천의 문제이고, 서로 다른 문명관은 다른 세계 질서를 구축한다. 근대 이래의 세계 질서는 서구 문명관을 특히 서구 문명의 중심론적 영향을 깊이 받아들였다. 신시대에 들어서자 서구 문명관의 "일원, 등급, 충돌"의 낡은 틀에서 벗어나고, 인류 수천 년 문명 발전사와 현재 세계의 다른 문명이 교융하고 상호 보완하는 감제고지에 서서 필자는 신시대의 문명관을 제시한다. 인류 문명의 다양성과 평등성, 포용성 등의 본질적 특징을 제시하고, 서로 다른 문명이 수용하고 교류하며 서로의 장점을 본받는 공존하는 길을 제기하고, "문명 초월文明超越"을 주장하며, 인류 문명의 발전 추세에 과학적 판단을 만들어 내어, 강력하게 서구의 "역사종결론"과 "문명충돌론"을 반박한다.[26] 이것은 중국 학술계가 여전히 마주해야 할 중요한 과제일 것이다.

(번역: 복단대학교 중어중문학과 박사과정 김선유)

---

26) 朱晨静, 「新时代文明观与世界秩序重建」, 『重庆大学学报(社会科学版)』, 2018년 제6기.

이중적인 차별*

: 일제의 3·1운동 탄압과 잔학 행위에 대한 영국의 반응

권의석

원광대학교 동북아시아인문사회연구소 HK연구교수

1. 서론

1919년 3월 1일은 1910년 한일병합 이후 이어진 일제의 무단 통치에 항거하고 조선의 독립을 선언한 3·1운동이 일어난 기념비적인 날이다. 일제의 강압적인 식민 통치로 조선인의 불만이 누적되어 있던 상황에서, 1918년 미국 대통령 우드로 윌슨Thomas Woodrow Wilson이 전후 식민지 처리 문제를 위해 민족자결주의를 내세우자 국제 사회의 지지를 바탕으로 독립을 쟁취할 수 있을 거란 기대감이 국내외 독립운동가 사이에서 생기게 되었다. 이에 고무된 재일 유학생들이 도쿄에서 2·8 독립선언을 낭독하며 조선의 독립 의지를 천명하였고, 이는 한반도 전역에서 일어난 3·1운동으로 이어지게 된다.

재미 독립운동가 정한경의 말처럼, 일제가 한반도를 무력 통치하던 상황에서 일제에 저항할 수 있는 "유일한 방법은 평화적 시위이고, 이를 통해 서구 열강이 상황을 인식하고 조선의 자치를 돕길 바라는" 상황이었기에 3·1운동은 비폭력 저항 운동이 되었다.[1] 일제의 무력 진압으로 인해

---

* 이 글은 권의석, 「차별적인 시선들: 일제의 3·1운동 탄압과 잔학 행위에 대한 영국의 반응」, 『역사와실학』 77, 역사실학회, 2022에 수록된 내용을 보완한 것임.

전국 각지에 많은 희생자가 나왔지만, 3·1운동은 한국인의 독립정신을 고취하고 대한민국 임시정부와 기타 독립단체의 수립으로 이어지게 되었다. 또한 전 세계에 일제 식민 통치의 실상에 대해 알리고, 일본이 기존 무단 통치에서 문화 통치로 식민 지배 방식을 전환하는 직접적인 계기가 되었다.

특히 세계가 일제 식민 통치의 문제점에 주목하게 된 계기는, 일제가 3·1운동을 탄압하며 벌인 각종 잔학 행위였다. 3·1운동 기간 벌어진 강제 구금, 고문, 태형 등 다양한 잔학 행위는 일제 식민 지배의 폭력성을 그대로 보여주는 사건이었기에 전국 각 지역에서 3·1운동 중 벌어진 잔학 행위에 관해 다양한 연구가 이뤄져 있다.[2] 또한 3·1운동의 의의와 참상을 알리는 데에 외국인 선교사들이 상당한 역할을 했기에 이들의 활약에 주목한 연구들, 그리고 3·1운동이 국제 사회, 그리고 세계 각국에 알려지는 과정을 다룬 연구가 다수 있다.[3]

---

1) *Alston to Curzon*, Tokyo, 23 April 1919, No. 7, FO 410/67.

2) 최근의 연구로 김상기, 「瑞山지역 3·1운동의 전개와 성격」, 『한국독립운동사연구』 36, 독립기념관 한국독립운동연구소, 2010; 김진호, 「충남지방 횃불독립만세운동의 전개와 일제의 탄압」, 『충청문화연구』 21, 충남대학교 충청문화연구소, 2018; 김진호, 「홍성지역의 3·1운동」, 『한국독립운동사연구』 23, 독립기념관 한국독립운동연구소, 2004; 김진호, 「함경남도의 3·1운동」, 『충청문화연구』 20, 충남대학교 충청문화연구소, 2018; 이양희, 「세종지역 3·1운동과 일제의 탄압」, 『역사와 담론』 97, 호서사학회, 2021; 이양희, 「일제의 경기·인천지역 3·1운동 탄압 양상」, 『역사와현실』 113, 한국역사연구회, 2019; 이정은, 『3·1독립운동의 지방시위에 관한 연구』, 국학자료원, 2009 등이 있다.

3) 최근의 연구로 김승태, 「『재팬 애드버타이저The Japan Advertiser』의 3·1운동 관련 보도」, 『한국독립운동사연구』 54, 한국독립운동연구소, 2016; 김승태, 「3·1독립운동과 선교사들의 대응에 관한 연구」, 『한국독립운동사연구』 45, 한국독립운동연구소, 2013; 김지민, 「1910년대 미국의 한국에 대한 인식과 3·1운동에 대한 반응」, 『역사와실학』 74, 역사실학회, 2021; 안종철, 「3·1운동, 선교사 그리고 미일간의 교섭과 타결」, 『한국민족운동사연구』 53, 한국민족운동사학회, 2007; 이덕주·김형석, 「3·1운동과 제암리사건」, 『한국기독교와 역사』 7, 한국기독교역사연구소, 1997; 전상숙, 「파리강화회의의 현실과 '식민지 조선'의 3·1운동」, 『일본비평』 21, 서울대학교 일본연구소, 2019; 홍창희, 「세브란스병원의

3·1운동에 관한 해외의 반응을 살펴볼 때 빠질 수 없는 국가가 영국이다. 특히 영국은 1902년 영일동맹 체결 당시부터 일본이 한반도에 지대한 관심이 있었음을 인정하였고, 1905년 을사늑약으로 인한 보호국화, 1910년 한일병합 등 일제의 한반도 침략에 동의하고 지원해 왔던 나라이면서, 1919년 3·1운동 당시에도 영일동맹을 통해 일본의 동맹국으로 남아 있었다. 이 때문에 당시 3·1운동에 영국이 어떻게 반응하였고, 3·1운동이 영일 관계에 어떠한 영향을 끼쳤는지 살펴보는 것은 당시 3·1운동의 영향력을 파악하고 그 중요성을 평가하는 데에 중요하다고 볼 수 있다. 영국이 3·1운동 당시 일본의 잔학 행위를 자유주의적, 인도주의적 문제로 받아들이고 비판하였음을 보여주는 기존 연구들이 존재한다.[4] 하지만 영국 역시 세계 각지에서 식민지를 경영하면서 식민지 주민에 대한 불공정한 대우로 비판받은 바 있기에, 영국이 조선 문제를 논할 때 고려한 다른 요소들을 모두 보여 주지 않는다는 점 또한 존재한다.

따라서 본 연구는 기존 선행연구를 지표로 삼아 영국 외무성의 3·1운동 관련 주요 문서를 분석하여 영국이 3·1운동 탄압 문제를 가지고 일본에 외교적 압박을 가하게 된 원인에 대해 파악해 보고자 한다. 이를 위해 우선 1910년대 영국이 가지고 있던 일제의 조선 식민 지배에 대한 인식이 무엇인지 살펴보고, 3·1운동 당시 일제가 저지른 잔학 행위에 대해 영국 측은 어떤 식으로 대응하였는지, 특히 태형 등 체형體刑 문제에 어떻게 반응하였는지 살펴보고자 한다. 아울러 1920년 문화 통치와 태형 폐지가 도입된 상황에서 계속 이어진 일본의 잔학 행위가 영국의 일본 인식에 어떠

진료활동으로 본 3·1운동」, 『연세의사학』 22/2, 연세대학교 의학사연구소, 2019 등이 있다.

4) Ku, Dae-Yeol, *Korea under Colonialism: The March First Movement and Anglo-Japanese Relations*, Seoul: Royal Asiatic Society Korea Branch, 1985; 구대열, 「자유주의 열강과 식민지 한국(1910~1945)」, 『정치사상연구』 10, 한국 정치사상학회, 2004.

한 영향을 끼쳤는지 살펴봄으로써, 영국이 일제 조선 식민 지배 문제와 관련하여 어떠한 이익을 가지고 있었는지, 3·1운동에서 파생된 문제가 영일 관계에 어떤 영향을 끼쳤는지에 대해서 살펴보고자 한다.

2. 1910년대 일본의 조선 통치에 대한 영국의 반응

1910년 대한제국이 일본에 강제로 병합되기 이전부터, 영국은 일본의 한반도 식민 지배를 긍정적인 방향으로 평가해 왔다. 영국은 1890년대 이후 한국의 자립 가능성에 대해 점차 회의적으로 변했지만, 일본이 영국의 전략적 파트너가 될 군사적 역량이 충분하다고 판단하였다. 영국과 일본 모두 러시아의 남하에 대한 우려를 공유하고 있었기에 양국은 1902년 영일동맹을 결성하고, 1904년 러일전쟁 발발 이후 일본의 한반도 장악에 적극적으로 협조하였다.[5] 러일전쟁을 승리로 이끈 일본은 대한제국을 보호국으로 만들고자 하였고, 영국은 영일동맹 개정을 통해 일본의 한국 내 우월적 지위도 인정했기에 1905년 을사늑약을 통해 한국을 보호국화하는 데에 동의하였다.[6] 이후 1907년 러일협약, 영러협상을 통해 한반도 내 우월적 지위를 국제적으로 인정받은 일본은 한국을 완전히 병합하고자 하였다.[7] 이에 영국은 기존 불평등조약을 통해 누리던 특권을 일정 기간 보장해달라고 요구하였고, 여기에 일본이 동의하면서 영국 역시 병합에 동의

---

5) Kwon, Euy Suk, "An Unfulfilled Expectation: Britain's Response to the Question of Korean Independence, 1903~1905", *International Journal of Korean History* 23/ 1, 2018, 38-40.
6) 한승훈, 「을사늑약을 전후한 영국의 대한정책」, 『韓國史學報』 30, 고려사학회, 2008, 392-399.
7) 김원수, 「4국협조체제와 한일병합의 국제관계, 1907~1912」, 『동북아역사논총』 29, 동북아역사재단, 2010, 61-65.

하였다.[8)]

영국은 1910년 한일병합 직후 조선총독부가 내세운 일제의 한반도 통치는 긍정적으로 평가했다. 1911년 2월 조선 내 영국인 소유의 토지와 광산이 일본법의 적용을 받게 되는가에 대해 영국 측이 질의하였을 때도, 일본은 1910년 한일병합 당시 약속을 상기시키며 영국인의 재산은 기존 한국과의 조약에 따라 10년간 보호를 받을 것이라고 약속하였고,[9)] 영국 외무성과 무역부 역시 만족을 표하였다.[10)] 1911년 2월에는 당시 영국 총영사 대리인 아서 H. 레이Arthur Hyde Lay는 『경성일보』에 실린 데라우치 마사타케寺內正毅 조선 총독의 일본 의회 연설에 관한 기사를 인용하면서, 조선총독부의 다양한 경제 개발 계획이 "조선의 경제적 상황을 크게 개선할 것으로 기대"하며, "이를 비판하기보다는 기다리면서 조언을 주는 게 필요하다"라는 의견을 피력하였다.[11)]

하지만 얼마 지나지 않아 현지에 주재하는 영국 외교관들은 일제 식민 통치의 강압적인 면을 인식하기 시작하였는데, 그 계기가 된 사건은 1911년 1월 서북 지역을 방문하는 데라우치 총독 암살을 모의하였다는 혐의로 지역 지식인, 유지, 개신교인을 대거 체포한 "105인 사건"이었다. 현지의 서양 선교사들은 일제가 총독 암살 미수라는 거짓 혐의를 빌미로 조선인 개신교도들을 구속한 뒤 고문과 학대를 가하고 있다고 주장하였고, 총독부 측은 고문 사실을 부인하였다.[12)] 주한 총영사였던 헨리 보너Henry Bonar는 서양 선교사가 이 사건을 사전에 파악하지 못했기에 서양 선교사

---

8) 김원수, 「4국협조체제와 한일병합의 국제관계, 1907~1912」, 77-78.

9) *Kato to Grey*, Seoul, 16 February 1911, No. 44, FO 410/58.

10) *Foreign Office to Board of Trade*, Foreign Office, 25 February 1911, No. 58; *Board of Trade to Foreign Office*, Board of Trade, 15 March 1911, No. 85, FO 410/58.

11) *Lay to Grey*, Seoul, 22 February 1911, No. 90, FO 410/58.

12) *Bonar to MacDonald*, Seoul, 8 February 1912, Encosure 2 in No. 32, FO 410/60.

는 이번 사건에 대한 책임이 없으며, 만약 일제 헌병이 조선인을 고문하였다 하더라도 이는 개인적인 일탈 행위이며 "총독이 이를 알았다면 용납하지 않았을 것"이라고 하며 조선총독부의 입장을 두둔하는 태도를 보이었다.[13]

그러나 105인 사건의 용의자에 대한 재판이 시작되면서 해밀턴 홈즈E. Hamilton Holmes 총영사 대리는 일제 사법부의 공정성에 의문을 제기하였다. 홈즈는 조선 내 형사·사법부가 "가장 강압적인 방식"에 의존하고 있으며, 일본이 대만 식민 지배 초기 비도형벌령匪徒刑罰令을 시행하여 항일 분자를 압박하던 것처럼 공범 혐의를 받는 조선인을 고문하고 학대한다고 언급하였다.[14] 홈즈는 고문과 위협으로 끌어낸 자백이 많고, 선교사 측 증언을 판사가 받아들이지 않은 점 등을 들며 일본인 판사가 재판에 미숙하다는 점을 지적하였다. 이 때문에 홈즈는 판사가 이들에 대한 판결을 결정해 놓고 재판을 진행한다는 인상을 받았으며, 피고 측 역시 같은 이유로 판사 교체를 요구하는 등, 재판 내내 공정성에 대한 문제가 제기되었음을 보고하였다.[15]

이에 대한 보고를 받은 주일영국대사 클로드 M. 맥도널드Claude M. MacDonald는, 일본 외무대신 우치다 고사이內田康哉와의 면담에서 105인 사건이 일본 사법부의 재판 능력을 의심하게 하는 사건이자 "사법에 대한 농락A travesty of justice"이라고 칭하며 일제가 진행한 불공정한 재판을 맹비난하였다.[16] 이후 주일 영국대사인 커닝엄 그린Conyngham Greene이 105인 사건의 2심 판결에 대해 보고할 때는 "1심에서 유죄 판결을 받은 105

---

13) *Bonar to MacDonald*, Seoul, 8 February 1912, Encosure 2 in No. 32, FO 410/60.

14) Holmes to MacDonald, 18 July 1912, Seoul, Enclosure in No. 20, FO 410/61; 손준식, 「일제 식민지 하 대만 경찰제도의 변천과 그 역할」, 『중국근현대사연구』 47, 한국중국근현대사학회, 2010, 55-56.

15) Holmes to MacDonald, 18 July 1912, Seoul, Enclosure in No. 20, FO 410/61.

16) *MacDonald to Grey*, Tokyo, 2 August 1912, No. 20, FO 410/61.

명의 총 형량이 630년에 달했는데, 2심에서 이 중 600년이 감형된 것만으로도 1심이 얼마나 기괴하고 비정상적으로 진행되었는지" 보여 주며, 2심에서 번복되지 않았다면 1심은 "사법 역사상 최악의 실책 중 하나"가 되었을 것이라고 할 정도로 일제의 사법부에 대해 부정적인 평가를 하게 되었다.[17] 이후 대구복심법원에서 형이 확정될 때도 윤치호가 일제 경찰이 자백 과정에서 고문을 당했다고 주장한 점을 언급하며 다시 한번 재판의 부당성에 대해 보고하였다.[18]

105인 사건은 일본의 조선 지배에 대한 영국의 시각을 크게 세 가지로 바꾸었다. 첫 번째로 영국이 조선총독부 측이 개신교도와 선교사에 대해 적대적인 시선을 가지고 있음을 확인하게 되었다. 105인 사건 재판이 진행되는 동안, 조선총독부의 기관지 역할을 했던 《경성일보京城日報》는 한일병합 이전 조선 통감 이토 히로부미伊藤博文를 암살했던 안중근, 대한제국 외교 고문이자 친일 외교관이었던 더럼 스티븐스Durham W. Stevens를 암살한 장인환, 전명운이 기독교인임을 강조하면서, "조선 내 교회와 선교사가 일제 지배를 거부하는 조선인 암살자를 꾸준히 만들어내고 있으며, 이를 계속한다면 조선총독부는 공공의 평화를 위해 강제적 수단을 동원해야 한다"라고 주장하였다.[19] 영국 정부는 현지 선교사의 정치 참여를 매우 부정적으로 보았고, 선교사와 조선인 학생들에게 일제에 적대적 행위를 하지 말 것을 적극적으로 요구하며 영국인 선교사의 정치적 활동을 억누르고자 하였다.[20] 그런데도 조선총독부가 1911년 『사립학교규칙』을 새롭게 제정하며 기독교계 사립학교의 운영을 통제하고 회유하려고 시도하고,

17) *Greene to Grey*, Tokyo, 25 April 1913, No. 70, FO 410/62; 105인 사건의 기소 및 재판 과정에 대해서는 윤경로, 『105인 사건과 신민회 연구』, 한성대학교 출판부, 2009를 참고할 것.

18) *Greene to Grey*, Tokyo, 14 August 1913, No. 134, FO410/62.

19) *Extract from the "Keijo Nippo"*, Enclosure 3 in No. 52, FO 410/61.

20) *MacDonald to Grey*, Tokyo, 22 February 1922, No. 32, FO 410/60.

105인 사건을 이유로 기독교를 적대시하는 일본인 관료의 행태를 확인하게 되자 영국 역시 우려를 표하게 되었다.[21]

두 번째로, 일제가 조선인 구금자에게 태형, 고문 등의 가학 행위를 가한다는 점을 영국이 인지하였다. 1912년 F. 폭스F. W. Fox라는 선교사는 런던에 있던 외교관 친구인 에어 크로Eyre Crowe에게 편지를 보내어 105인 사건으로 잡혀간 조선인들이 고문을 당하면서 다른 조선인과 선교사들이 음모에 가담했다는 거짓 증언을 강요당하고 있다고 토로하였다.[22] 크로는 보너 총영사에게 일본의 고문 집행에 대해 문의하였고, 이에 대한 답변을 통해 조선에서 시행 중인 『조선형사령』이 태형 등 기존 대한제국의 형사제도가 가지고 있던 권위주의적, 가학적 요소를 그대로 답습하고 있기에 105인 사건 수사 과정에서 고문 등이 벌어졌을 가능성이 있음을 지적하였다.[23] 비록 보너 총영사는 일선 수사관의 개인적인 일탈 수준에서 제한적으로 고문이 사용되었을 것으로 판단하였지만, 태형 등을 명문화하여 조선인에게 차별적으로 적용한 『조선형사령』이 이러한 잔학 행위의 근거를 제공할 수 있음을 간파하였다.

세 번째는, 영국이 일본 식민 지배의 윤리적 정당성에 대해 의구심을 가지기 시작하였다는 점이다. 영국은 일본이 "문명국" 입장에서 한반도를 지도·감독하며 지배를 할 것이라는 기대하에 한일병합에 동의하였다. 그러나 105인 사건 재판에서 증거재판주의, 피고인 방어권 보장 등 근대 법정의 기본 원칙이 제대로 지켜지지 않는 모습을 보면서, 과연 서양이 요구

---

21) *MacDonald to Grey*, Tokyo, 22 February 1922, No. 32, FO 410/60; 임후남, 「1910년대 전후 기독교계 초등교육 연구」, 『교육사학연구』 17/1, 교육사학회, 2007, 132.

22) *Letter Communicated by Mr. F. W. Fox (Reform Club)*, Seoul, 15 July 1922, No. 19, FO 410/61.

23) *Memorandum on Letter from Mr. Fox complaining the Persecution of Corean Christians and Missionaries by the Japanese*, Enclosure in No. 22, FO 410/61.

하는 근대적 역량을 일본이 갖추고 있는지에 대해 의문을 가지게 되었다. 또한 한일병합 이후 10년간 기존 한국과의 불평등조약 특권을 보장할 거란 약속과 달리, 일본은 기존 관세와 제도를 부정하지 않는 선에서 각종 법령을 조선에 적용하면서 타국 기업의 경제 활동을 견제하였다. 이처럼 일본이 지역 내 불안 요소였던 한국 문제를 병합으로 해결하면 열강의 정치적·경제적 이익에도 도움이 될 것이라던 기대가 무너지면서, 영국 역시 일본의 아시아 식민 경영을 부정적으로 보게 되었다.[24]

하지만 영국이 일본의 조선 식민 지배에 대해 가지게 된 부정적 인식에도 한계가 분명하였다. 첫 번째는 영국이 105인 사건을 통해 일본의 조선 식민 지배에 대해 문제를 제기하게 된 건 서양 선교사들의 요청 때문이지, 영국 총영사관이 주체적으로 문제를 제기한 것은 아니라는 점이다. 영국은 일본의 서양 선교사에 대한 적대적인 시각이 조선 내에서 활동하는 영국인 선교사의 삶을 위협할 수 있다는 판단에서 부당함을 지적하였지만, 이 문제를 해결하기 위해 일본에 대한 외교적으로 압박하는 문제에는 소극적이었다. 일례로, 1912년 11월 맥도널드 대사가 데라우치 조선총독과 면담을 하면서 105인 사건 재판 관련 논란에 대해 강력하게 항의하였고, 조선총독부 측이 "판사가 서툴게 재판을 진행하였다"라고 시인하였다. 그러나 일본 주요 신문은 이에 대해 보도하면서 오히려 주일 영국대사가 조선총독부 측의 재판 관련 해명에 만족하였다는 식으로 사실을 오도하였다.[25] 이를 발견한 호라스 럼볼드Horace Rumbold 주일 영국대사 대리가 이를 정정할 것을 언론사에 요청해야 할지 문의하자, 외무성은 "영국인이 연루된 사건이 아니니 그런 행동은 불필요하다"라는 지령을 내렸다.[26] 이처럼 영국이 압박의 강도를 조절하며 접근한 데에는 영국인이 연

24) 구대열, 「자유주의 열강과 식민지 한국(1910~1945)」, 97-98.
25) *Rumbold to Grey*, Tokyo, 25 November 1912, No. 69, FO 410/61.
26) *Grey to Rumbold*, Foreign Office, 17 December 1912, No. 66, FO 410/61.

루되지 않은 문제로 일본과 영국의 동맹 관계를 훼손하는 상황은 피하고 자 하는 전략적 판단이 사법 정의와 인도주의적 문제보다 우선하였기 때문으로 볼 수 있다.

또한 영국이 태형, 고문 등 일본의 잔학 행위 문제에 상대적으로 미온하게 대응했다는 점 역시 한계로 들 수 있다. 1912년 보너 총영사는 같은 해 도입된『조선형사령』이 전근대적 요소를 포함하고 있고, 이 법의 도입이 일본의 잔학 행위에 근거를 제공할 위험도 알고 있었다. 하지만 보너는 이에 대한 우려를 "개인적인 의견" 정도로 밝히는 데에 그치고, 이를 철폐하기 위한 외교적 압박을 일본에 가하는 단계까지는 나아가지 않았다. 실제로 1912년 4월 1일 새로운『형사령』과 함께『태형령』이 도입될 때, 홈즈 총영사 대리는 새로 도입되는 형사제도가 대한제국에서 시행하던 기존 체제에 일본이 수정을 가한 형식이라고 보고하면서 16~60세 남성만을 대상으로 집행되는 점, 건강에 따라 집행 여부를 결정하는 점, 공개 태형 집행을 불허한다는 점, 태형 집행 도구 및 과정에 대한 세부 규정이 추가로 도입된 점 등을 언급하고, "처벌의 가혹함이 이전보다 현저히 줄어들었다"라고 평하며 새로운『형사령』의 근대성에 주목하는 모습을 보였다.[27]

여기에서 흥미로운 점은 태형이 19세기 초부터 영국에서 비판을 받으며 집행이 축소되던 추세였는데, 정작 조선인에게만 차별적으로 시행되는 태형에 영국 외교관이 시큰둥한 태도를 보였다는 점이다. 이는 영국 역시 본국에서 태형을 금지했을 뿐 식민지에서는 주민을 대상으로 여전히 태형을 집행하고 있었기 때문에 이에 대한 문제의식을 딱히 느끼지 않았기 때문으로 봐야 할 것이다. 영국은 1820년대부터 신체형에서 나오는 고통이 아닌 구금으로 자유를 구속하는 방식으로 교정을 해야 한다는 주장이 득세하기 시작하며 태형 집행이 축소되었지만, 아프리카, 태평양 지역 식민지에서는 백인 지배자가 유색인종 주민에게 가하는 인종적인 처벌로 태형

---

27) *Holmes to MacDonald*, Seoul, 30 April 1912, Enclosure in No. 65, FO 410/60.

이 여전히 사용되었다. 영국령 식민지에서 태형은 소수인 백인 지배자가 절대다수인 흑인 공동체에 신체적 폭력을 가하면서 피지배층의 저항 의지를 무너뜨리고, 인종적으로 다른 이들 간의 수직 관계를 확실히 하고자 하는 직접적인 효과가 있었다.[28] 당시 태형을 비롯한 신체형의 잔혹함을 비판하는 여론에 대해, 영국 식민 통치 당국은 태형이 식민지 주민에게 오히려 "자비로운 형벌"임을 강조하며 태형 시행을 변호하였다. 호주의 경우, 궁핍한 상황에 부닥친 원주민의 경우 감옥에 갇히면 의복과 음식을 얻을 수 있기에 구금이 범죄를 예방하는 효과가 없으며, "교육 수준이 낮은 원주민"은 "폭력"을 통해 행동을 교정하는 것이 훨씬 직관적이고 원주민 역시 받아들이기 쉽다는 논리를 들며 태형의 유용성을 강조하였다.[29]

영국이 식민지 내에서 시행하던 태형을 변호하는 논리는 일본이 대만 및 조선에서 태형을 시행하던 논리와 매우 유사하다. 일본이 1904년 대만에서 처음으로 태형을 시작할 때, 내지에서는 이미 1882년에 폐지되었던 태형이 식민지에서 시행되는 문제에 대한 비판이 제기되었다. 일본은 대만에서 태형을 시행하면 근대적 감옥 신축과 운영을 위한 부담을 줄일 수 있다는 경제적인 면을 강조하였고, 또한 청대에도 시행되던 제도였기에 대만 주민이 큰 저항 없이 받아들일 수 있을 것이라는 역사적 이유를 내세워 이를 변호하였다.[30] 그러나 태형의 전근대성에 대한 비판이 이어지자, 일본은 태형 집행을 위한 도구와 과정에 대해 세세하게 규제하고 수형자의 건강을 고려하여 집행 여부를 결정하는 "문명적", "근대적" 방식으로 집행함을 강조하였고, 태형이 아시아의 전근대적 형벌이 아니라 서구

---

28) Stephen Pete & Annie Devenish, "Flogging, Fear and Food: Punishment and Race in Colonial Natal", *Journal of Southern African Studies* 31(1), 2005, 12-14.

29) Philip Dwyer and Amanda Nettelbeck, *Violence, Colinialism and Empire in the Modern World*, Cham: Palgrave Macmillan, 2018, 118-124.

30) 염복규, 「1910년대 일제의 태형제도 시행과 운용」, 『역사와현실』 53, 한국역사연구회, 2004, 196-199.

열강이 식민지에서 시행하는 서구적 형벌임을 내세웠다.[31] 대만에서 태형을 도입하며 일본 국내 비판으로 홍역을 치른 일본은 조선에서 태형을 도입할 때도 비공개 집행, 수형자의 건강 고려 등 태형의 근대성을 강조하였다.[32] 영국과 일본이 태형에 대해 보인 유사한 태도는 양국이 제국으로서의 정체성, 그리고 식민지와 지역 주민에 대한 차별적인 시선을 공유하고 있음을 상징적으로 보여 준다.

1910년대 105인 사건과 태형에 대한 영국의 태도는 당시 영국이 일본과 조선을 어떤 식으로 인식하고 있었는가를 잘 보여 주고 있다. 영국은 105인 사건을 통해 드러난 일본의 서양 선교사에 대한 적대감, 그리고 반일 운동을 사전에 탄압하기 위해 불합리한 재판 운영도 서슴지 않는 일제 사법부를 보면서 일본의 식민지 경영 능력에 대해 의구심을 품게 되었다. 하지만 영국과 일본은 1911년 제3차 영일동맹을 개정·조인한 동맹국인 동시에 식민지를 적극적으로 경영하는 제국으로 긴밀한 협력 관계를 유지하는 국가였다. 그러므로 일본의 조선 지배에 대한 비판 역시 인도주의적인 고려보다 실리를 따지는 방향으로 접근하였고, 이마저도 영일 관계를 크게 훼손하지 않는 수준에서 이루어질 수밖에 없다는 현실적 한계가 있었다.

3. 일본의 3·1 운동 폭력 진압에 대한 영국의 반응

1) 3·1 운동 직후 무단 통치기 영국의 자유주의적 개혁 요구

한동안 영국은 1914년 발발한 제1차 세계대전에 외교적 역량을 집중

---

31) Naoyuki Umemori, "Politics of Flogging: The Making of Japanese Colonial Governmentality.", *Waseda Journal of Political Science and Economics* 363, 2006, 41-42.

32) 염복규, 「1910년대 일제의 태형제도 시행과 운용」, 187-219.

해야 했지만, 1919년 3·1독립운동이 경성에서 시작되어 빠른 속도로 확산하자 조선에 주재하고 있던 영국 외교관들을 통해 사태를 파악하였다. 사태 초기인 3월 9일, 그린 주일 영국대사는 보고를 통해 3·1운동이 "파리강화회의에서 한국의 독립이 실제로 승인되었다고 믿는 젊은 불만분자의 선동"으로 발생하였으며, 일제 당국이 이른 시일 안에 이를 진정시킬 수 있을 거라고 밝혔다.[33] 하지만 부산에서 호주 선교단 학교의 조선인 교사와 여학생을 구금한 일본 경찰에 항의하던 호주 여성 2명이 체포되고,[34] 4월 9일에는 영국인 목사 존 토마스John Thomas가 일제 당국에 의해 체포되자 런던은 주일 영국대사관에 이 사안을 조사할 것을 요구하였다.[35]

3·1운동에 대한 일제의 진압이 조선에 체류하는 영국인의 신변까지 위협하게 되면서, 베일비 올스톤Beilby Alston 주일 영국대사는 4월 23일 3·1운동의 발발 배경과 일제의 폭력 진압을 다룬 보고서를 런던으로 보냈다. 올스톤 대사는 3·1운동의 원인으로 윌슨의 민족자결주의, 고종의 사망 등을 언급하였지만, 가장 근본적인 이유는 일제가 조선인을 배척하고 차별하여 불만을 누적시키는 통치 구조에 있음을 지적하였다.[36] 또한 일제 당국이 "독일식 폭압 및 탄압 정책"을 통해 조선인 만세운동 참가자를 공격하여 수많은 사상자를 발생시켰다고 지적하면서, "조선인들이 돌팔매질하며 일본 경찰서와 헌병대를 공격하였기에 반격하였다"라는 일본 측의 주장이 황당하다고 일축하였다.[37]

일본 측의 3·1운동 폭력 진압을 부정적으로 보던 영국은, 1919년 4월 15일 수원 제암리 학살 사건이 발생하면서 적극적으로 일제 정책을 비판하였다. 제암리 학살 사건은 1919년 4월 15일 일본군 장교 아리다 도시오

---

33) *Greene to Curzon*, Tokyo, 9 March 1919, No. 113, FO 371/3817.

34) *Greene to Curzon*, Tokyo, 11 March 1919, No. 122, FO 371/3817.

35) *Curzon to Alston*, London, 12 April 1919, No. 221, FO 371/3817.

36) *Alston to Curzon*, Tokyo, 23 April 1919, No. 7, FO 410/67.

37) *Alston to Curzon*, Tokyo, 23 April 1919, No. 7, FO 410/67.

有田俊夫가 이끄는 보병과 순사 10여 명이 제암리 남성 기독교도, 천도교도 20여 명을 교회당에 모은 뒤 살해하고 가옥 31채를 불태운 사건으로, 영국에게 큰 충격을 안겨 주었다. 제암리를 직접 방문한 프랭크 스코필드 Frank W. Schofield 박사는 일제 경찰과의 대화를 통해 4월 3일 인근 화수리에서 만세운동 도중 일제의 폭력 대응에 분노한 조선인이 일본 순사 가와바타 도요타로川端豊太郎를 가격하여 살해한 일이 있었고, 이에 대한 보복행위로 벌어진 사건임을 확인하였다.[38]

영국은 스코필드와 주조선 영국 총영사관의 보고서를 검토하고 제암리 학살의 원인이 조선총독부의 반기독교 정서에 있다고 보았다. 스코필드는 생존 주민의 말을 빌려, 제암리 주민이 화수리 주재소 습격이나 가와바타 순사 살해를 주도한 것이 아니었지만, 훨씬 가혹한 처벌의 대상이 된 것은 제암리에 기독교 주민이 더 많았기 때문이라고 주장하였다.[39] 조선에서 활동하던 주요 선교사들 역시 1910년대 전반에 걸쳐 지방 관리들이 선교 활동을 제약하거나, 조선인 기독교도를 위협하며 종교 활동을 방해하는 등의 모습을 보여 왔다고 했으며, 최근에는 제암리 학살을 비롯하여 교회를 불태우고 신도들을 가택에서 추방하는 식으로 가혹한 탄압을 가하였다고 밝혔다.[40] 로이즈 총영사 역시 "지적이고 계몽된" 기독교도 일부가 조선의 독립 요구에 동감하여 참여할 수는 있겠지만 주요 인사 소수가 개인 자격으로 참여한 것이고 이를 기독교계 전체로 확대하는 것은 부당하다며 조선총독부를 비판하였다.[41]

영국은 이후 조선총독부가 서양 선교사들에 대해 적대적인 태도를 보인다는 증거를 확보하게 된다. 1919년 6월 초, 주일 영국대사관 주재 무관

---

38) 國史編纂委員會, 『韓民族獨立運動史資料集』 19, 國史編纂委員會, 1994.

39) *Report of Some Atrocities committed by the Japanese Military and Police in Suppressing the Korean Nationalist*, Enclosure 5 in No. 11, FO 410/67.

40) *Royds to Alston*, Seoul, 13 May 1919, Enclosure 4 in No. 11, FO 410/67.

41) *Royds to Alston*, Seoul, 13 May 1919, Enclosure 4 in No. 11, FO 410/67.

이던 찰스 R. 우드로프Charles Richard Woodroffe가 일본제국 육군대신 다나카 기이치田中義一와 면담을 하게 되는데, 조선 내 일제 당국의 잔학 행위 문제에 대한 논의하는 과정에서 다나카 대신이 우드로프 준장에게 조선총독부가 육군에 제출한 3·1운동 관련 보고서를 전달하였다. 이 보고서에서 조선총독부는 외국인 선교사가 3·1운동에 깊게 개입되어있다고 주장하면서, 그 증거로 (1) 시위 중 가격당하는 조선인을 촬영하는 외국인이 목격된 사례; (2) 선교사가 교회 학당 학생들의 시위를 주도하고 선전물 인쇄를 도운 정황; (3) 일본 경찰의 폭력 행위를 밝혀내려는 시도; (4) 일본 사법부와 경찰의 가택 수사를 적극적으로 방해하는 미국 영사; (5) 이로 인한 일본인과 외국인 간의 갈등; (6) 선교사 운영 학교 학생들이 만세운동을 주도하고 교회, 인쇄기 등을 사용한 정황을 들었다.[42] 이를 보면 서양 선교사와 외교관의 적극적인 부정에도 불구하고, 조선총독부가 서양 선교사들의 활동을 강하게 의심하고 적대시했음을 알 수 있다.

영국은 조선총독부가 외국인에 대해 가지고 있던 적대감이 각종 잔학 행위를 통해 폭력으로 발현할 수 있었던 것은 "인도·아일랜드와 달리" 조선 식민 통치 체제가 가지고 있던 배타적, 강압적, 군국주의적 성격 때문이라고 보았다.[43] 주조선 영국 총영사관은 3·1운동을 취재하던 《시카고 데일리 뉴스Chicago Daily News》의 베이징 특파원 윌리엄 R. 자일스William R. Giles와 여러 선교사의 증언을 통해 일제가 태형으로 인한 사망, 조선 여성 강간, 감옥 내 고문, 자택으로부터의 강제 추방 등 다양한 잔학 행위를 저질렀음을 강조하였다.[44] 이 같은 이유로 로이즈 총영사는 조선인 회유를 위한 개혁이 시급한 상황이며, 당시 소문대로 하세가와 요시미치長谷川好道 총독의 후임이 무단 통치로 악명 높은 아카시 모토지로明石元二郎] 전

---

42) *Translation of a Report on the Corean Disturbances from the Governor-General of Corea to the Ministry of War*, Enclosure 7 in No. 13, FO 410/67.

43) *Alston to Curzon*, Tokyo, 21 May 1919, N. 11, FO 410/67.

44) *Memorandum*, Enclosure 2 in No. 13, FO 410/67.

경무총장이라면 이는 "참사calamity"가 될 것이라고 경고하였다.[45] 다나카 대신과 면담을 가졌던 우드로프 준장은 대한제국 정부가 한일병합 이전엔 "가장 부패하고 무능한 정부"였고 일본을 통해 조선인이 "문명의 혜택을 누릴 수 있게 되었음"을 인정하며, 다나카 대신에게 경찰제도 개혁을 요구하였다.[46]

이와 같은 내용을 바탕으로 하여, 1919년 7월 영국 외무성의 극동국을 담당하던 윌리엄 맥스 뮬러William G. Max Muller는 일본의 조선 정책에 관한 보고서를 작성하였다. 맥스 뮬러는 이 보고서에서 1919년 3·1운동이 발발하게 된 근본적인 원인으로 (1) 조선인을 완전히 배제하고 조선 민족 전체를 "일본화"하려 하는 식민 정책; (2) 조선어 및 외국어 교육을 금지하고 일본어만 가르치도록 하여 조선인이 외국어 성적을 요구하는 일본 대학에 진학하는 것을 막는 강압적인 언어정책; (3) 일본인의 대규모 조선 이주 및 토지 몰수; (4) 조선인에게 불공정한 일제 사법 체제를 들었다.[47] 그리고 이에 대한 대책으로 (1) 군인 출신이 아닌 민간인 총독 임명; (2) 조선인이 참여하는 자치정부 구성; (3) 조선어 교육과 사용의 공식화; (4) 표현, 집회, 언론의 자유 보장 등을 제안하였다.[48]

이 보고서에서 주목할 것은 조선 자치정부 구성을 위한 모델로 영국의 이집트 통치를 제시했다는 점이다. 영국은 1882년 무력으로 이집트의 통치권을 장악한 이후, 오스만 튀르크 제국의 속국이었던 이집트 케디브국 Khedivate of Egypt의 부왕 지위와 이집트인으로 이루어진 정부를 그대로 인정하면서, 영국인 고문을 각 부처에 두어 내정을 지휘하는 방식으로 이

---

45) *Royds to Alston*, Seoul, 24 May 1919, Enclosure 1 in No. 13, FO 410/67.

46) *Woodroffe to Alston*, Tokyo 9 June 1919, Enclosure 6 in No. 13, FO 410/67.

47) *Memorandum on by Mr. Max Muller on Japanese Policy in Corea*, No. 10, FO 410/67.

48) *Memorandum on by Mr. Max Muller on Japanese Policy in Corea*, No. 10, FO 410/67.

집트를 지배하였다. 특히 영국은 이집트를 장기간 지배하면서 지속해서 흥기하던 이집트 민족주의의 도전에 꾸준히 대응해야 했다. 특히 1906년 덴샤와이 사건Denshawai Incident으로 인해 영국의 이집트 식민 통치가 국제적 비판을 받으며 위기를 겪었을 때도 이집트인의 반발을 무마하기 위해 유화정책으로 대응하며 위기를 피한 경험도 있었다.[49] 이집트 민족주의와 독립운동에 대처하면서 1919년을 기준으로 30년 이상 성공적으로 이어진 체제인데다, 일본이 한일병합 당시 영국의 이집트 통치를 일본의 조선 통치 모델로 제시했기에 적극적으로 이집트식 통치 방식을 도입하길 권한 것으로 보인다.[50] 맥스 뮬러도 "조선인이 자치 수준에 이를 때까지 교육을 받으면서" 점차 변화가 이뤄져야 하며, 특히 이집트식 방식을 도입하여 조선인 장관과 일본인 고문으로 정부 구성을 시도하여 군사 통치에서 민간 통치로 전환할 수 있다고 구체적으로 제안하였다.[51]

　이 보고서에서 제시된 내용을 기반으로, 영국 외무성은 일본 측에 공식적으로 조선 문제 해결을 요구하였다. 1919년 7월 중순 주영 일본대사인 진다 스테미珍田捨巳와 극동 문제를 논의하는 자리에서, 영국 외무장관

---

49) 1906년, 영국인 장교 5명이 덴샤와이 마을에 들어가 이집트 주민들이 키우던 비둘기를 사냥하자 분노한 주민들이 이들을 포박하였다가 한 장교가 탈진으로 사망하자, 영국군이 복수하겠다며 마을 주민을 체포한 후 4명을 공개 교수형에 처하고 수십 명을 공개 태형에 처한 사건이었다. 이 사건은 영국 통치의 잔혹성을 전 세계에 드러내었고 이집트 민족주의가 한층 강화되는 계기가 되었다. 이로 인해 기존 총독도 에블린 크로머Evelyn Baring Cromer에서 좀 더 자유주의적이고 진보적인 엘든 고스트Eldon Gorst로 교체되었고 다양한 회유책이 도입되어야 했다. 송경근, 「이집트에 대한 영국의 식민지배와 이집트 민족주의자의 저항(1882~1914)」, 『한국이슬람학회논총』 15/2, 한국이슬람학회, 2005, 29-30.
50) 영국은 일본의 경우 현지인을 완전히 통치에서 배제하고 있음을 언급하며 일본의 조선 통치 모델과 영국의 이집트 통치 모델이 다름을 분명히 하였다. 구대열, 「자유주의 열강과 식민지 한국(1910~1945)」, 106.
51) *Memorandum on by Mr. Max Muller on Japanese Policy in Corea*, No. 10, FO 410/67.

조지 커즌George N. Curzon은 일제의 3·1운동 폭력 진압 문제를 거론하였다. 커즌 장관은 조선인이 "후진적이고 멍청backward and rather stupid"하지만 동시에 "단순하며 애국적simple and patriotic"이라고 평하면서 이들을 조선 행정에서 완전히 배제하는 것은 큰 실수일 것이라고 언급하며,[52] 맥스 뮬러의 권고안과 같이 언론·집회·표현의 자유를 보장하고 교육과 공공 분야에서 더 포용적인 자치정부를 구성하는 방식으로 해결할 수 있다고 권하였다.[53] 8월 초 진다 대사와의 면담에서도 영국 언론이 보도하면 국제적인 여론이 악화될 것이라며 잔학 행위 금지를 위한 일본 정부의 조속한 조치를 촉구하였다.[54] 결국 일본 측은 1919년 8월 19일, 칙령을 통해 기존 헌병경찰제도 대신 보통경찰제도를 도입하고, 조선인에 대한 관리직 임용 차별을 철폐하며, 조선어를 이용한 신문을 발간하고 집회를 허용하는 등의 회유책을 담은 "문화 통치"로 전환함을 선언하였다.[55] 진다 대사는 일본 측의 개혁안을 영국에 전달하면서, 후임으로 지명된 사이토 마코토斎藤 実 총독이 민간인은 아니지만 해군 제독 출신이며, 정무총감에 민간인이자 내무대신을 지냈던 미즈노 렌타로水野 錬太郎가 임명되는 점을 강조하며 민간 체제로의 전환 과정임을 강조하였다.[56]

2) 문화 통치기 영국의 태형 폐지 요구

일본이 영국 측 제안의 상당수를 수용하여 자유주의적 개혁을 도입하고 조선총독부를 점진적으로 민간 통치 기구로 전환하겠다는 자세를 취하자, 영국은 이를 긍정적으로 평가하였다. 그러나 일본이 조선 정책 개혁을

---

52) *Curzon to Alston*, Foreign Office, 22 July 1919, No. 15, FO 410/67.
53) *Curzon to Alston*, Foreign Office, 22 July 1919, No. 15, FO 410/67.
54) *Curzon to Alston*, Foreign Office, 11 August 1919, No. 16, FO 410/67.
55) *Alston to Curzon*, Tokyo, 11 September 1919, No. 21, FO 410/67.
56) *Alston to Curzon*, Tokyo, 1 September 1919, No. 20, FO 410/67.

선언한 뒤인 9월에도 태형 집행 사례가 보고되자, 커즌 장관은 여전히 "잔혹하고 야만적인" 태형이 집행되고 있다는 사실에 유감을 표하며 빠른 대응을 주문하였다.[57] 올스톤 대사는 태형을 폐지하고 대안을 확보하기까지 시간이 걸릴 수 있음을 인정하면서, 태형 도입 이전에 일본이 조선인을 진정시키고 개혁 의지를 확인시켜 주기 위해 만세운동 참가자를 사면하는 방안 역시 제시하였다.[58]

일본 측은 이에 대한 즉답을 피하였다. 11월 커즌 장관과 진다 대사의 면담에서, 진다 대사는 태형이 "이미 한일병합 이전부터 집행되어 조선인에게 친숙하여 유지된 형벌"이지만, 일본 정부가 "현대적인 생각과 조화를 이루기 위해" 태형 폐지의 적법성을 고려하고 있다고 답변을 하였다.[59] 올스톤 주일대사가 조선에서 활동하던 캐나다인 선교사 스탠리 솔턴Stanley Soltan의 태형 집행 사례 보고를 근거로 다시 한번 일본 정부 측의 답변을 요구하였지만,[60] 우치다 고사이內田康哉 외무대신은 태형이 오랜 시간에 걸쳐 시행되며 자리 잡은 전통이기에 이를 폐지하기 위한 시간이 필요하다는 기존 답변을 반복하였다. 이에 올스톤 주일대사는 "고문과 태형처럼 야만스러운 관습"을 "펜"으로 없애지 못하는가에 대해 의문을 제기하면서, 고문처럼 "암흑시대에나 있을 법한" 야만적인 정책이 전 세계인 눈에 공포로 비칠 것이라고 경고하였다.[61]

올스톤 대사는 일본 정부 측으로부터 확답을 얻지 못하지만, 당시 도쿄에 체류하고 있던 미즈노 정무총감으로부터 일본의 회계연도가 시작되는 1920년 4월 1일에 태형이 폐지될 예정이라는 답변을 듣게 되었다. 1918년 9월에 들어선 하라 다카시原敬 내각은 내지의 법률과 정책이 식민

57) *Curzon to Alston*, Foreign Office, 20 October 1919, No. 23, FO 410/67.

58) *Alston to Curzon*, Tokyo, 30 October 1919, No. 30, FO 410/67.

59) *Curzon to Alston*, Foreign Office, 20 November 1919, No. 29, FO 410/67.

60) *Alston to Curzon*, Tokyo, 27 November 1919, No. 2, FO 410/68.

61) *Alston to Curzon*, Tokyo, 27 November 1919, No. 2, FO 410/68.

지에도 동등하게 적용되어야 한다는 '내지연장주의' 방침을 가지고 있었기에 식민지에서만 시행되는 태형을 폐지할 의지가 충분하였고, 태형의 실효성을 강조하던 조선총독부는 오히려 태형을 확대 적용하려 하였기에 양측이 대립하는 상황이었다. 이런 상황에서 3·1운동이 발생하고 각종 잔학 행위의 원인으로 조선총독부의 헌병통치가 지목되며 국내외 비판에 직면하게 되자, 하라 내각이 이를 기회로 삼아 태형 폐지를 적극적으로 강조하였기에 이룬 결과였다.[62]

올스톤 대사는 태형 폐지까지 시간이 남았고 태형 수형자가 모두 수감자로 전환되면 수용 시설에도 부담이 되므로, 사면이 유익할 것이란 주장을 다시 피력하였다.[63] 영국 측의 이와 같은 꾸준한 사면 요구는 결국 조선총독부 측에 받아들여지지 않았지만, 1920년 1월 조선총독부가 태형 폐지, 경찰제도 개선 등을 위한 예산을 확정하였고, 헌병 경찰제도가 폐지되어 예전처럼 혹독한 통치를 할 수 없게 된 데다, 1920년에 들어서면서 주조선 영국 총영사관 역시 고문과 태형에 대한 보고가 더는 들어오지 않자, 일제가 태형 폐지를 통해 "오명을 씻고 현지인을 달래고자 하는 일본의 의지가 엿보인다"라고 평가하였다.[64]

영국이 일제의 3·1운동 폭력 진압에 대해 보인 태도는 1910년대 영국이 일본의 조선 정책에 대해 보인 반응과 어느 정도 연관성을 보여 준다. 영국은 일제의 조선 내 사법 체제와 전반적인 통치 능력에 대해 회의적인 시각을 갖게 되었고, 영국을 비롯한 해외 선교사의 활동이 활발한 상황에서 기독교에 적대적인 태도를 보이는 조선총독부에 대해 우려하고 있었으며, 일본의 조선 정책이 영국인에게 직접적인 손해를 끼칠 때만 적극적으로 개입하는 모습을 보였음을 알고 있다. 영국 역시 3·1운동이 발발하고

---

62) 염복규, 「1910년대 일제의 태형제도 시행과 운용」, 212-215.

63) 염복규, 「1910년대 일제의 태형제도 시행과 운용」, 212-215.

64) *Alston to Curzon*, Tokyo, 26 January 1920, No. 11, FO 410/68.

일제가 탄압을 시작할 때는 적극적으로 개입하지 않았지만, 일제 당국이 영국 선교사와 이들 학교의 한국인 학생을 체포·구금하며 영국인의 권리를 침해하기 시작하자 일제의 만세운동 진압 문제에 적극적으로 간섭하며 외교적 압력을 가하는 모습을 보였다.

3·1 운동 직후 영국은 주로 일본이 조선인의 조선어 사용을 금지하고, 조선인이 공직에 오르는 것을 제한하는 등 일본의 강압적인 통치 방식에 근본적인 문제가 있다며 이를 지적하고 좀 더 자유주의적인 개혁을 수용할 것을 요구하였고, 이를 위해 당시 일제의 조선 정책에서 보여주던 태형, 불공정한 사법 문제 등을 극복한 바 있는 영국의 이집트 통치 모델을 제안하였다. 하지만 사이토 총독이 부임하고 문화 통치로 방식을 전환한 뒤에는, 태형을 둘러싼 영국과 일본의 견해차가 분명히 드러나는 모습을 볼 수 있다. 당시 자유주의적 개혁을 도입하면 태형, 고문과 같은 체형 역시 폐지할 것으로 예상한 영국과 달리, 일본은 태형이 현지의 오래된 관습이고 기존 감옥 시설 확충이 필요하다며 태형 폐지에 소극적인 모습을 보였다.[65] 하지만 3·1운동이 일어나고 시위 참가자에 대한 태형 집행이 부정적인 국내외 여론을 일으키게 되자, 일본은 태형을 폐지할 수밖에 없었다.

여기서 흥미로운 것은 태형 폐지에 대한 영국의 견해다. 이미 앞에서 말한 바와 같이, 영국이 태형을 "암흑시대에나 볼 법한 관습", "잔인하고 야만스러운 행위"라며 맹비난하였지만, 영국도 본토에서만 태형을 폐지하였을 뿐 1919년 당시에도 세계 각지의 식민지에서 현지 주민에게 태형을 가하고 있었다. 일본의 태형 역시 식민지 주민을 대상으로만 집행되었음에도 영국이 적극적으로 반대한 것은, 일제가 조선인 기독교도에 대한 잔학 행위가 단순히 사태 진압을 위한 목적뿐만 아니라 일제가 서양 선교사에 대해 취했던 적대적인 태도와 연관이 있다고 믿었기 때문으로 보인다. 영국 측은 서양 선교사의 교회와 학교에 다닌 조선인 기독교인들이 전근

---

65) 염복규, 「1910년대 일제의 태형제도 시행과 운용」, 214-215.

대적인 형벌을 당하는 사실이 서구권에 알려지면 일본의 동맹국으로서 지게 될 외교적 부담 역시 고려한 것으로 보인다. 이를 위해 영국은 적극적으로 태형 폐지와 사면 시행을 주문하였지만, 결국 일본이 1920년 4월 태형 폐지를 약속하자 이에 만족하는 것으로 타협하게 되었다.

4. 태형 폐지 이후 일본의 지속적 잔학 행위에 대한 영국의 반응

1920년 4월 1일부로 조선총독부가 "조선인이 점차 향상·자각한 바가 있고, 또 민도도 이전에 비할 바가 아니어서 기본형인 징역 또는 재산형으로 이를 다스려도 형정刑政에 어떠한 지장도 없다"라며 태형의 폐지를 공식화하였다.[66] 또한 기존 5개 감옥을 확장하고 추가로 6개 감옥을 증설하면서 태형 폐지에 대한 의지를 보였다.[67] 1920년 8월에는 영국 민권 단체인 "반노예제·원주민 보호 협회Anti-Slavery and Aborigines' Protection Society"가 영국 정부에 일본의 조선인 수감자 고문 집행 당시 영국의 대응과 관련된 보고서를 열람하게 해 달라고 요구하는 일이 있었다.[68] 이에 대해

---

66) 박찬승·김민석·최은진·양지혜 역, 『국역 조선총독부 30년사』, 민속원, 2018, 339-340.

67) 박찬승·김민석·최은진·양지혜 역, 『국역 조선총독부 30년사』, 342-343.

68) *Anti-Slavery and Aborigines Protection Society to Foreign Office*, London, 6 August 1920, No. 51, FO 410/68; 반노예제·원주민 보호협회는 1837년 설립된 원주민 보호협회*Aborigines' Protection Society*와 1839년 설립된 국내외 반노예제 협회British and Foreign Anti-Slavery Society가 1909년 합쳐져 설립된 영국 민권단체로, 20세기 초 벨기에령 콩고 내 노예제 폐지 운동을 포함하여 국내외 노예제 폐지와 식민지 주민 학대 행위 중단을 요구하는 활동을 하였다. 일제의 조선 내 잔학 행위에 대한 문제 제기 역시 협회의 해외 활동의 일환이었던 것으로 보인다.

영국 외무성은 보고서에 대한 열람은 거부하면서, 일본이 이후에 조선총독을 교체하고 자치정부 구성을 위한 개혁을 진행하였으며, 태형이 1920년 4월부로 폐지되었고 사면 역시 이왕실 왕세자 이은李垠의 결혼을 기념하며 내려진 점 등을 들어 조선 내 상황이 개선되었다고 답하며 일제의 문화 통치 전환을 긍정적으로 평가하였다.[69]

이처럼 영국 외무성은 조선 내 상황이 호전되었다고 믿고 있었지만, 8월 이후 다시 일제 당국의 잔학 행위가 조선 각지에서 벌어지고 있음을 알게 되었다. 아서 레이Arthur Hyde Lay 주조선 영국 총영사는 《기독신보基督申報》의 기사를 인용하여 광주 지역에서 소화불량에 걸린 조선인을 일본 경찰이 콜레라 감염자로 몰아 등유를 끼얹고 불을 질러 산 채로 태워 죽었다는 내용을 전하였다.[70] 또한 총독부의 영자 기관지인 《서울 프레스 Seoul Press》의 기사를 인용하며, 경찰 개혁 이후에도 외국인에 대해 적대적이고 불공정한 모습을 보인다는 사실 역시 지적하였다.[71] 1920년 9월 원산 지역 만세 시위 사건의 경우 학생과 교사가 연행된 뒤 감옥에서 구타를 당하는 일이 있었고,[72] 세브란스 병원에서는 서대문 형무소에 수용됐던 미혼 여성 수감자가 강간으로 인해 임신 후 출산하는 등의 폭력 행위를 경험한 여성 기독교도들이 있다고 보고하기도 하였다.[73]

조선에 체류 중인 다수의 서양인이 일제 경찰의 과잉 폭력을 언급하는 상황임에도,[74] 조선총독부 측은 기관지인 《서울 프레스》를 통해 일제 경

---

69) *Foreign Office to Buxton*, Foreign Office, 21 August 1920, No. 55, FO 410/68.

70) *Extract from the "Christian Messanger"*, Enclosure 2 in No. 67, FO 410/68.

71) *Extract from the "Seoul Press" of September 8*, 1920, Enclosure 3 in No. 67, FO 410/68.

72) *Statement of Students' Riot at Wonsan*, 23 September 1920, Enclosure 2 in No. 78, FO 410/68.

73) *Owens to Lay*, Severance Hospital, 24 September 1920, Enclosure 4 in No. 78, FO 410/68.

74) *Extract from the "Japan Advertiser" of October 14*, 1920, Enclosure 3 in No.

찰의 잔학 행위 문제는 "미국인 선교사"들의 과장과 날조라는 식으로 대응하면서,[75] 동시에 영국이 아일랜드인, 인도인, 이집트인을 다루는 문제, 미국인이 흑인, 아이티인, 일본계 미국인을 차별하는 문제에 대한 칼럼을 통해 조선 내 일제 지배에 대한 비판의 화살을 돌리고자 하였다.[76] 일본이 영국과 미국의 인종 문제를 제기한 것은, 1919년 파리 강화회의 당시 미국과 영국의 태평양 식민지 당국이 취했던 반일본 이민 정책을 무력화하고자 일본이 인종 차별 금지 조항을 강화조약에 삽입하려 시도하였으나, 이를 미국과 영국이 좌절시킨 데에 따른 반감에서 온 것으로 보인다.[77]

게다가 주로 조선과 일본 내 언론이 보도하던 일본의 조선 내 잔학 행위가 1920년 10월 23일, 영국 잡지 《뉴 스테이츠먼New States-man》에 의해 영국에서 보도되면서 영국 정부의 입장 역시 곤혹스러워졌다. 《뉴 스테이츠먼》은 조선인의 참정권을 용납하지 않는 일본의 조선 정책을 비난하면서, 한발 더 나아가 일본과 동맹 관계를 맺고 있는 영국에 대해서도 문제를 제기하였다. 《뉴 스테이츠먼》은 기사에서 영국이 일본과 동맹을 맺고 있는 만큼, "우리의 민주주의에 대한 감정을 모욕할 뿐만 아니라, 세계 평화를 위기로 몰아넣는" 국가에 대해 문제를 제기해야 한다고 지적하였다.[78] 그리고 당시 1년 앞으로 다가온 영일동맹의 재협상 문제를 거론하면서, 영일동맹이 다시 갱신되려면 그 조건이 반드시 "영국 내 자유주의자들을 만족"시키면서 "동북아시아 지역 민중의 자유를 훼손하지 않아야 한다"면서 영국의 외교적 행동을 촉구하기도 하였다.[79]

88, FO 410/68.

75) *Extract from the "Seoul Press"* of October 21, 1920, Enclosure 5 in No. 88, FO 410/68.

76) *Lay to Eliot*, Seoul, 3 November 1920, Enclosure 1 in No. 88, FO 410/68.

77) 파리강화회의에서의 인종 차별 철폐 문제 조항 삽입 논의에 대해서는 Kristofer Allerfeldt, "Wilsonian Pragmatism? Woodrow Wilson, Japanese Immigration, and the Paris Peace Conference.", *Diplomacy & Statecraft* 15/3, 2004를 참고.

78) Extract from the "New Statesman" of October 23, 1920, No. 65, FO 410/68.

이처럼 일본의 조선 정책에 대해 영국 여론이 부정적으로 평가하기 시작하면서, 일본의 조선 정책에 대한 영국의 의견 역시 변화하게 된다. 이를 잘 보여 주는 것이 1920년 12월 8일, 영국 외무성 극동국 소속의 프랭크 애슈턴-괏킨Frank Ashton-Gwatkin이 작성한 「조선과 기타 지역 내 일본 잔학 행위에 대한 보고서」이다. 애슈턴-괏킨은 이 보고서에서 일제가 한일병합 이후 조선 내에서 조직적으로 저지른 학대 행위로 (1) 헌병 경찰 체제; (2) 태형 시행; (3) 불공정한 사법 체계; (4) 조선인에 대한 차별; (5) 동양척식회사의 토지조사 및 몰수; (6) 강제 노동 행위를 들었다. 보고서는 이어서 3·1운동 과정에서 일제가 저지른 고문, 총살, 무기한 구금, 방화, 성폭력, 기독교 차별 등 다양한 잔학 행위에 대해 언급한 뒤, 일제가 개혁 조치를 도입했음에도 불구하고 기존 헌병 통치 시기와 유사한 만행이 여전히 저질러지고 있음을 지적하였다.[80]

애슈턴-괏킨의 보고서는 일제의 조선 내 잔학 행위에 대한 영국의 책임에 대해서도 언급하고 있다. 애슈턴-괏킨은 1902년 "서명국은 한국의 독립을 인정한다"라던 영일동맹이 1905년 러일전쟁 이후에 "영국은 일본이 한국을 지도·통제·보호할 권리를 인정한다"라고 개정되었고, 한일병합 후인 1911년 개정 당시에는 한국에 관한 내용을 완전히 삭제하였음을 지적하였다. 이처럼 영국이 꾸준히 영일동맹을 일제의 조선 침략을 지지하였으며 1천 7백만 조선인에게 영국은 "일본의 친구이자 일본 정책의 지지자"로 비치고 있다며 영국의 책임에 대해 아래와 같이 평가하였다.

"영국은 일본의 동맹국으로서 조선인이 겪은 불행에 간접적으로 책임이 있다. 또한 한일병합과 식민 통치가 영일동맹을 통해 이룬 주요한 구체적 성과였기에, 영일동맹이 일본인에게 매우 중요했음은 부정할 수 없는 사실이다."[81]

79) *Extract from the "New Statesman" of October 23, 1920*, No. 65, FO 410/68.

80) *Memorandum respecting Japanese Atrocities in Korea and Elsewhere*, No. 82, FO 410/68.

이후 애슈턴-굇킨은 보고서의 결론을 아래와 같이 내렸다.

"(…) 극동에서는 지배자이든 피지배자이든 정의, 여성에 대한 배려, 개인의
책임과 같은 관념 자체를 가지고 있지 않다. 해당 지역 주민 중 한 명이 저지른
범죄를 처벌하겠다고 마을 전체를 불태우는 행위가 동양에서는 자연스럽고 정
당한 행위이며, 개인이 아니라 공동체 전체에 책임을 물은 것 역시 같은 맥락에
서 가능한 생각이다.

하지만 일본의 이 같은 핑계야말로 일본 정부와 우리[영국]의 사고방식에 얼
마나 큰 차이가 있으며, 동시에 생각과 행동이 근본적으로 다른 동맹국에 우리
의 이름을 빌려주고 있다는 사실을 상기시켜준다. 이미 역사는 영국과 영일동
맹이 조선을 일본에 넘겨줬다고 보고 있다. 의식적이든 무의식적이든, 우리의
지지가 중국과 시베리아에 대한 일본의 지배와 이후의 엄중한 결과를 허락하게
되지 않을까?"[82]

애슈턴-굇킨의 이와 같은 결론은 영일동맹 재개정이 임박한 시점에 영
국이 영일동맹의 가치를 더는 긍정적으로 평가하지 않고 있으며, 특히 일
제가 조선에서 벌인 각종 잔학 행위에 영국이 동맹국으로 언급된다는 사
실에 대해 영국 외무성 차원의 우려가 있었음을 보여 주고 있다. 동맹국인
일본에 대해 부정적인 여론이 형성된 데에는 1차 세계대전이 끝난 뒤 국
제연맹 설립 등을 통해 국제주의적, 자유주의적 가치를 통해 세계 평화를
유지하자는 인식이 높아지고, 영국에서 일본이 영일동맹을 핑계로 중국
내 배타적 이익을 취하면서 중국의 "문호 개방"을 근본적으로 위협한 데
에 대해 비판적으로 보기 시작한 것과 깊은 관련이 있다.[83] 이런 상황에
서 일본이 3·1운동을 잔혹하게 탄압하면서 영국에서는 일본의 행위가 영

---

81) *Memorandum respecting Japanese Atrocities in Korea and Elsewhere*, No. 82,
FO 410/68.

82) *Memorandum respecting Japanese Atrocities in Korea and Elsewhere*, No. 82,
FO 410/68.

83) Antony Best. (Ed.), *The International History of East Asia, 1900~1968: Trade,
Ideology and the Quest for Order*, London: Routledge, 2009, 30.

국의 자유주의적 사고와 영일동맹의 정신을 위배한다는 인식 역시 강해지게 되었다.[84]

이와 같은 다양한 이유로 인해 영국은 영일동맹이 과거와 같은 형태로 계속되기 어렵다는 결론을 내리고, 영일동맹을 포기하는 대신 영국, 미국, 프랑스, 일본이 해군 군축과 중국의 영토 보전에 동의한 4개국 조약과 워싱턴 체제에 참여하였다. 비록 다자간 안보 체제이긴 하지만, 영국과 일본이 4개국 조약을 통해 여전히 군사적 협력 관계를 유지하고 있었고, 애슈턴-괏킨의 보고서가 영일동맹의 대안을 제시하지 않았기에 일본의 조선 지배 문제가 영일 관계를 근본적으로 변화시키는 데에는 분명한 한계가 있다.[85] 하지만 영일동맹을 대체한 4개국 조약과 후속 조약인 9개국 조약은 단순히 일본의 군사적 협력만을 확보하는 목적뿐만 아니라, 일본의 해군력을 제한하면서 중국의 문호 개방 유지에 일본이 참여하도록 강제하여 중국의 대륙 확장을 견제하려는 의도도 있었다.[86] 일제의 3·1운동 탄압 문제는 일본에 대한 영국의 시선을 부정적으로 바꾸는 데 일조하였고, 일본의 아시아 내 영토 확장에 이바지한 영일동맹의 가치에 의문을 제기하게 만들었다는 점에서 그 의의가 크다고 할 수 있다.

애슈턴-괏킨의 보고서는 일제의 3·1운동 탄압이 영일동맹 갱신 시점에서 일본에 대한 영국의 생각을 재고하게 하였다는 점을 보여주는 의의가 있지만, 동시에 영국의 자유주의적 사고와 일본의 전체주의적 사고의 차이가 서양과 동양이라는 문화적·인종적 차이에서 온다는 오리엔탈리즘적

---

84) Ian Nish, *Alliance in Decline: A Study of Anglo-Japanese Relations*, 1908~23, London: Bloomsbury Academic, 1972, 278.

85) Dae-Yeol Ku, *Korea under Colonialism: The March First Movement and Anglo-Japanese Relations*, Seoul: Royal Asiatic Society Korea Branch, 1985, 245-246.

86) Antony Best, *The International History of East Asia, 1900~1968: Trade, Ideology and the Quest for Order*, 31.

시각이 드러나는 한계도 있다. 앞에서 언급한 《뉴 스테이츠먼》을 비롯한 영국 언론들은 일제가 조선에서 저지른 만행이 영국의 자유주의적 가치에 부합하지 않는다며 맹비난하였다. 하지만, 19세기 후반과 20세기 전반에 걸쳐 세계 각지의 영국 식민지에서도 덴샤와이 사건(1906)뿐만 아니라, 보어 전쟁(1899~1902) 중 운영하여 수천 명의 사망자를 낸 강제수용소, 인도 암리차르 학살Amritsar Massacre(1919) 등 영국 식민주의의 폭력성을 보여 주는 사례도 충분히 있었다. 게다가 영국 외교관이 "잔혹하고 야만적"이라고 비난한 태형 역시 영국 식민지에서 "문명적이고 자비로운 형벌"이라는 외피를 쓴 채 현지 주민들을 상대로 집행되고 있었다. 특히 1919년 파리 강화회의에서 일본이 미국과 영국 태평양 식민지의 일본인 차별 문제를 해결하기 위해 인종 차별 금지 조항을 강화조약에 삽입하고자 시도하였으나 미국, 영국이 유례없는 만장일치 합의를 요구하여 이를 좌절시켰던 사실과 연관을 지어볼 때, 영국이 일본에 취한 외교적 압박은 순수하게 자유주의적·인도주의적 동기보다는 조선 거주 영국인의 권익과 재산을 보호하고, 국제관계에서 영국의 위상이 입을 손상을 두려워하는 보다 실리적인 목적이 강했다고 볼 수 있다.

5. 결론

이상의 논의를 통해 3·1운동 당시 일제가 저지른 잔학 행위에 대한 영국의 반응과 배경에 대해서 살펴보았다. 한일병합 당시 영국은 일제의 조선 식민 통치를 긍정적으로 바라보았지만, 105인 사건을 거치면서 조선총독부가 가지고 있는 반기독교 정서에 대한 우려와 일제의 식민 통치 역량에 대한 의구심을 가지게 되었다. 결국 1919년 3·1운동이 일어나고 4월 15일 제암리 학살로 다수의 조선인 기독교도가 일제 군경에 의해 살해당하자, 영국은 조선인을 철저히 배제하고 차별하며 군경의 무력에 의존하는 일제의 무단 통치에 근본적인 문제가 있음을 지적하고 자유주의적 개혁을 통해 문제를 해결할 것을 요구하였다.

결국 일본이 이를 받아들여 1919년 8월 조선 식민 통치 방식을 무단 통치에서 문화 통치로 전환하고 군국주의적 요소를 없애기 위한 개혁을 선언하였다. 하지만 체형 역시 즉각적으로 폐지될 것이라던 영국의 기대와 달리, 일본은 태형이 조선에서 시행되어온 체벌이고 감옥 시설을 확충하기까지 시간이 걸린다는 이유로 태형의 폐지를 1920년 4월로 미루었다. 뒤늦게나마 태형 폐지가 확정되자 영국은 일본의 조치에 만족감을 표했지만, 문화 통치 도입과 태형 폐지 이후에도 여전히 일본 경찰에 의해 잔학 행위가 이뤄지고 외국인에 대한 적대적 태도도 여전히 계속된다는 사실을 알고 이에 당황하게 된다. 특히 1920년 후반 영국의 민권 단체와 언론이 일본의 잔학 행위에 대해 문제를 제기하고 당시 동맹국인 영국에 책임을 묻기 시작하자, 영국 외무성 역시 조선 내 일제의 잔학 행위 문제를 들어 영일동맹의 가치에 근본적인 의문을 제기하게 되었다. 3·1운동에 대한 일제의 탄압은 영국이 기존 일본과의 관계를 재고하게 하여, 1차 대전 이후 급변하는 국제 정세 속에서 영일동맹 대신 새로운 워싱턴 체제를 참여하게 하는 데에 이바지했다는 점에서 그 의의가 크다고 할 수 있다.

영국이 조선 내 일제의 가혹한 탄압에 대해 문제를 제기하고 외교적 압박을 가하여 문화 통치로의 전환에 어느 정도 역할을 했다는 점은 분명 긍정적으로 볼 수 있다. 하지만 영국의 대응에도 분명한 한계가 존재한다. 우선 1910년대부터 105인 사건, 3·1운동 탄압 등의 사건이 벌어졌을 때, 영국이 이를 인도주의적 문제로 보고 선제적으로 대응하기보다는 영국인이 연루될 가능성이 있을 때 비로소 개입하는 모습을 보였다. 또한 일본에 대한 외교적 압박 역시 동맹국으로서의 관계를 해치지 않는 수준에서 가하면서 일본의 제한적 개혁 도입에 만족하는 모습을 보이기도 하였다. 그리고 영국 언론과 외무성이 일본의 조치가 자유주의적 가치를 훼손한다며 비판하였지만, 당시 영국 식민지에서 발생한 각종 사건이나 태형 집행 등을 고려하면 위선적으로 보일 수 있는 한계 또한 분명하였다. 특히 조선과 일본에 대한 차별적 편견을 그대로 드러냄으로써, 영국의 조선 문제 대응이 자유주의적 가치를 견지하기 위함보다는 조선 내 영국인의 이익 보호, 영국의 외교적 위상 등 현실적 목적에 기인한 행동임을 보여 주었다.

참고문헌

國史編纂委員會, 『韓民族獨立運動史資料集』 19, 國史編纂委員會, 1994

FO 371, Foreign Office: *Political Departments: General Correspondence from 1906~1966*, The National Archives, Kew Gardens, London, UK

FO 410, *Foreign Office: Confidential Print Japan*, The National Archives, Kew Gardens, London, UK

구대열, 「자유주의 열강과 식민지 한국(1910~1945)」, 『정치사상연구』 10, 한국정치사상학회, 2004

김상기, 「瑞山지역 3·1운동의 전개와 성격」, 『한국독립운동사연구』 36, 독립기념관 한국독립운동사연구소, 2010

김승태, 「『재팬 애드버타이저(The Japan Advertiser)』의 3·1운동 관련 보도」, 『한국독립운동사연구』 54, 독립기념관 한국독립운동사연구소, 2016

김승태, 「3·1독립운동과 선교사들의 대응에 관한 연구」, 『한국독립운동사연구』 45, 독립기념관 한국독립운동사연구소, 2013

김원수, 「4국협조체제와 한일병합의 국제관계, 1907~1912」, 『동북아역사논총』 29, 동북아역사재단, 2010

김지민, 「1910년대 미국의 한국에 대한 인식과 3·1운동에 대한 반응」, 『역사와실학』 74, 역사실학회, 2021

김진호, 「충남지방 횃불독립만세운동의 전개와 일제의 탄압」, 『충청문화연구』 21, 충남대학교 충청문화연구소, 2018

김진호, 「홍성지역의 3·1운동」, 『한국독립운동사연구』 23, 독립기념관 한국독립운동사연구소, 2004

김진호, 「함경남도의 3·1운동」, 『충청문화연구』 20, 충남대학교 충청문화연구소, 2018

박찬승·김민석·최은진·양지혜 역, 『국역 조선총독부 30년사』, 민속원, 2018

송경근, 「이집트에 대한 영국의 식민지배와 이집트 민족주의자의 저항(1882~

1914)」,『한국이슬람학회논총』 15/2, 한국이슬람학회, 2005

손준식, 「일제 식민지 하 대만 경찰제도의 변천과 그 역할」,『중국근현대사연구』 47, 한국중국근현대사학회, 2010

안종철, 「3·1운동, 선교사 그리고 미일간의 교섭과 타결」,『한국민족운동사연구』 53, 한국민족운동사학회, 2007

염복규, 「1910년대 일제의 태형제도 시행과 운용」,『역사와현실』 53, 한국역사연구회, 2004

윤경로, 『105인 사건과 신민회 연구』, 한성대학교 출판부, 2009

이덕주·김형석, 「3·1운동과 제암리사건」,『한국기독교와 역사』 7, 한국기독교역사연구소, 1997

이양희, 「세종지역 3·1운동과 일제의 탄압」,『역사와 담론』 97, 호서사학회, 2021

이양희, 「일제의 경기·인천지역 3·1운동 탄압 양상」,『역사와현실』 113, 한국역사연구회, 2019

이정은, 『3·1독립운동의 지방시위에 관한 연구』, 국학자료원, 2009

임후남, 「1910년대 전후 기독교계 초등교육 연구」,『교육사학연구』 17/1, 한국교육사학회, 2007

전상숙, 「파리강화회의의 현실과 '식민지 조선'의 3·1운동」,『일본비평』 21, 서울대학교 일본연구소, 2019

한승훈, 「을사늑약을 전후한 영국의 대한정책」,『韓國史學報』 30, 고려사학회, 2008

홍창희, 「세브란스병원의 진료활동으로 본 3·1운동」,『연세의사학』 22/2, 연세대학교 의학사연구소, 2019

Allerfeldt, Kristofer, "Wilsonian Pragmatism? Woodrow Wilson, Japanese Immigration, and the Paris Peace Conference.", *Diplomacy & Statecraft* 15/3, 2004

Best, Antony (Ed.), *The International History of East Asia, 1900~1968: Trade, Ideology and the Quest for Order*, London: Routledge, 2009

Dwyer, Philip, and Nettelbeck, Amanda, *Violence, Colinialism and Empire in the Modern World*, Cham: Palgrave Macmillan, 2018

Ku, Dae-Yeol, *Korea under Colonialism: The March First Movement and Anglo-Japanese Relations*, Seoul: Royal Asiatic Society Korea Branch, 1985

Kwon, Euy Suk, "An Unfulfilled Expectation: Britain's Response to the Question of Korean Independence, 1903~1905", *International Journal of Korean History* 23/1, 2018

Nish, Ian, *Alliance in Decline: A Study of Anglo-Japanese Relations, 1908~23*, London: Bloomsbury Academic, 1972

Pete, Stephen, & Devenish, Annie, "Flogging, Fear and Food: Punishment and Race in Colonial Natal", *Journal of Southern African Studies* 31(1), 2005

Umemori, Naoyuki, "Politics of Flogging: The Making of Japanese Colonial Governmentality.", *Waseda Journal of Political Science and Economi cs 363*, 2006

점령기 일본의 미군성폭력대책과 일본여성 멸시관[*]

: 판판걸パンパンガール에서 아메조アメ女로

유지아

원광대학교 동북아시아인문사회연구소 HK교수

1. 머리말

일반적으로 전쟁 중에 일어나는 성폭행은 주로 적국에 상처를 주기 위해 자행되는 것으로 알려졌다. 그것이 일종의 전투 행위인 것처럼 여성뿐만 아니라 오히려 그 여성의 남편이나 가족, 그리고 국가의 명예와 자존심을 욕되게 하기 위해 적국의 여성을 성폭행한다는 것이다. 예를 들어 프랑스군은 전쟁 중 무슬림인 알제리 남자들의 명예를 빼앗기 위해 많은 알제리 여성들을 강간했다. 세르비아군은 보스니아의 무슬림과 크로아티아 여성에 대한 조직적인 강간을 자행했다. 아시아·태평양전쟁 시기 일본군은 난징대학살을 비롯하여 수많은 전장에서 아시아 여성을 강간했다.[1]

그러나 다른 사례도 있다. 아시아·태평양전쟁에서 승리한 후 일본에 진주한 미군의 성폭행이나 한국전쟁 당시 유엔군에 의해 자행된 성폭행 등이 그 사례이다. 이러한 성폭력의 주체는 주로 미군인데 전시 상태가

* 이 글은 유지아, 「점령기 일본의 미군성폭력대책과 일본여성 멸시관: 판판걸パンパンガール에서 아메조アメ女로」, 『일본역사연구』 57, 일본사학회, 2022에 수록된 내용을 보완한 것임.

1) 최길성, 『미군과 매춘부-6.25전쟁 통에 생겨난 미군 위안부의 진실』, 타임라인, 2021, 75-76.

아닌 상황과 적군의 여성에 대한 성폭력이 아니라는 점에서 차이가 있다.

미군은 제2차 세계대전 전까지 20여만 명 규모였던 것이 일본이 패전한 1945년에는 1,200만 명으로 팽창하여 세계 각지에 주둔하고 있다. 워싱턴 DC에 있는 아메리칸 대학의 정치 인류학 교수인 데이비드David Vine에 따르면, 미국은 2021년 7월까지 적어도 80개국에 750개의 기지를 가지고 있다. 모든 데이터가 펜타곤에 의해 발표되는 것은 아니기 때문에 실제 숫자는 훨씬 더 많을 수 있다. 이 가운데 일본이 120개로 세계에서 가장 많은 미군 기지를 보유하고 있으며, 그다음이 독일 119개, 한국 73개 순서이다. 미군기지와 마찬가지로 미군이 가장 많이 배치된 국가는 일본 5만 3,700명, 독일 3만 3,900명, 한국 2만 6,400명 등이다.[2] 해외에 배치된 전체 미군의 거의 절반인 약 8만 100명의 미군이 한국과 일본에 주둔하고 있는 것이다.

한국과 일본에 미군이 주둔한 것은 아시아·태평양전쟁 이후이다. 일본이 패전한 후 점령을 위해 진주한 미군은 미일안보조약으로 인해 점령이 끝난 이후에도 계속 주둔하게 되었다. 한국에서는 한국전쟁 이후 미군의 주둔이 계속되고 있다. 이 사이 전쟁 속에서 생활이 파괴된 한국과 일본 사회에서는 미군 병사를 상대로 매춘을 행하는 여성이 많이 생겨났다. 미군은 1910년 초부터 매춘 금압 정책을 채용하여 미군 주둔지 주변의 창부를 적발하여 추방했다. 그 이유는 장병들이 창부와 접촉하지 않는 것이 최선의 성병 예방책이라고 생각했기 때문이다. 그러나 각지에 파견된 부대의 사령관이나 군의관 가운데는 장병에 금욕을 강요하는 군중앙의 정책에 비판적이어서 창부의 성병 검사를 전제로 장병을 상대하도록 장려하기도 했다.[3] 그럼에도 불구하고 미군의 성폭력은 끊이지 않았다.

---

2) [https://www.aljazeera.com/news/2021/9/10/infographic-us-military-presence-around-the-world-interactive] (검색일 2022. 1. 12.)

3) 林博史, 「東アジアの米軍基地と性売買·性犯罪」, 『アメリカ史研究』 第29号, 2006, 2-3.

따라서 본고에서는 미국이 일본에서 자행한 불법 행위에 주목하고자한다. 실제로 당시 진주군의 불법 행위는 처벌도 크게 받지 않았지만, 신문 등에 보도도 제대로 되지 않았기 때문에 현재까지도 알려진 바가 많지않다. 점령 시기 진주군은 언론 통제를 위해 일본군이 시행하던 검열제도를 그대로 유지하고 있었기 때문에, 진주군의 불법 행위는 보도를 할 수없는 상황이었다. 이러한 상황에서 일본인이 진주군에 대해 어떠한 인식을 가지고 있었는지 고찰하고, 그러한 인식과 일본인들의 생활에서 접촉하는 미군의 차이점을 살펴보고자 한다. 특히 점령 초기 미군의 성폭력불법 행위에 대한 일본의 대책 방안과 미군의 성폭력 문제를 해결하기 위해 설치한 위안 시설로 인해 일본 여성에 붙여진 멸시적인 이미지 등을분석하고자 한다.

점령기 일본이 설치한 위안 시설에 관한 연구로는 스기야마 아키코杉山章子의 연구가 대표적이다. 그는 일본 정부가 진주군을 위한 성적 서비스를 제공하기 위한 위안 시설로 설치한 R.A.A.(Recreation & Amusement Association)의 성립 과정을 상세히 밝히고 있다. 특히 스기야마는 GHQ와일본 정부가 결탁하여 일반 사람들의 신체를 관리하기 시작한 것은 점령군 위안소를 설치할 때부터라고 주장했다.4) 그리고 야마다 메이코山田盟子는 고베神戸에서 1945년 8월 26일에 댄서 100명, 여급 100명을 신문에서공모했다는 사실 등을 조사하여 도쿄뿐만 아니라 지역에도 진주군을 위한위안 시설이 존재했음을 밝히고 있다.5) 미군기지 문제에서 성폭력을 다룬최근 연구자로는 후지메 유키藤目ゆき가 있는데, 주로 냉전체제 시기에 미군의 성폭력에 대해 다루고 있다.6) 또한, 히라이 카즈코平井和子는 시즈오

---

4) 杉山章子, 女性学年報編集委員会編「敗戦と R・A・A」, 『女性学年報』 第9号, 1988, 34-46.
5) 山田盟子, 『ニッポン国策慰安婦』, 光人社, 1996, 19.
6) 藤目ゆき, 「冷戦体制形成期の米軍と性暴力」, 『女性・戦争・人権』 第2号, 行路社, 1999, 116-138; 「国際女性調査団のみた朝鮮戦争」, 『女性・戦争・人権』 第3号, 2000, 126-148.

카현靜岡県의 고텐바御殿場라는 지역을 중심으로 미군 병사에 의한 성폭력이나 성매매에 대해 검증했다.[7]

한편, 한국의 경우 한국전쟁이 발발하고 부산으로 피난민이 몰리면서 매춘을 하는 여성이 급증했으며, 이때 미군은 한국 정부나 부산시, 경찰 등을 이용하여 창부나 웨이트리스, 댄서 등의 성병 정기검진을 도입했다고 밝힌 연구도 있다. 한국은 1951년 5월에 국연군國連軍을 위한 위안소나 댄스홀 설치를 결정하고 부산을 시작으로 본격적으로 설치했다.[8] 그러나 본고에서는 한국의 사례를 본격적으로 다루지는 않는다. 한국과 일본은 당시 점령 상황이나 한국전쟁 상황 등이 다르고, 한국과 일본에 대한 미군의 인식도 달랐기 때문에 명확하게 구분해서 별도로 연구할 필요가 있기 때문이다.

본고는 이러한 선행연구에 기반하여 점령 시기 미군의 성폭력 불법 행위에 대한 대책으로 인해 파생된 일본 여성의 성매매 실태를 파악하고, 미군의 성폭력 대책안으로 설치된 점령군 위안부와 이로 인해 형성된 일본 여성에 대한 이미지가 어떠한 형태로 현재까지 남아 있는지 규명할 것이다. 아시아·태평양전쟁 후 실시한 점령에 대한 평가는 현재까지도 많은 논란이 되고 있다. 전후 일본이 어떠한 형태로 존재했는가라는 문제와 함께 일본으로부터 식민 통치나 침략을 받았던 아시아 국가들과의 전후 처리와도 무관하지 않기 때문이다. 분명, 미국의 점령은 일본에 전쟁을 종식시키고 민주주의의 발판을 마련하는 데 일정 정도 기여했을지는 몰라도, 일본도 미국을 정점으로 하는 세계적인 구조, 즉 냉전 구조에 편입되면서

---

7) 平井和子, 「『買売春』の戦後史 -占領期の御殿場を中心に-」, 静岡大学修士論文, 1997; 「米軍基地と『買売春』-御殿場の場合」, 『女性学』 5, 1997, 120-147; 「米軍基地買売春と反『売春』運動-御殿場の場合」, 『女性史学』 第11号年報, 2001, 1-14; 「日本占領を『性』で見直す」, 『日本史研究』 500, 2004, 107-130.

8) 金貴玉, 徐勝 編, 「朝鮮戦争と女性-軍慰安婦と軍慰安所を中心に」, 『東アジアの冷戦と国家テロリズム』, 御茶ノ水書房, 2004.

0전쟁 책임 문제와 식민지 책임 문제 해결을 저해하는 요소로 작용했다. 이러한 관점을 점령 시기 일본의 실상과 그들에게 주어진 차별과 멸시의 굴레를 통해 규명하고, 점령의 실태를 파악하는 근거로 삼고자 한다.

2. 점령초기, 미군에 대한 일본인의
   인식과 현실의 상위相違

1945년(쇼와 20) 8월 14일에 일본 정부가 수락한 포츠담 선언 12조에는, 일본을 점령하는 조직은 Occupying Forces of the Allies(연합국 점령군)라고 되어 있다. 그리고 같은 해 9월 2일에 조인한 일본의 항복문서에는, 패전한 일본 정부는 Supreme Commander for the Allied Powers(연합국 최고사령관)의 지시에 따른다고 되어 있으며, 항복문서 조인에 관한 조서詔書에도 '연합국 최고사령관'의 지시에 따라야 한다고 표명하고 있다. 이후에도 일본의 법령에서는 '연합국 최고사령관'이라고 표기하는 경우가 많다. 그리고 연합국 최고사령관 소속으로 그의 명령을 받는 조직은 영어로 General Headquarters, the Supreme Commander for the Allied Powers (GHQ/SCAP)라고 표기하며, "연합국 최고사령관 총사령부" 또는 "연합국 총사령부"로 번역되거나 많은 경우에 약칭인 GHQ라고 호칭한다.

GHQ의 주요한 설치 목적은 아시아·태평양전쟁에서 일본의 무조건 항복을 결정한 '포츠담 선언'의 집행을 위한 것이다. 일본의 무조건 항복이 전해지자, 트루먼Harry S. Truman 대통령은 1945년 8월 14일에 남서태평양 지역 최고사령관 겸 태평양 육군 최고사령관인 맥아더Douglas MacArthur 원수를 연합국 최고사령관(SCAP)으로 임명했다. 이어 맥아더는 일본에 진주하기 위한 준비작업의 일환으로 8월 26일에 아이켈버거Robert Lawrence Eichelberger 중장이 이끄는 제8군을 레이테섬Leyte I.에서 오키나와沖繩로 이

동시켰다. 한편 할제이|William Frederick Halsey, Jr. 제독이 이끄는 미국 해군의 제3함대는 8월 27일에 사가미만相模湾으로 들어와 29일에 도쿄만東京湾으로 진입하여 요코스카橫須賀에 상륙할 준비를 했다. 해병대는 상륙 후 바로 제8군의 지휘하에 들어갔다. 이와 같이 미 육해군이 일본에 상륙한 후 8월 30일에 맥아더는 아쓰기厚木 비행장에 도착했다.9)

맥아더는 일본을 점령하기 위해 파견한 40여만 명의 미군뿐만 아니라, 중국군, 영국군, 소련군, 호주군, 캐나다군, 프랑스군, 네덜란드군, 뉴질랜드군, 인도군, 필리핀군 등 연합국 각국에서 파견한 군인들을 포함하여 최대 43만 명을 통괄하게 되었다. 이와 같이 1945년 8월부터 시작하여 샌프란시스코 강화조약이 발효된 1952년 4월 28일까지를 공식적으로는 연합국의 일본 점령이라고 부른다. 그러나 이 용어도 정확하다고는 할 수 없다. 일본 점령을 위해 승전국 대표들로 이루어진 두 개의 국제위원회10)가 있었지만 그 영향력은 미비했고, 처음부터 끝까지 기본 정책을 정하고 점령 기간 일본에 관한 모든 문제에 명령권을 가진 것은 미국이었기 때문이다. 실제로 맥아더는 점령지인 일본에서 전례 없는 지배력을 행사했는데, 이는 대일점령정책의 권한이 미국에 의해 독점되고 있음을 상징한다. 연합국의 다른 어떤 나라도 그의 권위에 도전할 수 없었고, 그가 지휘하는 거대한 규모의 미 점령군은 군정뿐만 아니라 민정도 대부분 담당했다.11)

이와 같은 미국의 지배적 위치는 공공연한 것이었기 때문에 일본에서 미군의 지위 또한 독보적인 것이었다. 때문에 아시아·태평양전쟁 후 미군도 점령지 특히 패전으로 인해 점령을 당하는 일본 각지에서 일본인에게

---

9) 다케마에 에이지, 송병권 역, 『GHQ 연합국 최고사령관 총사령부』, 평사리, 2011, 58-61.

10) 대일점령정책 결정기관인 극동위원회(11개국, 워싱턴 소재)와 최고사령관 자문기관 대일이사회(미국, 호주, 중국, 소련 4개국, 도쿄)이다.

11) 존 다우어, 최은석 역, 『패배를 껴안고 : 제2차 세계 대전 후의 일본과 일본인』, 민음사, 2009, 81-82.

불법 행위를 자행하는 일이 빈번하게 발생했다. 그러나 미군은 제국주의 국가였던 일본에 민주화를 실현했다는 호의적인 평가를 받고 있다. 실제로 한국을 포함하여 아시아·태평양전쟁 이후 미국이 점령한 지역에서 미군의 불법 행위 자료나 실태조사에 대한 연구는 많지 않다.[12] 더욱이 일본에서는 관련 연구가 거의 없는 상황인데, 이는 점령을 받아들이는 인식이 달랐기 때문이다.[13]

이에 진주군에 대한 일본의 공식적인 여론은 점령군으로서 민주적인 점령 정책을 실시했다는 평가가 주를 이룬다. 15년이라는 장기간의 전쟁을 겪은 일본으로서는 전쟁이 종식되었다는 사실만으로도 충분히 민주적이라고 느꼈을 것이다. 실제로 1947년에 이르기까지 자유주의자들뿐 아니라 좌파들까지도 미 점령군을 해방군으로 받아들여 미국의 비호 아래 민주주의 혁명을 달성한다는 생각을 했다. 이러한 생각은 당시에 유행했던 '선물로 받은 혁명'이나 '민주주의라는 선물', '포츠담 혁명', '위로부터의 개혁'이라는 말에도 잘 드러나 있다.[14] 이뿐만 아니라 점령 직후 미군이

---

12) 한국에서는 주한미군범죄근절운동본부, 『끝나지 않은 아픔의 역사 미군범죄』, 개마서원, 1999에 실태조사를 한 내용이 있고, 논문은 대부분 한미주둔군지위협정SOFA와 관련된 내용, 박성민, 「한미주둔군지위협정SOFA 제22조 형사재판권의 형사법적 문제와 개선방안」, 『형사정책연구』 88, 한국형사법무정책연구원, 2011; 신상철, 「경찰의 초동수사와 한미SOFA협정문 쟁점사항 분석」, 『경찰학연구』 18/2, 경찰대학 경찰학연구편집위원회, 2018; 김성진, 「공무집행 중 발생한 주한미군범죄와 「한·미 SOFA」에 따른 경합적 형사재판권에 관한 고찰」, 『법학논문집』 45/1, 중앙대학교 법학연구원, 2021 등이 있다.

13) 패전을 한 상태에서 점령을 당하는 일본과 달리 식민지에서 해방되었음에도 불구하고 점령을 당해야 하는 이유를 납득할 수 없었던 한국은 점령에 대해 호의적이지만은 않았다. 그리고 점령통치 방식의 차이, 즉 한국은 미군정을 통한 직접통치였으나 일본은 일본 내각을 통한 간접통치였기 때문에 일본에 비해 한국에서 미군의 행동은 보다 위협적이었으며, 무엇보다 남북이 분단된 한반도에서 미군의 점령정책은 민정보다는 군정에 역점을 두었기 때문에 더욱 미군정에 대한 인식이 달랐을 것이다.

14) 久山康 編, 『戰後日本精神史』, 基督教学徒兄弟団, 1961, 7.

조사한 '점령군에 대한 일본인의 반응'을 보면, 점령군에 대한 일본인의 최초 반응은 압도적으로 호의적인 것이었다. 특히 '점령군사령부가 취한 정책에 관해, 그 결과를 어떻게 생각합니까?'라는 질문에 대해서는 다음 표와 같이 답하고 있다.15)

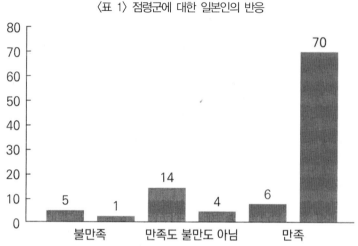

〈표 1〉 점령군에 대한 일본인의 반응

* 참조 : 粟屋憲太郎, 『資料日本現代史』 2, 132. 「전후 직후의 국민 의식, 미국 전략폭격조사단 전의부, 1947년 6월」의 조사 결과를 바탕으로 작성.)

원래 질문은 일본인이 점령정책을 어느 정도 인식하고 있는가라는 관점에서 주어졌지만, 응답은 일반적으로 점령군의 정책이 아니라 점령군의 행동에 대해 묘사하고 있다. 점령군의 행동에 대해 만족하거나 상당히 만족하는 비율이 76%임을 알 수 있다. 만족도 불만도 아니라고 답한 사람들은 단지 점령이기 때문에 별다른 감정이 없다는 태도였다. 그럼 일본인들은 미군의 어떤 행동에 만족했을까? 일본이 패전하고 점령이 결정되었을 때, 일본의 선동가들은 점령군으로 들어오는 미군이 일본인들에게 온갖

15) 粟屋憲太郎, 『資料日本現代史』 2, 大月書店, 1980, 131.

만행을 저지를 것이라고 믿게 했기 때문에 만행이 발생하지 않았을 때 일본인의 최초 반응은 큰 안도감이었다. 그리고 문화적인 차이에서 미국인에게는 당연한 행위들, 예를 들면 여성에게 자리를 양보하는 행위 등에 일본인들은 특히 주목했다. 이 문서에는 실제로 미군이 행하는 모든 종류의 예의에 대해 일본인들은 매우 기뻐했다고 서술하면서, 일본인들의 인터뷰 중에서 "미국 병사는 친절하다고 생각합니다. 비가 올 때 미군의 차는 보행자에게 흙탕물이 튀지 않게 조심했습니다. 저는 그것이 매우 감사했습니다"라든가 "미국 병사는 매우 친절하다고 생각합니다. 그들은 도로 위에서 매우 예의가 바릅니다" 등과 같은 내용을 게재했다.16) 그리고 미군은 이러한 결과에 대해 일본인이 호의적인 원인을 다음과 같이 분석했다.

> 1) 복수에 대한 두려움과 전통적인 일본인의 정중함
> 2) 일본인은 완전히 군부 지도자에게 신뢰를 잃어버림
> 3) 새로운 상황에 대한 태도의 신속한 변화
> 4) 정복자에 대한 복종이라는 일본인의 봉건적인 태도17)

미국의 대일점령 초기 2~3개월 동안 일본인들의 생활은 곤궁 그 자체였다. 식량과 물자 부족으로 인한 경제난은 물론, 넘쳐나는 실업자와 전쟁고아 등으로 삶의 의미를 잃어가는 분위기였다. 이러한 때에 자국의 전쟁지도자들은 아무것도 책임질 수 없었고 따라서 군부 지도자에 대한 신뢰는 땅으로 떨어졌다. 미국이 복수를 할 것이라는 불안감이 고조될수록 일본인들은 강력한 지도력을 필요로 했으나 정계에서 다른 지도력은 아직 확립되지 않았다. 이렇게 정신적·감정적으로 곤란한 시기에 점차 일본인들은 맥아더가 다른 지도력을 보여 주기를 기대했다. 그만큼 미국의 점령에 대한 초기 인식은 매우 호의적이었다.

---

16) 粟屋憲太郎, 『資料日本現代史』 2, 132.
17) 粟屋憲太郎, 『資料日本現代史』 2, 132-134.

하지만 모든 일본인이 미군에 호의적인 것만은 아니었다. 특히 미군이 민주주의를 실현시켜 준다는 논리에 대해서는 찬반 여론이 교차하고 있었다. 그 가운데 가와카미 데쓰타로河上徹太郞는 1945년 10월에 미국의 점령 정책을 '배급된 자유'라고 묘사했다.[18] 이 표현은 명령에 의해 건설된 민주주의에 내포되어 있는 모순을 식량 배급과 연결시킨 표현이다. 또한 점령이 끝난 후, 평론가 가메이 가쓰이치로亀井勝一郎는 일본에서 혁명은 그저 제스처에 머문 것은 아니었지만 그렇다고 해서 제대로 된 민주주의 투쟁이었다고 할 수는 없다고 지적했다. 그는 "점령 시기는 혁명적으로 변화시키기보다는 '식민지 근성'을 강화시켰을 뿐이었다"고 말했다.[19] 미군의 점령정책에 복종하면서 전쟁 책임에 대해서는 침묵하는 일본을 비판한 것이다. 이와 같이 민주의 이름을 달고 시작한 대일 점령은 많은 시행착오와 모순을 만들었다. 그 가운데 이제까지 주목하지 않았던 부분이 미군의 불법 행위이다. 실제로 당시 진주군의 불법 행위는 처벌도 크게 받지 않았지만, 신문 등에 보도도 제대로 되지 않았기 때문에 현재까지도 알려진 바가 많지 않다.

GHQ는 1945년 9월에 신문·출판 활동을 규제하기 위해 프레스 코드 Press Code를 발표했기 때문에 점령 직후 강간 등 성폭력 통계는 정확하지 않다. 그러나 후지메 유키는 점령군이 상륙한 후 1개월간에 적어도 3,500건 이상의 여성이 점령군 병사에 의해 성폭력을 당했으며, 이는 점령이 "일본 여성에 대한 미군의 성적 유린의 시작"이었다고 서술하고 있다.[20] 이뿐만 아니라 이후 확인된 점령군 성폭력을 신고한 숫자만으로도 1946

---

18) 宇野重規 編, 『民主主義と市民社会』(『戦後日本の思想水脈 3권』), 岩波書店, 2016, 6-9.

19) 이 글은 1952년 5월에 발간된 글이지만, 亀井勝一郎, 「敗戦のつらさ」, 『「文芸春秋」にみる昭和史』〈第2巻〉), 文藝春秋, 1988, 202-206에 수록된 내용을 인용함.

20) 藤目ゆき, 『性の歴史学 公娼制度・堕胎罪体制から売春防止法・優生保護法体制へ』, 不二出版, 1997, 326.

년 301건, 1947년 283건, 1948년 265건, 1949년 312건, 1950년 208건, 1951년 125건, 1952년 54건으로 7년간 총 1,548건이다.[21] 더욱이 이 숫자는 신고를 한 숫자이기 때문에 실제 성폭력 사건의 빙산의 일각일 뿐이다.

일본 정부는 점령 초기부터 미군의 불법행위에 고심하고 있었다. 자료 「進駐軍ノ不法行為」(内務省警保局外事課, 377쪽)는 당시 일본 내무성이 점령군의 성폭력을 포함한 불법 행위를 조사한 것이다. 이 자료는 맥아더가 아쓰기 공항에 도착한 8월 30일부터 특고해산령이 내려진 10월 4일까지 미군의 불법 행위를 정리한 것으로, 조사의 주체는 내무성 경보국이라고 기록되어 있으나 1945년 10월 4일에 해산한 '특고(특별고등) 경찰' 약 6,000명이 기록한 것을 정리한 것이다. 자료에 따르면 1945년 8월 31일 이후 내무성은 주로 「進駐軍ノ不法行為」라는 제목으로 정부에 보고하고 있는데, 이것으로 일본 정부도 미군의 불법 행위에 주의를 기울이고 있었다는 것을 알 수 있다. 이 자료 가운데, 1945년 8월 30일~9월 10일까지 12일간만으로도 강간 사건 9건, 외설 사건 6건, 경관에 대한 불법사건 77건, 일반인에 대한 강도·약탈 등 424건이 포함되어 있다. 그리고 강간 사건의 사례는 다음과 같이 묘사되어 있다.

> (一) 8월 30일 오후 6시경 요코스카시橫須賀市 ○○방면. 여성이 혼자 집을 지키고 있던 중, 갑자기 미군 병사 2명이 침입해서, 1명은 망을 보고 1명은 2층 4조 반四疊半의 방에서 강간했다. 수법은 미리 조사하여 집안으로 침입한 후, 한번 밖으로 나갔다가 다시 들어와서 여성이 혼자라는 것을 확인하고 앞에 기술한 범행을 저질렀다.
>
> (二) 8월 30일 오후 1시 30분경 요코스카시橫須賀市 ○○방면. 미군 병사 2명이 뒷문으로 침입하여 집을 지키고 있던 부인 ○○ 당시 36세, 장녀 ○○ 당시 17세 두 명에게 권총으로 위협한 후, 각각 ○○는 2층에서 ○○는 부엌문 쪽 작은 방에서 강간했다.(이하 생략)[22]

21) 神崎清, 『戦後日本の売春問題』(現代新書〈第5〉), 社会書房, 1954, 76-77; 藤目ゆき, 『性の歴史学 公娼制度·堕胎罪体制から売春防止法·優生保護法体制へ』, 326.

위에서 묘사한 것과 같이 미군의 성폭력 범죄행위는 우발적이거나 충동적이기보다는 계획적이고 주도면밀하게 이루어졌다. 미군은 사전에 조사를 한 후 여성이 혼자 남아있는지를 재차 확인하고 범죄를 저질렀다. 이러한 사례는 보다 많겠지만, 이 보고서는 누락된 페이지도 많기 때문에 정확한 숫자를 파악할 수는 없다. 그러나 약 1개월에 걸친 보고 내용에는 적어도 미군에 의한 강간 37건, 기타 불법 행위가 945건이나 수록되어 있다. 이와 같이 점령 시기 일본인들이 가지고 있던 미군에 대한 인식과는 달리, 미군은 점령지인 일본에서 마음대로 불법 행위를 저질렀으며, 그 가운데 가장 문제가 되었던 것은 일본 여성에 대한 성폭력 행위였다.

3. 일본의 미군 성폭력 불법 행위 방지 대책

1) 일본의 점령군 사고방지 대책안

앞 장에서 언급한 바와 같이 미군에 의한 불법 행위가 빈번히 발생하자 내무성은 1945년 9월 4일에 「米兵の不法行為対策資料に関する件(미군 병사의 불법 행위 대책 자료에 관한 건)」을 경시청이나 각청 부현 경찰에 통첩했다. 이 문서에 나타난 미군 병사의 불법 행위 형태를 보면, 부녀자 강간·외설猥褻 사건, 경찰관에 대한 불법 행위, 및 도둑질 등 기타 사건으로 나누고 있다. 점령 시기 미군은 일본에서 무소불위의 지위에 있었기 때문에 민간인뿐만 아니라 일본 경찰에 대한 무시와 멸시 사건이 많이 발생했으며, 그 가운데는 경찰서에 무단으로 침입하여 무기를 탈취해 가는

---

22) 이후 국립공문서관에 미국으로부터 반환된 문서를 다수 보존·공개하고 있는데, 그 가운데 손으로 쓴 원본을 粟屋憲太郎, 『進駐軍の不法行為』(『敗戦前後の社会情勢』 第7巻), 現代資料出版, 1999로 발간하였다.

경우도 있었다. 민간인에 대한 불법 행위는 길에 주차한 자동차를 마음대로 타고 가거나, 민간인 자택에 들어가 마음에 드는 물건을 그냥 들고 나오는 사례도 빈번히 일어났다. 그러나 무엇보다 가장 심각한 불법 행위는 일본 여성에 대한 성폭력 사건이었으며, 앞에 언급한 내무성 통첩에서도 미군의 성폭력 사건에 대한 분석을 다음과 같이 기록하고 있다.

> 현재까지(9월 2일 정오) 발생한 것은 요코스카 시내 민가 2건 3명(범행자 미
> 해병대 소속 병사) 및 치바현千葉県 다테야마시館山市외 아와군安房郡 니시자키무라
> 西岬村 민가 2건 2명(미8군 해군부대)임.
> (가) 이들은 상륙 직후 순찰이라 칭하고 2명 내지 수명의 병사를 조직하여
>   관청, 민중을 불문하고 침입하여 검색을 함과 동시에, 부녀자를 물색하
>   였으며 특히 치바현의 예는 순찰병이 자동차를 운전하여 상륙지점 부근
>   의 촌락에 들어간 것이다.
> (나) 시각은 모두 주간으로 남자들은 출근 또는 출어 중이었다.
> (다) 강간을 한 것은 모두 부녀자만 남아서 집을 지키는 가옥 내에서, 먼저
>   손짓으로 성교를 요구하고 거절당한 후 권총을 들이대고 감행한다. 그
>   중에는 미리 지폐 같은 것을 보이고 대가를 치르겠다는 제스처를 취하
>   는 자도 있다.
> (라) 4건 중 윤간 1건, 윤간을 하고자 하였으나 성공하지 못한 것 1건, 모자
>   (원문 그대로) 모두 범한 것 1건, 피해자 연령은 20세 전후가 많다.
> (마) 면사무소, 마을우체국에 이르러 부녀자 사무원만 남아 있는 경우에 대
>   해 유방, 볼 등을 만지며 희롱한 사례가 있다.
> (바) 또 미 군율에서도 강간 등의 불법행위는 엄중히 벌하게 되어 있으며, 상
>   관으로부터 금지된 행위이기 때문에 2명 중 1명이 망을 보는 등 숨어서
>   상관을 살짝 속이는 행위를 하는 예도 있다.[23]

이 기록에서 미군은 부녀자만 남아 있는 집을 선택하여 범행을 하고 있음을 알 수 있다. 그리고 민가에 여성이 혼자 있을 때만이 아니라, 관청

---

23) 昭和二十年九月四日付, 「米兵の不法行為対策資料に関する件」(内務省保安課長から
   警視庁特高部長, 大阪治安部長宛[国立公文書館保存]国立公文書館;返還文書. A060
   30039200.

등 공공장소에서도 여성이 혼자 있을 경우에는 강간 및 성희롱을 자행하고 있었다. 이는 미군이 일본 및 일본인에 대해 얼마나 무시와 멸시의 태도를 가지고 있었는지를 파악할 수 있는 부분이다. 그리고 미군의 규율에는 엄연히 이러한 불법 행위를 벌하게 되어 있다는 사실도 알 수 있다. 그럼에도 불구하고 미군의 성폭력 범죄는 끊이지 않았기 때문에 일본은 스스로 연합군 병사관계 사고방지 대책을 강구해야만 했다.

당시 가나가와현神奈川県 경찰부에서는 연합군 병사관계 사고방지 대책안[24]을 내놓았는데, 주로 연합군이 진주한 지역 부근의 주민이 가져야 할 마음가짐에 대해서 논하고 있다. 대책안의 서두에는 "미군은 가나가와현에 진주하여 현재까지 일반적으로 질서를 바로잡고 평온하게 하여, 그들과 우리의 평화적 분위기는 진행 중이기 때문에 일반 국민이 불안·동요하는 것은 절대 금물"이라고 명시하여, 현재 발생하고 있는 미군의 불법 행위가 별로 큰 문제가 아니라는 분위기를 조성하고 있다. 그리고 부연 설명에서는 "극히 일부 외국병사에 대한 명령이 철저하지 못하거나 또는 호기심, 우발심 등으로 약간의 사건도 있었고, 또 말이 통하지 않아 약간의 분쟁도 있었기 때문에, 이를 감안하여 우리 정부로서 불법행위에 대해 연합군 측에 엄중하게 의사를 표명하여 사고방지에 노력하고 있다"고 언급하여 일본 정부의 책임을 회피하는 모습도 보인다. 그러나 마무리는 "외국병사는 국내의 풍속, 습관 등을 이해하지 못하고 호기심 내지는 우발심으로 종종 악행을 하는 경향이 있으므로, 국민의 태도에서 가장 중요한 것은 그들의 불법 행위를 유발하지 않도록 노력하여 틈을 보이지 않는 것이 중요하다"고 결론을 내리면서 다음과 같은 행동 지침을 회람했다.

---

24) 粟屋憲太郎, 『資料日本現代史』 2, 311-312. 문서는 「연합군 병사관계 사고방지 대책, 가나가와현神奈川県 경찰부, 날짜 미상」이라는 제목이며, 그 안에 '연합군 진주지 부근주민의 마음가짐에 대하여'라는 항목이 있다.

○ 외국병과 여러 가지 개인적으로 교섭해야 하는 경우가 있어도 노력하여 냉정하고 침착한 태도로 응대하고, 자신의 권리(생명, 정조 및 재산)는 어디까지나 자신이 주장하는 것이 필요하다.

○ 진주지 부근의 마을회의, 부락회의, 지역조직 모두가 서로 경계하고 서로 도와서 사고의 미연 방지에 노력하도록 반드시 장치를 확립해야 한다. 또 마을 내에 외국어를 할 수 있는 사람이 있는 경우 활용해야 한다.

○ 사람들은 되도록 외국 병사와 접촉하지 않도록 주의할 것, 또 부녀자는 복장을 바르게 하고 혼자 돌아다니거나 야간에 외출하지 않도록 해야 한다. 집을 비우고 부녀자만 집에 남아있을 때는 집의 문단속을 엄중하게 하고 특히 야간에는 외부로부터 안이 보이지 않도록 해야 한다.

○ 미국병의 습관으로는 그 토지의 물품을 '기념품'으로 가지고 가기 때문에, 종종 물품을 호기심으로 강요하는 경우가 있으므로 귀중품 등은 그들의 눈에 보이지 않도록 주의하는 것도 중요하다.

○ 만일 폭행, 약탈 등의 사건이 발생하면, 큰 소리를 내서 근처에 도움을 요청하든가, 호신을 위해 저항하는 등의 자위상에 필요한 수단 방법을 취해야 한다.

○ 외국병의 불법행위에 대해서는 정부로서 엄중하게 항의를 하여 그 선처 방법을 요구하기로 하였으며, 미국 측도 사실이 명백한 경우에는 스스로 적당한 조치를 취하는 것이 통례이기 때문에 만약 불법행위가 있을 경우에 국민은 범행 장소, 일시, 범행자의 복장, 기타 특징 등 증거가 될 사물을 신속하게 가장 가까운 경찰관에게 제출하는 것이 꼭 필요하다.[25]

위의 내용에서도 알 수 있듯이 외국 병사의 불법 행위에 대한 국가적 처벌 또는 미군의 대처에 대한 명확한 지침이나 방안에 대해서는 거의 언급이 없다. 결국, 일본 주민이 주의해야 할 사항들, 즉 되도록 외국 병사와 접촉을 삼가고, 귀중품은 보이지 않게 감추며, 사건이 발생하면 도움을 요청한다는 내용으로 구성되어 있다. 따라서 이 문서의 내용으로 보았을 때, 일본 정부는 미군 범죄에 대해 미국에 선처 방법을 요구하는 것 외에 어떠한 물리적인 해결을 할 수 없는 상황이었다. 그리고 같은 문서[26]에 부

25) 粟屋憲太郎, 『資料日本現代史』 2, 311-312.

26) 昭和二十年九月四日付「米兵の不法行為対策資料に関する件」(内務省保安課長から

녀자 강간 예방법을 내놓기도 했는데, 요지는 위의 내용과 대동소이다. 내용을 살펴보면, "진주지 또는 부근의 주민 특히 부녀자에 대해서 절대 미군 병사가 불법 행위를 유발할 것 같은 행동을 방지하는 것을 축으로 하여, 미군에게 틈을 보이지 않도록 태도를 고안하여 반복하여 지도하는데 철저를 기한다"는 것이다. 그리고 이러한 움직임은 신문으로 하지 말고 회람판·구전口傳·반상회 등을 이용하는 것이 적절하다고 되어 있다. 신문 등 공식적인 매체는 미군의 검열에 걸릴 위험이 있기 때문이다.

이와 함께 부녀자 행동 지침도 첨부되어 있는데, 부녀자는 혼자 다니기, 야간 외출을 절대 금지하고, 부녀자만 집에 있을 때는 문단속을 철저하게 하든가 남자가 있는 장소로 피해 있어야 한다고 경고한다. 이는 주간이더라도 미군이 부근을 검색하고 있기 때문에 위험하고, 남성이 있으면 일본 여성에 대한 성폭행을 시도하지 않기 때문이라는 것이다. 이 가운데 특히 주목을 끄는 부분은 부녀자를 정신교육 할 때 적당한 방법을 취해야 한다는 것이다. 예를 들면, "정조를 지키기 위해서는 죽음을 각오하고 저항하고, 어쩔 수 없다면 상대에게 위해를 가하더라도 정당방위로 용서받을 수 있다는 것을 납득시킨다"는 것이다. 즉, 여성의 정조는 자신이 지켜야 한다는 것을 명시한 것이다. 이외에도 진주지 부근의 경찰관 및 경비보조원을 증설, 두 명 내지 여러 명의 순시반 편성, 미군 검색시 또는 기타 위험한 때에는 부락 순찰 등의 대안을 내놓고 있지만 근본적인 해결 방안은 될 수 없다는 것을 알고 있었기 때문에 결국 미군 병사 위안소를 설치하자는 대안이 나왔다.

주요한 내용은 부락에 미군 진주가 결정되었을 때는 부근의 적당한 장소에 위안소를 급설해야 한다는 것이다. 또한 위안소는 표면적으로 연합군사령부가 공인할 수 없는 것이지만 자위 방법으로 그런 종류의 시설은

警視庁特高部長、大阪治安部長宛[国立公文書館保存])国立公文書館; 返還文書. A06030039200.

절대 필요하다고 서술하고 있다. 그리고 미군의 상황에 따라 진주가 급하게 결정되면 사태에 대응하기 위해서 여러 종류의 위안소를 가능한 많이 고안하여 준비하는 것이 중요하다는 내용도 첨부되어 있다.[27] 일본이 자국의 여성을 지키기 위한 방안으로 미군 병사 위안소를 생각한 것은 점령이 시작되기 전부터였다. 일본군이 전쟁 중에 강간 행위를 일삼았고, 식민지나 점령지의 수많은 여성을 '일본군 위안부'라는 명칭으로 제국의 노리개로 삼았던 사실을 알던 이들에게 미군의 성폭력은 공포 자체였다. 따라서 이러한 경험을 바탕으로 나온 대안이 일본 정부가 조직한 위안소였으며, 점령이 시작된 지 1달이 되기도 전에 이미 미군의 성폭력 불법행위가 가장 큰 사회 문제로 대두되면서 한시도 지체할 수 없는 급선무가 되었던 것이다.

2) 국책매춘시설 R.A.A. 설치

패전 직후, 일본 사회에는 일단 미군이 상륙하면 일본 여성들을 하나도 남김없이 겁탈할 것이라는 소문이 돌기 시작했다. 내무성 정보과 분석관들은 이러한 소문은 일본군이 해외에서 자행한 만행과 밀접한 관련이 있다고 판단했다. 실제로 내사과 경찰의 조사 결과, 미군의 약탈이나 강간에 대해 떠들면서 불안을 부추기는 이들은 대부분 전선에서 돌아온 사람들이었다.[28] 이에 일본 정부는 천황이 항복 조서를 발표한 지 3일 후인 1945년 8월 18일에 「외국군 주둔지에 위안 시설 설치에 관한 내무성 경보국장 통첩外国軍駐屯地における慰安施設設置に関する内務省警保局長通帳」[29]을 각 도

---

27) 昭和二十年九月四日付「米兵の不法行為対策資料に関する件」(内務省保安課長から警視庁特高部長、大阪治安部長宛[国立公文書館保存])国立公文書館; 返還文書. A06030039200.

28) 粟屋憲太郎, 『資料日本現代史』 2, 219-220.

29) 労働省婦人少年局, 『婦人関係資料シリーズ 一般資料第17号 売春に関する資料-売

도부현都道府県에 하달하여 각 경찰서장이 점령군용 위안 시설을 설치하도
록 촉구했다. 통첩 문서의 복사본은 1952년에 발간된 자료집『婦人関係資
料シリーズ 一般資料第17号』에 게재되었는데, 샌프란시스코 강화조약이
발효된 후에 자료집을 정리한 것을 보면 점령 당시에는 이러한 문서를 다
루는 것이 불가능했다는 것을 시사한다. 이 문서의 첫 부분에는 「매춘에
관한 연표」라는 제목으로 다음과 같이 서술하고 있다.

〈표 2〉 패전 직후, 매춘에 관한 연표

1945년	내용
8월 18일	경시청 보안과, 화류계 업자 대표를 소집, 진주군에 대한 공설 위안 시설에 대해 협의. 내무성 경보국이 각청 부현 장관에게「진주군 특수 위안 시설 설비에 대하여(進駐軍特殊慰安施設設備について)」를 무전으로 발송. 이때부터 각 부현 점령군 진주에 대비하여 공용위안부 모집 및 배치 등 이행. 이것은 후에 일반부녀자의 방파제 의식을 운운하는 원인이 됨.
8월 26일	화류업자 대표들이 주식회사 R.A.A. 협회(특수위안시설협회)를 결성. 제1회 접객부 모집(전후 처리의 국가적 긴급시설, 신일본 여성을 구하는 모집 광고)에 응모자 쇄도, 1,360명을 채용.
8월 27일	R.A.A. 협회의 최초 사업으로 오모리 해안(東京都品川区大森海岸)에 요정「고마치엔(小町園)」 개업, 위안을 원하는 진주군 병사 내방.
8월 29일	경시청 R.A.A. 협회 인가.

* 참조: 労働省婦人少年局,『婦人関係資料シリーズ 一般資料第17号 売春に関する資料-売春関係年表と文献目録-』, 2쪽을 참조하여 작성함.)

8월 17일에 성립한 히가시쿠니노미야 내각東久邇宮内閣의 국무대신 고노
에 후미마로近衛文麿는 경시총감 사카 노부요시坂信弥에게 "일본의 딸들을
지켜달라"고 요청했고, 이에 일반 여성을 지키기 위한 '방파제'로 연합군
병사 전용의 위안소 설치를 기획했다.[30] 그리고 다음 날인 18일에 위에

　　春関係年表と文献目録-』, 労働省, 1952.10, 11.
30) 坂信弥,「慰安施設の準備」(『内務省外史 続』, 大霞会, 地方財務協会), 1987, 309-310.

언급한 내무성 경보국장 통첩이 하달되었다. 이 통첩에는 경찰서장이 중심이 되어 '성적 위안 시설, 음식 시설, 오락장' 등의 영업에 대해 적극적으로 지도하고, 설비를 신속하고 충실히 만들도록 명령하고 있다. 또한 영업에 필요한 부녀자는 예기, 공·사 창기, 여급, 작부, 상습 밀매음범자 등을 우선으로 하여 충족한다고 되어 있다.[31] 그러나 위에 언급한 여성들은 전쟁 시기 위안 시설에서 일했던 경험이 있었던 여성이 다수였기 때문에 일의 성격을 알고 있어서 위안부가 되기를 거부했고, 그 결과 일반 여성을 대상으로 '신일본 여성들에게 고함'이라는 거대한 간판이 도쿄 긴자거리에 걸리게 되었다. 간판 내용에는 '전후 처리를 위한 국가적 긴급 시설의 일환으로서 진주군 위안이라는 대사업에 참가할 신일본 여성들의 솔선수범을 청한다'는 애매모호한 문구와 '18세에서 25세 사이의 여성 사무원, 숙식 및 의복 제공'이라는 모집 조건이 씌어 있었다.[32]

미군은 일본의 이러한 정책을 환영했다. 원래 미군의 기본 정책은 매춘을 금지하는 것이었지만, 각지에 파견된 부대의 사령관이나 군의관 가운데는 장병에게 금욕을 강요하는 군 중앙의 정책에 비판적이어서, 창부의 성병 검사를 한다는 조건으로 장병을 상대하도록 장려했기 때문에 위안 시설 설치는 성병 예방에 용이하다고 생각했기 때문이다. 그러나 일본이 아시아·태평양전쟁 당시에 행한 '일본군 위안부' 문제도 있었기 때문에, 미국은 일본 정부가 전면에 나서서 위안소를 설치하는 것은 원치 않았다. 때문에 일본 정부는 각 지역에서 이미 성매매 산업에 종사하고 있던 업자들이나 개인을 동원하여 주식회사 R.A.A.협회Recreation and Amusement Association(특수위안시설협회)를 결성하여 일을 추진하고자 했다. 결국 광고를 보고 면접을 보러 온 여성들 중 실제로 무슨 일을 하게 될지 듣고

---

31) 労働省婦人少年局, 『婦人関係資料シリーズ 一般資料第17号 売春に関する資料-売春関係年表と文献目録-』, 11.

32) 吉見周子, 『売娼の社会史』, 雄山閣出版, 1992, 189.

자리를 떠난 사람들도 있었지만, 국가를 위해 헌신한다는 생각에 동참하겠다고 말하는 이들도 있었다. 그러나 점령군 위안소에 남게 된 여성들 대부분은 전쟁으로 인해 고아가 되었거나 가족의 생계를 책임져야 하는 여성들이었다. 이렇게 채용한 인원이 1,360명이었으며, 위의 자료에는 8월 26일로 되어 있으나, 실제로는 8월 28일에 황궁 앞 광장에서 R.A.A. 협회 창립대회가 열렸다. 창립대회에서 낭독한 선서의 내용을 보면, 이들이 점령군을 위한 국가 규모의 위안부임을 알 수 있다.

> 오로지 동맹 결맹하여 신념이 명하는 곳으로 나아가 '쇼와의 오키치' 수천 수만의 희생 위에 거센 파랑을 막을 방파제를 쌓고 민족의 순결을 백 년의 저 편까지 유지하고 배양함과 더불어, 전후 사회 질서의 보이지 않는 기둥이 되고 자 하노라. (…) 결론적으로 선서에 덧붙이니, 우리는 점령군에게 아첨하지 않으며, 절조를 굽혀 마음을 팔지 않으리라. 의당 행해야 할 의례를 행하고, 미약 하나마 조국에 헌신하며, 사회 안녕에 기여하리니. 이를 지주로 삼아 국체호지 에 정진하려 함일 뿐임을 거듭 천명한다.[33]

여기에서 '쇼와의 오키치昭和のお吉'는 '도진오키치唐人お吉'에서 유래한 말이다. 오키치라는 여성은 1856년 초대 미국 총영사로 부임한 타운센드 해리슨Townsend Harris의 정부로 선발되었는데, 이는 당시 불평등 조약인 미일수호통상조약의 절충을 위한 조치였다. 이후 소설 등에 많이 등장했기 때문에 R.A.A. 협회 여성들을 현대판 오키치로 묘사했던 것이다. 이와 같이 소수의 여성을 방파제로 삼아 일반 여성을 지킨다는 의식은 일본에서 전통적으로 행해졌던 방법이었다.[34] 이러한 경위를 거쳐 8월 27일에 대규모 연합군 기지가 설치될 것으로 예상한 도쿄도 시나가와구 오모리 해안東京都品川区大森海岸에 요정「고마치엔小町園」을 개업하고 관동지구 주둔군 장병을 위한 전용 서비스를 시작했다.

---

33) 猪野健治 編, 『東京闇市興亡史』, 東京焼け跡ヤミ市を記録する会, 1978, 200-201.
34) 존 다우어, 최은석 역, 『패배를 껴안고 : 제2차 세계 대전 후의 일본과 일본인』, 150.

그러나 미군의 성폭력 범죄는 R.A.A.만으로 해결되지 않았다. 다른 지역의 외국군 주둔지에서도 성폭력 범죄가 만연했기 때문이다. 1945년 12월 시점에서 재일연합군 43만 287명이 주둔하고 있었던 것을 감안하면 관동지구만의 문제는 아니었던 것이다. 이에 9월 4일에는 앞에서 언급한 내무성 보안과장이 각 부국에 「米兵の不法行為対策資料に関する件(미군 병사의 불법행위 대책 자료에 관한 건)」을 통첩하고, 부녀자 강간 예방을 위한 미병 위안소를 급히 설치한 것을 요청했다.[35] 이에 R.A.A.협회는 최종적으로 39개 장소에 이르는 위안 시설, 카바레, 호텔을 가진 거대한 성性산업 회사를 형성하였다.[36] 후지메 유키에 의하면, R.A.A.는 최대 전성기에 7만 명, 폐쇄할 당시에는 외국군 주둔지에 도쿄도 내에서만 약 1,600명, 전국에서 4,000명의 위안부를 포함하여 5만 5,000명 정도의 여성이 일하고 있었다고 한다.[37]

한편, R.A.A. 설치는 집단적 성병 검사와 직결되는데, 실제로 9월 28일에 GHQ 군의총감과 공중위생복지국장은 도쿄도 위생국 방역과장 요사노 히카루与謝野光에게 도내에서 불타지 않은 유흥가 5곳과 매춘거리 17곳을 언급하면서 점령군용 여성의 관리를 요구했다.[38] 여기에서 관리란 주로 성병 관리를 의미하는 것이다. 그리고 GHQ는 "도지사의 책임하에 진주군은 성병에 걸려서는 안 된다"고 단언하면서, 성병 검사를 명령했다. 이에 요사노는 도쿄도령 제1호東京都令第一号와 경시청령 제1호警視庁令第一号를 발령하여 성병 예방 규칙을 제정하고, 주 1회의 강제 검진을 실시하였다.[39]

35) 昭和二十年九月四日付「米兵の不法行為対策資料に関する件」(内務省保安課長から警視庁特高部長、大阪治安部長宛[国立公文書館保存])国立公文書館; 返還文書. A06030039200.

36) 芝田英昭, 「敗戦期の性暴力 : 国策売春施設R.A.Aの意味するもの(その1)」, 『立教大学コミュニティ福祉研究所紀要』 9, 2021, 70.

37) 藤目ゆき, 「冷戦体制形成期の米軍と性暴力」, 『女性・戦争・人権』, 116-138.

38) 住本利男, 『占領秘史』, 毎日新聞社, 1952, 65-72.

39) 藤目ゆき, 『性の歴史学 公娼制度・堕胎罪体制から売春防止法・優生保護法体制へ』, 327.

이와 같이 점령군 위안소를 결성하는데 일본과 미국은 서로 다른 생각을 가지고 있었다. 일본 정부는 점령 후 사회 문제로 대두되는 미군의 일본 여성 성폭력 범죄 예방대책으로 고안한 방안이었고, 미국은 늘어가는 미군의 성병 예방에 효과적이라고 생각하여 환영한 것이다. 이 점령군 위안소 설치를 통해 일본의 일반여성을 보호하고 성병도 예방할 수 있다는 생각은 아시아·태평양전쟁 중에 일본군이 가졌던 사고와 일치한다.

4. 점령으로 인한 일본 여성의 멸시적인 이미지

패전 후, 일본이 자위 방안으로 결성한 점령군 위안소는 '신일본 여성'이라는 이름으로 일반 여성을 모집하여 '여성특공대', '방파제'라 불렀다. 그러나 위안소에서 서비스에 종사한 여성들은 당초 일본 정부와 미국의 정책을 제대로 이해하지 못했다. 당시 일본인 남성조차 일을 찾을 수 없는 경제적인 붕괴 상태에 있던 일본에서 '신일본 여성'이라는 구인 광고가 나오자 이를 본 응모자가 쇄도했고 그 수는 수천 명에 달했다. 미군에게도 이 여성들은 '신일본 여성'으로서 애국적 결심을 한 여성으로 비쳤을까?

정복자와 피정복자를 연결하는 성 문제는 당시 패전 전국과 그 국민에 대한 미국인들의 인식에 큰 영향을 미쳤다. 점령군 일부는 일본 여성은 언제든 손만 뻗으면 응하는 섹스 대상이라고 인식했던 것이다. 미군의 이러한 인식을 보여 주는 사례는 많다. 일본의 유명한 항만 도시인 요코하마에서는 다음날 개업을 앞둔 위안소에 100명 이상의 미군 흑인 병사가 몰려들었다. 카빈총을 소지한 미군 병사들이 14명의 위안부를 큰 무대에 올라가게 하고 옷을 벗긴 후 윤간하는 일이 발생했다. 일본 경찰은 이 현장을 목격하고도 우회해서 돌아갈 뿐 전혀 관여하려고 하지 않았다.[40) 이

---

40) 「戰後日本における米軍向け慰安婦の悲惨な生活(1)」, 中国網, 2010年7月26日 [ht

밖에도 무사시노시武蔵野市에서는 초등학생이 집단 강간을 당했고, 오모리에서는 병원에 200~300명의 미군 병사가 침입하여 임산부와 간호사를 강간했다.[41) 그러나 이러한 사건에 관한 보도는 제대로 이루어지지 않았다. 1945년 9월 19일에 GHQ가 발령한 프레스 코드(검열)로 인해 연합군을 비판적으로 다루는 기사는 신문에 게재할 수 없었기 때문이다. 이후에도 일본인 여성에 대한 점령군 성범죄 피해 신고는 계속되었으며, 확인되는 숫자만으로도 1947년에 283명, 1948년에 265명, 1949년에 312명 등이고 이들은 빙산의 일각에 불과했다.[42) 그야말로 점령이란 일본인 여성에 대한 미군의 성적 유린의 시작이었다.

이뿐만 아니라, 외국 병사를 상대하는 여성들은 그들에게 성병을 옮기지 않기 위해 성병 검진을 받아야만 했다. 미군은 성병 검진을 하는 이유에 대해, 위안부의 신체를 지키기 위해 성병을 사전에 예방한다는 차원에서 실시한다고 했지만, 성병 검진은 점령군 위안부라는 특정한 사람들에 대한 일제 검진으로 행해지면서 그들의 인권은 전혀 안중에 없었다. 실제로 MP가 지휘하는 경관대는 길거리에서 점령군 위안부로 보이는 여성을 불심 검문하여 모두 병원으로 이송하고 강제 검진을 받게 하는 경우도 있었다. 그리고 1946년 11월 15일에는 이케부쿠로池袋에서 MP와 일반 경찰이 통행인 일반 여성을 무차별 체포하여 병원에서 검사를 하는 사건이 발생하여 사회적인 문제가 되기도 했다. 점령군과 그 지령을 받은 일본 정부 및 지방청은 미군 병사의 성병 예방을 위해 매춘녀로 보이는 여성들을 강제적으로 납치하여 검진을 강행했던 것이다.[43)

---

tp://japanese.china.org.cn/politics/txt/2010-07/26/content_20574214_2.htm] (검색일 2022. 2. 21.)

41) 水間政憲, 「封印されていた占領下の米兵「日本人婦女子凌辱事件」ファイル」, 『Sapio』 第19巻 第8号, 小学館, 2007. 4. 11. 63-65.

42) 藤目ゆき, 『性の歴史学 公娼制度・堕胎罪体制から売春防止法・優生保護法体制へ』, 326.

43) 藤目ゆき, 『性の歴史学 公娼制度・堕胎罪体制から売春防止法・優生保護法体制へ』, 328.

이와 같이 점령군 위안소의 결성으로 인해 미군으로부터 일본군 여성 전체가 가창의 취급을 당하는 멸시적인 분위기가 횡행하였으나, 미군의 성폭력 범죄는 끊이지 않았고 미군의 성병 감염도 예방은커녕 점점 더 늘어갔다. 거기다 일본 현지에서 점령군 위안소를 설치한 사실이 미국에 알려지자, 미국 내에서도 비판 여론이 거세졌다. 이에 GHQ는 1946년 3월 26일에 연합국군 도쿄헌병사령관 관방의 이름으로 '진주군의 매음굴 출입 금지에 관한 건進駐軍ノ淫売窟立入禁止ニ関スル件'(Off Limits)을 통달하고 점령군 위안부 시설을 폐쇄했다. 이에 앞서 1946년 1월 21일에 GHQ는 고급 부관부보좌 H.W. 알렌 대령의 이름으로 일본 정부에 각서「일본에서 공창에 관한 건」를 발령했다.44) 각서에서 공창제도 폐지의 이유에 대해서는 "일본에서 공창의 존속은 데모크러시의 이상에 위배되고, 또 전 국민에게 개인의 자유 발달에 상반하는 것"이라고 서술하면서, 일본 정부는 국내에서 공창의 존재를 직접 내지 간접으로 인정 또는 허용하는 모든 법률법령 및 기타 법규를 폐기하고, 무효화하도록 하였다. 그러나 폐창이 바로 성매매 금지를 의미하는 것은 아니었다. 폐창의 각서가 발표되기 직전인 1월 12일, 경시청 보안부장으로부터「공창제도 폐지에 관한 건」이 전달되어, 공창 제도는 폐지해도 사창으로서 존속을 인정한다는 것을 표명했기 때문이다. 이미 1945년 11월 14일, 제1차 요시다 시게루吉田茂 내각의 차관 회의에서 결정한 '특수음식점'에서의 매매춘 행위로 인해 일본 도심에는 '적선赤線'이라 불리는 매춘가가 형성되어 있었기 때문에 사창까지 금지하지는 않았던 것이다.45)

그러나 미군은 이 '적선赤線'의 매춘가에 병사들이 출입하는 것을 엄격하게 금하고 있었기 때문에 점령군 위안부 폐지 이후 병사들을 상대로 한

---

44) 労働省婦人少年局,『売春に関する資料(改訂版)-婦人関係資料シリーズ 一般資料第31号』, 労働省, 1955.10, 15.

45) 奥田暁子,「GHQの性政策-性病管理か禁欲政策か」(恵泉女学園大学平和文化研究所編,『占領と性-政策・実態・表象』) インパクト出版会, 2007, 26-32.

많은 여성들이 기지 주변에서 가창街娼이 되었다.46) 국가에 헌신한다는 미명하에 점령군 위안부가 되었던 여성들에 대한 처우는 전혀 고려되지 않았기 때문에 그녀들은 국가로부터 보호받지 못하는 가창으로 전락하게 되었다. 당시 가창에서 일하는 여성을 판판パンパン이라 불렀는데, 초기에는 상대에 따라 양판洋パン(외국인 상대), 와판和パン(일본인 상대)으로 구별하였으나 점차 외국인 병사를 상대로 하는 여성들에게 일반적으로 사용하는 용어가 되었다. 판판은 크게 버터플라이butterfly와 온리원only-one으로 나뉘는데, 버터플라이는 길거리에서 미군 병사와 교섭하여 호텔이나 다른 숙박 업소로 이동하는 경우를 말하고, 온리원은 미군 병사 한 명만 상대하는 경우를 의미하며 이 경우에는 주로 미군 장교가 많았다.

패전 후 미국 병사들은 스타일리쉬하고 다양한 문명의 이기利器를 가지고 있는 존재였다. 이에 '판판'들에게 미군은 당연히 경제적인 자금원이었으며, 경제적으로 곤란하지 않은 여성들조차도 미군 병사를 매력적이라고 생각하게 되어 그들의 팔짱을 끼고 걷는 것 자체가 허영심을 채우는 행위가 되었다. 이러한 경향이 강해지자, '판판'을 동경하는 모습도 나타났다. 그것은 계속 '여자이니 참아라'는 말로 인내를 강요당한 가부장제 규범을 무너뜨릴 수 있다는 기대감일 수도 있고, '판판'이 되면 경제적인 빈곤에서 해방될 수도 있다는 희망일 수도 있다. 또 눈에 띄는 복장이나 자기주장은 전후 물자가 극단적으로 부족하여 사치를 할 수 없는 상황에서 부러움의 대상이었다. 점차 일본에서는 특이한 패션이나 음악을 즐기면서 피부가 다른 남성과 사귀는 '판판'을 동경하는 여성들이 늘어갔다.47) 당시 젊은 여성이 '판판'이 된 이유를 살펴보면, 그들 중 많은 수가 고아였거나 아버지가 없었다. 상당수는 부모와 형제자매를 부양해야 한다는

---

46) 田中雅一, 「コンタクト・ゾーンとしての占領期ニッポン -「基地の女たち」をめぐって」, 『コンタクト・ゾーン』 4, 2011, 165.
47) 茶園敏美, 『パンパンとは誰なのか: 「おこがれ」と「欲望」のゆくえ』, 2006年度大阪大学大学院文学研究科博士論文, 10.

책임감을 강하게 느끼는 맏딸이었다. 하지만 동시에 보고서는 많은 여성이 결혼과 관계없이 자진해서 순결을 버렸으며, 경제적 고통 이외에도 여러 이유 때문에 매춘을 시작했다고 기록하고 있다.[48]

그러나 이러한 분위기도 1952년에 샌프란시스코 강화조약 발효로 인해 점령이 끝나자 변화하기 시작했다. 특히 출판물의 프레스 코드가 해제되고 '판판'의 수기나 기록이 잇달아 간행되면서 미군과 '판판'의 스토리가 화젯거리가 되면서 점차 '판판'은 외국군에 기생한 여성의 이미지로 남게 되었다.[49] 이는 일본 여성에 대한 성적인 멸시관이 점령군에서 일본인으로 전이되는 과정이라 할 수 있다. 점령군이 철수하자 한때는 '신일본여성'으로 불렸던 여성들이 외국 군인들에게 기생한 파렴치한으로 탈바꿈해 있었다. 이러한 분위기를 보여 주듯, 1953년 3월 14일부터 31일까지 총리부 국립여론조사소에서 '풍기에 관한 여론 조사-제2차'라는 기지 풍기의 여론 조사를 실시했다.[50] 이 조사에 따르면, "기지매춘의 대책으로 가장 많은 것은 매춘부를 일정한 장소에 모으거나 특정 위안소를 설치하여 사람들 눈에 띄지 않게 한다. 24%, 주류군駐留軍의 철퇴 없이는 해결할 수 없기 때문에 철퇴를 바란다. 15%, 법률을 강화하라, 단속을 엄중하게 하라. 12%, 매춘부에게 직업을 주자, 갱생시설을 마련하여 갱생의 길을 열어 주자. 10%"의 결과가 나왔다. '눈에 띄지 않도록' 한다거나 '갱생의 길'을 주어야 한다는 대답에서 보면 초기 점령군 위안부에게 붙였던 '여성특공대'나 '방파제'는 물론 자유로운 여성의 이미지도 전혀 찾아볼 수

---

48) 존 다우어, 『패배를 껴안고 : 제2차 세계 대전 후의 일본과 일본인』, 159.

49) 대표적으로는 水野浩 編, 『日本の貞操』, 蒼樹社, 1953가 있으며, 이후 수기 등이 많은 출판물이 간행되어 베스트셀러가 되었다.

50) 이 여론 조사는 전국 도시에 거주하는 만 20세 이상 60세 미만의 일본인 남녀를 대상으로 전국 40개 도시에서 무작위로 추출하여 실시하였다. 대상자 수는 3,000명, 회수율은 85.3%이다. 高橋久子·原田冴子·湯沢雅彦 監修, 『戦後婦人労働·生活調査資料集』第23卷, 生活編(5)風紀·売春, クレス出版, 1991, 46.

없으며, '판판'은 해결해야 할 사회 문제가 되어 있었다. 이후에도 신문이나 잡지에서는 떠들썩할 정도로 '판판'의 이미지를 다루었는데, 주로 다음과 같이 '판판' 여성들의 외모를 비하해서 표현하는 것이었다.

- 주류병과 팔짱을 끼고 추잉검을 씹으면서 다니는 여자들의 강렬한 색의 복장으로 감싼 신체
- 눈썹을 그리고, 화려하고 야할 정도로 입술을 바르고 물감을 들이부은 듯한 원색의 옷을 몸에 걸친 여성
- 손톱을 새빨갛게 칠하고, (머리를—역주) 적갈색으로 파마한 밤의 여자[51]

이러한 멸시적인 표현과 함께 '악질 판판은 추방', '판판에게는 집을 빌려주지 말라', '판판 대책을 고려' 등 '판판'을 사회악으로 표현하는 기사가 빈번하게 등장했다. 심지어는 '판판'을 '노란색 변기'로 묘사하고 그들이 스스로의 행동을 수치스러워해야 한다고 강조하기도 했다.[52] 이와 같이 점령이 끝나자 미군 병사와 팔짱을 끼고 걸어가거나 미군 지프차에 개선장군처럼 올라타 질주하는 '판판'은 민족적 자존심을 훼손하는 존재로 전락하였다.

그리고 샌프란시스코 강화조약이 체결된 지 5년 후인 1957년에 일본에서는 매춘방지법이 제정되고 같은 해 7월부터 정화 운동이 시작되어 경찰이 가창 단속을 강화했다. 그러나 매춘이 이것으로 완전히 사라진 것은 아니며 미군 기지는 해마다 축소되었지만, 반영구적으로 존속이 용인된 미군을 상대로 하는 일본인 여성의 성범죄는 끊이지 않았다. 미군 병사와 관련된 여성들은 더 이상 강간 희생자나 성매매 여성이 아니더라도 미군 병사와 얽히기 시작했기 때문이다. 이 가운데 1980년대가 되면, 미군 병사 중에도 특히 흑인 병사를 연애 상대로 하는 일본인 여성이 언론을 떠들썩

51) 西田稔, 『基地の女』, 河出書房, 1953, 12.
52) 神崎清, 『決定版·神崎レポート売春』, 現代史出版会, 1974, 183-193.

하게 했다. 식사비와 호텔 요금을 지불하는 것은 미군 병사가 아닌 일본 여성이었다. 이러한 여성들을 '부라사가리족ぶらさがり族'이나 '브라판ブラパン'이라 불렀는데, 전자는 키가 큰 흑인과 손을 잡고 있는 모습이 마치 흑인에게 매달려 있는 것처럼 보이기 때문에 붙여진 이름이고, 후자는 블랙 또는 브래지어와 '판판'의 합성어이다.[53] 이러한 표현 또한 멸시적인 이미지의 상징물이라 할 수 있다.

한편, 1990년대가 되면, 오키나와시沖縄市[54] 코자コザ에서 '아메조アメ女'라는 용어가 등장한다. 코자는 전후 미군기지 앞에 있는 번창한 중심 시가지로, 60~80년대에는 오키나와현 내의 유일한 번화가였다. 이 지역을 중심으로 미군 병사와 진지하게 교제하는 여성과는 달리, 미군 병사와 사귀는 것을 패션으로 생각하는 여성을 가리키는 용어로 사용되었다.[55]

이와 같이 일본인 여성과 미군 병사의 관계는 시대가 변함에 따라 형태도 달라졌다. 그러나 세태가 변했다 하더라도 일본인 여성의 미군 병사에 의한 부녀 폭행 사건은 현재에도 빈번히 일어나고 있다. 2001년 6월 29일 티모 우드랜드Woodland가 차탄쵸北谷町의 아메리칸 빌리지 주차장에서 일으킨 강간 사건에 대해 피해자들은 '데이트하거나 친해진 일본 여성 모두는 사람들 앞에서 섹스하는 걸 재미있겠다고 말했다'고 증언하면서, '아메조', '꼬마가 미니스커트를 입은 옐로캡'이라는 용어를 사용하고 있다. 이와 같이 피해자들이 외국인, 특히 백인이나 흑인과 교제하거나 교제하고 싶어 하는 일본인 여성들에 대한 멸시적인 호칭인 '아메조'나 '옐

---

53) 田中雅一, 「コンタクト・ゾーンとしての占領期ニッポン -「基地の女たち」をめぐって」, 184.
54) 본고에서는 점령 당시 오키나와는 도쿄도 내와 달리 점령 당시 오키나와는 일본 경찰 및 내무성이 영향력을 미칠 수 있는 공간이 아니기 때문에 서술하지 않았다. 현재는 다른 지역보다 미군 기지로서 가장 큰 영역을 차지하고 있기 때문에 미군과 일본 여성이 잘 드러난다. 따라서 오키나와 또한 독립적인 영역에서 연구할 가치가 있다.
55) 《沖縄タイムス》(1994. 7. 17.)

로캡'이라는 용어를 사용하고 있다.56) 결국, 정복자와 피정복자 관계에서 시작한 미군 병사와 일본인 여성 사이의 멸시적인 이미지는 점령이 끝난 지 70년이 지난 현재까지도 연속성을 띠고 있는 것이다.

5. 맺음말

1945년 8월부터 시작하여 샌프란시스코 강화조약이 발효된 1952년 4월 28일까지를 공식적으로는 연합국의 일본 점령이라고 부른다. 그러나 이 또한 정확한 표현은 아니다. 처음부터 끝까지 점령에 대한 기본 정책을 정하고 점령 기간에 일본에 관한 모든 문제에 명령권을 가진 것은 미국이 었기 때문이다. 일본에 대한 미국의 지배적 위치는 공공연한 것이었기 때문에 미군의 지위 또한 독보적인 것이었다. 때문에 아시아·태평양전쟁 후 미군도 점령지 특히 패전으로 인해 점령을 당하는 일본 각지에서 일본인에게 불법 행위를 자행하는 일이 빈번하게 발생했다. 그러나 진주군에 대한 일본의 공식적인 여론은 점령군으로서 민주적인 점령정책을 실시했다는 평가가 주를 이룬다. 이와 같이 민주의 이름을 달고 시작한 대일점령은 많은 시행착오와 모순을 만들었다. 그 가운데 이제까지 주목하지 않았던 부분이 미군의 불법 행위이다. 실제로 당시 진주군의 불법 행위는 처벌도 크게 받지 않았지만, 신문 등에 보도도 제대로 되지 않았기 때문에 현재까지도 알려진 바가 많지 않다.

미군 병사의 불법 행위 형태를 보면, 부녀자 강간·외설猥褻 사건, 경찰관에 대한 불법 행위, 및 도둑질 등 기타 사건으로 나누고 있다. 이 가운데 가장 심각한 불법 행위는 미군의 성폭력 범죄였으며, 점점 급증하는 성폭력 사건 때문에 일본은 스스로 연합군 병사관계 사고방지 대책을 강구해

---

56) 《琉球新報》(2002. 3. 28.)

야만 했다. 그 내용은 외국 병사의 불법 행위에 대한 국가적 처벌 또는 미군의 대처에 대한 명확한 지침이나 방안에 대해서는 거의 언급이 없다. 결국, 일본 주민이 주의해야 할 사항들, 즉 되도록 외국 병사와 접촉을 삼가고, 귀중품은 보이지 않게 감추며, 사건이 발생하면 도움을 요청한다는 내용으로 구성되어 있다. 이외에도 진주지 부근의 경찰관 및 경비보조원을 증설, 두 명 내지 여러 명의 순시반 편성, 미군 검색시나 기타 위험한 때에는 부락안 순찰 등의 대안을 내놓고 있지만 근본적인 해결 방안은 될 수 없다는 것을 알고 있었기 때문에 결국 미군 병사 위안소를 설치하자는 대안이 나왔다. 이와 같이 점령군 위안소에 대해 일본과 미국은 서로 다른 생각을 가지고 있었다. 일본 정부는 점령 후 사회 문제로 대두되는 미군의 일본 여성 성폭력 범죄 예방대책으로 고안한 방안이었고, 미국은 늘어가는 미군의 성병 예방에 효과적이라고 생각하여 환영한 것이다. 이 점령군 위안소 설치를 통해 일본의 일반 여성을 보호하고 성병도 예방할 수 있다는 생각은 아시아·태평양전쟁 중에 일본군이 가졌던 사고와 일치한다.

특히 이러한 여성들은 점령이 끝나자 미군 병사와 팔짱을 끼고 걸어가거나 미군 지프차에 개선장군처럼 올라타 질주하는 '판판'은 민족적 자존심을 훼손하는 존재로 전락하였다. 이는 일본 여성에 대한 성적인 멸시관이 점령군에서 일본인으로 전이되는 과정이라 할 수 있다. 점령군이 철수하자 한때는 '신일본 여성'으로 불렸던 여성들이 외군 군인들에게 기생한 파렴치한으로 탈바꿈해 있었다. 그리고 점령이 끝난 지 70면이 지난 현재에 일본인 여성과 미군 병사의 관계 또한 달라졌다. 그러나 세태가 변했다 하더라도 일본인 여성의 미군 병사에 의한 부녀 폭행 사건은 현재에도 빈번히 일어나고 있다. 이뿐만 아니라 점령 시기에 불렸던 '판판'에서 '아메조'나 '옐로캡'이라는 용어로 바뀌었을 뿐 멸시적인 이미지는 연속성을 띠고 있다.

현재는 군대 내에서 여성 군인의 증가, 주둔지에서 미군의 지위 변화 등으로 인해 미군이 군인 훈련이나 사기 고양을 위해 여성에게 멸시와 차별을 부추기는 방법을 공공연하게 취하기는 어렵다. 그러나 미군이 현재의 전쟁 체제와 군인 훈련 시스템을 유지하는 한, 그리고 주둔지에서 기지촌을 중심으로 한 매춘여성들이 계속 양성되고 있는 한 아무리 성폭력을 억제하려고 해도 불가능할 것이다. 이는 아시아·태평양전쟁 이후 점령 체제의 연속선상에서 유지되어 온 미군 주둔 체제가 동북아에 남긴 어두운 그림자이자, 전후 처리와 식민지 청산을 제대로 이루어내지 못한 전쟁이 남긴 아픈 역사일 것이다.

참고문헌

昭和二十年九月四日付, 「米兵の不法行為対策資料に関する件」(内務省保安課長 から警視庁特高部長、大阪治安部長宛[国立公文書館保存])国立公文書 館; 返還文書. A06030039200

労働省婦人少年局, 『婦人関係資料シリーズ 一般資料第17号 売春に関する資料- 売春関係年表と文献目録-』, 労働省, 1952. 10.

労働省婦人少年局, 『売春に関する資料(改訂版)-婦人関係資料シリーズ 一般資料 第31号』, 労働省, 1955. 10.

[https://www.aljazeera.com/news/2021/9/10/infographic-us-military-presence-ar ound-the-world-interactive](검색일 2022. 1. 12.)

「戦後日本における米軍向け慰安婦の悲惨な生活(1)」, 中国網, 2010年7月26日 [http://japanese.china.org.cn/politics/txt/2010-07/26/content_20574214_2.htm] (검색일 2022. 2. 21.)

《沖縄タイムズ》(1994. 7. 17.)

《琉球新報》(2002. 3. 28.)

김성진, 「공무집행 중 발생한 주한미군범죄와 「한·미 SOFA」에 따른 경합적 형사재판권에 관한 고찰」, 『법학논문집』 45/1, 중앙대학교 법학연구 원, 2021

다케마에 에이지, 송병권 역, 『GHQ 연합국 최고사령관 총사령부』, 평사리, 2011

박성민, 「한미주둔군지위협정(SOFA) 제22조 형사재판권의 형사법적 문제와 개선방안」, 『형사정책연구』 88, 한국형사법무정책연구원, 2011

신상철, 「경찰의 초동수사와 한미SOFA협정문 쟁점사항 분석」 『경찰학연구』 18/2, 경찰대학 경찰학연구편집위원회, 2018

존 다우어, 최은석 역, 『패배를 껴안고 : 제2차 세계 대전 후의 일본과 일본인』, 민음사, 2009

주한미군범죄근절운동본부, 『끝나지 않은 아픔의 역사 미군범죄』, 개마서원, 1999

최길성, 『미군과 매춘부-6.25전쟁통에 생겨난 미군 위안부의 진실』, 타임라인, 2021

粟屋憲太郎, 『資料日本現代史』 2, 大月書店, 1980

粟屋憲太郎, 『進駐軍の不法行為』 (『敗戦前後の社会情勢』 第7巻), 現代資料出版, 1999

猪野健治 編, 『東京闇市興亡史』, 東京焼け跡ヤミ市を記録する会, 1978

宇野重規 編, 『民主主義と市民社会』 (『戦後日本の思想水脈 3巻』), 岩波書店, 2016

奥田暁子, 「GHQの性政策-性病管理か禁欲政策か」(恵泉女学園大学平和文化研究所編, 『占領と性-政策·実態·表象』) インパクト出版会, 2007

亀井勝一郎, 「敗戦のつらさ」(『「文芸春秋」にみる昭和史』〈第2巻〉), 文藝春秋, 1988

神崎清, 『戦後日本の売春問題』(現代新書〈第5〉), 社会書房, 1954

神崎清, 『決定版·神崎レポート売春』, 現代史出版会, 1974

久山康 編, 『戦後日本精神史』, 基督教学徒兄弟団, 1961

五島勉 編, 『日本の貞操』, 蒼樹社, 1954

坂信弥, 「慰安施設の準備」, 『内務省外史 続』, 大霞会, 地方財務協会, 1987

住本利男, 『占領秘史』, 毎日新聞社, 1952

高橋久子·原田冴子·湯沢雅彦 監修, 『戦後婦人労働·生活調査資料集』 第23巻, 生活編(5)風紀·売春, クレス出版, 1991

西田稔, 『基地の女』, 河出書房, 1953

水野浩 編, 『日本の貞操』, 蒼樹社, 1953

水間政憲, 「封印されていた占領下の米兵「日本人婦女子凌辱事件」ファイル」 『Sapio』 第19巻 第8号, 小学館, 2007

山田盟子, 『ニッポン国策慰安婦』, 光人社, 1996

吉見周子, 『売娼の社会史』, 雄山閣出版, 1992

金貴玉, 「朝鮮戦争と女性-軍慰安婦と軍慰安所を中心に」 (徐勝 編, 『東アジアの冷戦と国家テロリズム』, 御茶ノ水書房) 2004

芝田英昭, 「敗戦期の性暴力 : 国策売春施設R.A.Aの意味するもの(その1)」, 『立

教大学コミュニティ福祉研究所紀要』9, 2021

杉山章子,「敗戦とR・A・A」, 女性学年報編集委員会編,『女性学年報』第9号, 1988

田中雅一,「コンタクト・ゾーンとしての占領期ニッポン -「基地の女たち」をめぐって」,
　　　『コンタクト・ゾーン』4, 2011

茶園敏美,『パンパンとは誰なのか:「おこがれ」と「欲望」のゆくえ』, 2006年度 大
　　　阪大学大学院文学研究科博士論文

林博史,「東アジアの米軍基地と性売買・性犯罪」,『アメリカ史研究』第29号, 2006

平井和子,「『買売春』の戦後史-占領期の御殿場を中心に-」, 静岡大学修士論文, 1997

平井和子,「米軍基地と『買売春』-御殿場の場合」,『女性学』5, 1997

平井和子,「米軍基地買売春と反『売春』運動-御殿場の場合」,『女性史学』第11号
　　　年報, 2001

平井和子,「日本占領を『性』で見直す」,『日本史研究』500, 2004

藤目ゆき,『性の歴史学 公娼制度・堕胎罪体制から売春防止法・優生保護法体制へ』,
　　　不二出版, 1997

藤目ゆき,「冷戦体制形成期の米軍と性暴力」,『女性・戦争・人権』第2号, 行路社, 1999

藤目ゆき,「国際女性調査団のみた朝鮮戦争」,『女性・戦争・人権』第3号, 2000

3부

동북아 세계의
혐오와 차별

관동대지진 이후 일본 출판콘텐츠에 나타난 혐한 의식*
: 『간토 대지진과 작가들의 심상풍경』을 중심으로

박성호

원광대학교 인문학연구소 HK연구교수

1. 서론

국가 간 혐오는 오랜 역사를 지니고 있다. 특히 국경을 맞대고 있는 이웃 나라 간의 대립은 빈번하게 발생하여, 국가 간 혐오의 대부분을 차지한다. 한국과 일본은 지리적 특성상 국경을 맞대고 있진 않지만 과거사 문제로 대립과 갈등의 시간을 보내며 현재에 이르렀다. 한·일관계를 두고 일본은 한국을 탓하고 한국은 일본을 탓하면서 책임을 전가하면서 양측이 합의점을 찾지 못하고 있는 상황이다. 한·일관계의 악순환이 지속되면서 서로를 향한 혐오의 감정, 즉 한국에서는 반일의 감정, 일본에서는 혐한의 감정이 커지고 있다.

혐한이란 용어가 사용된 것은 그렇게 오래된 일이 아니다. 1990년대 초, 일본군 위안부 문제가 전면에 노출되면서 '혐한'이라는 용어가 처음 등장한다. 이후 일본에서는 혐한 의식이 담긴 출판콘텐츠[1]가 생산되기 시

---

* 이 글은 박성호, 「관동대지진 이후 일본 출판콘텐츠에 나타난 혐한 의식 - 『간토 대지진과 작가들의 심상풍경』을 중심으로」, 『열린정신 인문학 연구』 23-1, 원광대학교 인문학연구소, 2022에 수록된 내용을 보완한 것임.

1) 출판콘텐츠는 한국콘텐츠진흥원에서 "종이책, 전자책, CD-ROM, POD 등으로 제공되고 있으며, 민속·설화·역사 등 다양한 분야에서 시대를 초월한 융합현상

작한다. 특히 2010년에 독도 문제로 갈등이 깊어지면서 그 규모가 확대되고 '혐한 비즈니스'가 횡행한다. 초기에는 우익 잡지와 소형 출판사에서 혐한 출판물을 주로 생산했지만, 현재는 대형 출판사에서도 혐한 출판물을 생산하고 있는 추세이다. 이는 '혐한'을 주제로 한 출판콘텐츠가 일본 사회에서 널리 소비되고 있음을 의미한다. 소위 잘 팔리는 일본의 혐한 출판콘텐츠2)는 한국과 한국인에 대한 악감정을 키우는 데 지대한 영향을 미치고 있다.

현재 혐한은 출판콘텐츠뿐만 아니라, 혐오 표현을 동반한 데모, 미디어 등의 형태로 표출되고 있다. 국회입법조사처의 자료에 따르면 '재특회 등 우파계 시민단체의 데모는 2015년 70건, 2016년 40건, 2017년 50건, 2018년 30건, 2019년 20건으로 줄어들고 있으나, 인터넷상의 인권침해 사례는 2011년 636건에서 2019년 1,985건으로 대폭 증가하고 있다.'3) 이는 공공장소에서 인터넷 공간으로 이동하였을 뿐, 여전히 혐한이 지속되고 있음을 시사한다.

혐한은 현대에 생성된 언어이지만, 그 의미만 놓고 본다면 과거에도

을 일으키며 영화, 드라마, 연극, 방송, 음악, 뮤지컬, 만화, 캐릭터 상품, 광고, 인터넷 등으로 재가공되는 원천콘텐츠"로 정의하고 있다. 하지만 출판콘텐츠라는 용어는 연구자마다 다르게 사용되고 있는 실정이다. 이에 본 연구에서는 기존의 정의를 재구성하여, "출판콘텐츠는 인쇄 출판과 전자 출판을 포괄하면서, 출판매체 속에 담긴 내용물을 통해 경제적 가치를 창출하는 경제적 상품"이라고 정의하고자 한다. 이 정의에 따르면 신문, 잡지, 책, 전자책 등과 그 안에 담긴 내용물까지 포괄적으로 출판콘텐츠의 범주에 넣을 수 있기 때문이다.

2) 단행본으로는 『한국이라는 병』, 『한국 대파멸 입문』, 『문재인이라는 재액災厄』, 『망상대국 한국을 비웃다』, 『대혐한시대』, 『유교에 지배된 한국인과 중국인의 비극』 등이 있으며, 우익 월간지 《월WiLL》에서는 「한국이 사라져도 누구도 곤란하지 않다」, 「문재인, 너야말로 오염수다」 등의 제목의 글을 연속적으로 실은 바 있다.

3) 국회입법조사처, 「일본 내 혐한嫌韓현황과 우리의 대응과제」, 『의회외교 동향과 분석』 제62호, 국회입법조사처, 2020, 1.

혐한은 존재했다. 따라서 현재의 혐한을 이해하기 위해서는 혐한의 시작점을 파악할 필요가 있다. 본 글에서는 일본 사회에 깊이 뿌리 내리고 있는 혐한의 원점原點이 관동대지진 당시 조선인 학살의 근거가 되었던 유언流言에 있다고 가정하고 연구를 진행할 계획이다. 이에 관동대지진 이후의 일본 출판콘텐츠 분석하여 조선인 학살의 근원이 되었던 유언으로 비롯된 조선인 혐오 과정을 고찰하고자 한다.

현재까지 우리나라에서 관동대지진과 관련한 선행연구4)는 '조선인 학살', '학살의 실태', '제도와 정책' 등으로 구분되어 전개되어 왔다. 선행연구는 보편적으로 한일관계 속에서 관동대지진이 어떤 의의를 갖는지를 바탕으로 전개되었다. 관동대지진과 관련한 선행연구의 세부 항목에 해당하는 출판콘텐츠 분석은 대부분 '특정 작가의 작품 분석'5)에 집중하여 고찰

---

4) '조선인 학살'과 관련된 연구로는 강덕상 외,『관동대지진과 조선인 학살』, 동북아역사재단, 2013; 강덕상,『학살의 기억, 관동대지진』, 역사비평사, 2005; 김인덕,「관동대지진 조선인학살과 일본 내 운동세력의 동향」,『東北亞歷史論叢』49, 동북아역사재단, 2015; 배영미,「1920년대 두 번의 조선인학살」,『한일관계사연구』67, 한일관계사학회, 2020; 김인덕,「1923년 관동대지진 조선인학살 사건이 재일한인 사회에 주는 현재적 의미」,『한일민족문제연구』33, 한일민족문제학회, 2017; 김광열,「1923년 일본 관동대지진 시 학살된 한인과 중국인에 대한 사후조치」,『東北亞歷史論叢』48, 동북아역사재단, 2015; 강효숙,「관동대지진 당시 조선인 학살의 의미」,『전북사학』52, 전북사학회, 2018 등이 있다. '학살의 실태와 규명(제도와 정책)'과 관련된 연구로는 김도형,「관동대지진 한국인 피살자 명부 자료의 분석」,『북악사론』12, 북악사학회, 2020; 강경자,「관동대지진 조선인 학살 전후 '불령선인'을 둘러싼 언설과 시책」,『日本文化學報』86, 한국일본문화학회, 2020; 성주현,「1923년 관동대지진과 국내의 구제활동」,『한국민족운동사연구』81, 한국민족운동사학회, 2014; 다나카 마사타카,「일본 내 관동대지진 때의 학살사건 진상 규명 운동의 현황」,『한일민족문제연구』33, 한일민족문제학회, 2017 등이 있다.
5) 성주현,『관동대지진과 식민지 조선』, 선인, 2020; 이미경,「관동대지진 관련 문학에 나타난 사건의 표현 양상」,『일본어문학』70, 일본어문학회, 2015; 허석,「근대일본문학에 나타난 자연재해와 그 폭력성의 연원에 대한 연구」,『일본어문학』65, 일본어문학회, 2015 등이 있으며, 본 연구와 같이 에세이 문학을 중

되어 오고 있는 상황이다. 이에 기존의 연구와 변별력을 갖기 위해 공감의 측면에서 혐오가 발생할 수 있음에 주목하여 문학작품을 분석하고자 한다. 이에 조선인 학살의 근원이 되었던 유언으로 비롯된 문제의식과 공감이 혐오가 되는 과정을 관동대지진 이후의 출판콘텐츠를 통해 살펴볼 계획이다. 연구에 활용할 출판콘텐츠는 관동대지진 이후의 에세이를 엮은 『간토 대지진과 작가들의 심상풍경』이다.

『간토 대지진과 작가들의 심상풍경』은 관동대지진을 경험한 작가가 쓴 평론과 에세이를 번역한 출판콘텐츠이다. 또한 관동대지진이라는 재난 상황과 재난 이후의 사회를 소재로 한 재난 출판콘텐츠이기도 하다. 이 출판콘텐츠는 평론과 에세이를 담고 있기 때문에 그 당시의 상황이 고스란히 담겨 있을 것으로 예측된다. 또한 관동대지진 이후 체험담과 작품이 단행본 형태의 출판콘텐츠로 제작된 경우가 일본과 한국에서 드물다는 점을 고려할 때, 『간토 대지진과 작가들의 심상풍경』을 통해 조선인 혐오를 고찰하고 공감에서 비롯된 혐한 의식을 도출하는 과정 자체만으로도 의미가 있을 것으로 기대된다.

2. 혐오의 시작, 공감

혐오는 '싫어하고 미워함'이라는 사전적 의미를 지닌다. 학자들에 따라 다양한 관점에서 논의되고 있는 혐오는 일종의 감정으로 이해된다. 이를 두고 누스바움은 "혐오라는 감정 속에는 동물적인 것에서 벗어나려는 인간의 욕구와 결부된, 오염에 대한 두려움이 담겨"[6]있다고 언급한다. 이는

심으로 출판콘텐츠를 분석한 연구로는 최가형, 「전전戰前의 일본문학과 내셔널리즘」, 『한일군사문화연구』 26, 한일군사문화학회, 2018이 있다.

6) 마사 누스바움Martha C. Nussbaum, 조계원 역, 『혐오와 수치심: 인간다움을 파괴

인간적이지 못하고 원초적이면서 오염가능성이 있는 존재가 혐오대상이 될 수 있음을 시사한다.

혐오에 대해 조금 더 쉽게 접근하자면, 혐오를 연구하는 학자들이 대중 강연을 할 때 애용하는 사유 실험7)을 들 수 있다. 그들은 혐오를 설명하기 위해 침을 사용한다. 그들은 입 안에 괴어 있는 침은 아무렇지 않게 다시 삼키지만, 유리잔에 뱉은 침은 불쾌해하며 다시 삼키지 못함을 강조한다. 모두 자신의 입 속에 있던 침이지만 컵에 뱉은 침은 혐오스럽게 느끼게 됨을 이야기하며 혐오를 이해시킨다. 이를 두고 메리 더글러스Mary Douglas는 『순수와 위험』을 통해 그 자체가 본질적으로 더럽거나 혐오스러운 것은 존재하지 않고, 구분과 분리를 통해 혐오의 대상이 발생한다고 주장한다.

결국 인간적이지 못하면서 원초적이고 오염가능성이 있는 존재를 타자화하면서 혐오는 발생한다. 이러한 혐오는 사람들이 자신에게 위협을 줄 수 있는 대상과 거리를 두거나 제거함으로써 안전을 확보하게 만든다. 그렇기 때문에 혐오는 과거부터 현재까지 진화를 거듭하며 존재해 왔다. 최근에는 소셜미디어의 발달로 인해 혐오가 한국 사회의 보편적으로 사용되는 것을 넘어서 정서로 자리 잡았다. 이제는 성소수자, 다문화가정, 외국인 근로자, 난민, 특정 인물, 특정 집단, 특정 국가에 대한 혐오가 사회에 넘쳐난다.

최근에는 코로나19로 인한 팬데믹 상황에 직면하면서 '혐오'는 사회를 읽어내는 주요 키워드 중 하나가 되었다. 심지어 코로나19는 혐오를 정당화하는 기제로 작동하기까지 하였다. '한국리서치 정기조사 여론 속의 여론'의 조사에 따르면, 코로나 관련 혐오 표현은 다수가 경험하였는데, 코로나 관련 혐오가 옳지 않다고 하면서도 신천지에 대해서만큼은 예외라고

하는 감정들』, 민음사, 2020, 144.
7) 김종갑, 『혐오, 감정의 정치학』, 은행나무, 2017, 20-21 참조.

답하기도 하였다.[8] 코로나19로 인한 팬데믹 상황에서 '혐오'가 주요 키워드가 된 상황은 관동대지진과 같은 국가 재난 상황에서 왜 '혐오'가 발생할 수밖에 없었는가를 이해할 수 있게 하는 실마리를 제공한다.

이때 혐오는 개인과 개인의 관계에서 발생하는 감정을 넘어서 집단과 집단 사이의 감정으로 이해할 필요가 있다. '혐오가 사회적 문제가 될 수 있는 요인은 다수가 힘을 결집해서 증오심과 폭력을 정당화하기 때문이다. 개인적 혐오 단계에서는 자기 확신과 상대를 제압할 힘이 없지만 동조자가 모여 집단을 이루면 뚜렷한 근거도 없는 감정의 조각을 모아 공론의 장을 형성하고 혐오를 정당화한다. 공론화를 거치면서 혐오의 가해자는 사적 감정을 집단의 공적 감정인 것처럼 행세할 수 있는 근거를 확보한다.'[9] 이러한 과정을 겪은 혐오는 개인 차원의 혐오와는 달리 상당히 큰 파급력을 지닌다.

이에 본 글에서는 혐오를 집단과 집단 사이의 감정으로 범위를 설정하여 살펴볼 계획이다. 관동대지진과 같은 대규모의 재난 상황에서 개인의 감정보다는 집단의 감정이 주요하게 작용했을 가능성이 크기 때문이다. 또한 이 시기의 혐오는 다른 집단을 미워하는 감정이 작용할 때, 집단의 감정에 속한 개인의 감정 또한 집단의 감정에 이입될 것으로 예상된다. 가령, '일본'이라는 집단이 '조선'이라는 집단을 미워할 때, '일본'에 속한 '일본인'은 자연스럽게 '조선'을 미워하게 되는 것이다. 이는 '외부인에 의해 위협을 받는다고 느낄 때, 생존을 위해 본능적으로 자신이 속한 집단으로 몰입하게 되는 자연스러운 메커니즘이다.'[10]

이러한 메커니즘을 통해 관동대지진과 같은 생존에 대한 위협이 다른 집단(조선)으로부터 발생되었을 수도 있다는 생각이 강하게 작동하면서

---

8) [https://hrcopinion.co.kr/archives/15221](검색일 2022. 2. 7.)

9) 박혜순, 「혐오를 넘어 환대로」, 『인문학연구』 30, 인천대학교 인문학연구소, 2018, 290.

10) 조화순 외, 『네트워크와 혐오사회』, 한울, 2021, 17.

자신이 속한 집단(일본)에 순종함과 동시에 위협하는 집단(조선)에 대한 미움과 배제의 감정도 생겨났음을 유추할 수 있다. 여기에서 중요한 사실은 자신이 속한 집단에만 공감이 한정되면서 혐오를 야기한다는 점이다.

공감은 '남의 감정, 의견, 주장 따위에 대하여 자기도 그렇다고 느낌, 또는 그렇게 느끼는 기분'이라는 사전적 의미를 지닌다. 사전적 의미에서 확인할 수 있듯이 공감은 우리에게 매우 긍정적인 인상을 준다. 공감은 타인을 배려하고 서로가 이해할 수 있는 요소로 여겨진다. 이 때문에 사회에서는 공감 능력을 양성해야 한다고 강조하기도 한다. 하지만 공감을 면밀히 살펴보면 그에 따른 부작용을 확인할 수 있다.

폴 블룸Paul Bloom은 공감을 다른 사람의 입장에서 세상을 경험하는 행위라고 규정하면서, "공감은 특정 인물에게 더 마음을 쓰게 하지만, 공감하지 않거나 공감할 수 없는 사람들의 고통은 보지 못하게 한다. 또한 한쪽으로 편향되어 있는 공감은 지역이기주의와 인종차별주의 쪽으로 몰고 가거나, 폭력을 유발하기도 한다. 공감대를 형성하지 못하는 사람을 대상으로 전쟁을 벌이고 잔학 행위를 일삼도록 하는 강한 힘으로 작용한다"[11]고 언급한 바 있다. 이는 공감이 과잉되거나 특정한 집단에게만 편향되면 혐오로 변모할 수 있는 가능성이 있음을 시사한다.

결과적으로 매우 긍정적으로 인식되는 공감은 특정 집단에 국한되는 순간, 그 집단이 아닌 사람에게는 혐오로 작용한다. 다른 사람의 입장에 섰을 때 생성되는 공감에 있어 다른 사람은 자신이 이해할 수 있는 주변 사람일 가능성이 높다. "자신과 역사적 경험과 사회적 맥락을 공유할 수 있는 사람이어야만 타인의 관점에서 그 사람의 감정이나 태도를 이해할 수 있기 때문이다. 이는 자신이 속한 집단의 사람은 자연스럽게 공감할 수 있는 반면에 자신과 역사적, 문화적, 시대적 맥락을 공유하지 않는 사람에게는 공감하기가 쉽지 않음을 의미한다."[12] 이처럼 공감의 뒷면에는

---

11) 폴 블룸, 이은진 역, 『공감의 배신』, 시공사, 2019, 21-22.

공감의 영역에서 벗어난 무관심에서 비롯된 혐오가 존재한다.

주지하다시피, 혐오는 자신의 안전을 위해서 혐오의 대상과 거리를 두거나 제거하려 한다. 나아가 안전에 대한 부당한 집착은 혐오를 통해 정당화한다. 일상적인 시기에도 혐오는 존재하지만 재난의 시기에는 혐오가 크게 확산된다. 1923년 관동대지진 당시 조선인에게 책임을 떠넘기면서 혐오를 확신시킨 사례가 대표적이다. 이에 본 연구에서는 관동대지진 당시 일본이라는 집단이 자신들의 안전을 확보하기 위해 조선인을 혐오의 대상으로 만들고 학살한 상황을 공감의 측면에서 면밀히 고찰하고자 한다.

3. 관동대지진과 유언流言

1923년 9월 1일 오전 11시 58분, 도쿄 앞바다를 진원지로 한 매그니튜드 7.9의 관동대지진이 발생한다. 지진과 더불어 연쇄적으로 발생한 건물 붕괴, 화재, 해일 등에 의한 사망자 9만 1천여 명, 부상자 10만 4천여 명, 행방불명자 1만 3천여 명에 달한다. 이로 인해 도쿄는 행정과 정치를 비롯한 모든 분야가 마비되어 괴멸 상태가 되었다. 이는 메이지유신 이후에 일본이 이룩한 근대문명이 한순간에 무너졌다고 표현될 정도로 큰 재해이다.

일본의 수도가 파멸 상태에 빠진 대혼란 속에서 일본 국민은 공황 상태에 빠진다. 이러한 상황 속에서 일본 군부와 군국주의자는 국민의 보수적 감정을 이용하여 당면의 위기를 극복하고자 한다. 그 중심에는 내무대신 미즈노 렌타로水野錬太郎가 있다. 3.1운동이 일어났던 1919년 조선총독부 정무총감을 지냈던 미즈노는 조선인의 격렬한 저항을 경험했기 때문에 조선인에 대한 감정이 좋을 리 없었다. 관동대지진이 일어난 밤 동경 시내를 둘러본 미즈노는 다음날 "조선인이 폭동을 일으켰다"는 소문을 퍼뜨리

---

12) 최인철 외, 『헤이트Hate 왜 혐오의 역사는 반복될까』, 마로니에북스, 2021, 43.

도록 지시함과 동시에 각 경찰서에 진상을 보고하도록 했다. 또한 다음 날 2일에는 '조선인 폭동' 전문을 작성한 후, 내무성 경보국장 고토 후미오後藤文夫의 명의로 전국의 지방 장관, 조성총독부와 타이완총독부에 타전했다.

동경 부근의 진재震災를 이용해 조선인이 각지에서 방화하는 등 불령不逞(불평불만이 많아 멋대로 함)한 목적을 이루려고 하여, 현재 동경 시내에는 폭탄을 소지하고 석유를 뿌리는 자가 있다. 동경에서는 이미 일부 계엄령을 실시하였으므로 각지에 있어서도 충분히 주밀한 시찰을 가하고, 조선인의 행동에 대하여는 엄밀한 단속을 가해 주기 바란다.13)

위와 같은 내용의 전문은 빠르게 일본 전역으로 퍼져 나갔다. 이러한 상황 속에서 긴급 칙령으로 계엄령 선포된다. 여기서 계엄령은 매우 중요한 의미를 지닌다. "계엄령은 군대가 권력을 장악하는 일이면서 내란 또는 전쟁, 이 두 가지의 경우 이외에는 발령되지 않기 때문이다. 이는 조선인이 내란을 일으켰다는 전제 하에서 계엄령이 발령되었다는 것을 의미한다. 나아가 유언流言의 출처가 일반 시민으로서의 일본인이 아니라, 조선인을 감시하던 헌병과 경찰 즉, 관헌에 의한 것임을 확인시켜 준다."14)

유언에 이은 계엄령 포고로 인해 조선인에 대한 학살이 촉진되었다. 특히 수많은 일본인이 자기보호와 치안을 위해 자경단自警團을 조직하면서 많은 일본인이 조선인 학살에 가담했다. 관동지방에 조직된 자경단 수만 하더라도 3,689개에 달했으니, 학살의 정도가 얼마나 심각했는지를 실감케 한다. 일본의 군대, 경찰, 자경단, 국민에 의해 학살당한 조선인은

---

13) 한국학중앙연구원, 「관동대학살關東大虐殺」, 한국민족문화대백과사전 [http://en cykorea.aks.ac.kr/Contents/SearchNavi?keyword=%EA%B4%80%EB%8F%99%E B%8C%80%ED%95%99%EC%82%B4&ridx=0&tot=8295](검색일 2022. 2. 12.)
14) 강덕상, 「한일관계와 관동대지진의 역사적 의의」; 강덕상 외, 『관동대지진과 조선인 학살』, 동북아역사재단, 2013, 19-21.

6,661명[15])에 이른다. 자경단의 수와 수많은 희생자는 유언으로 발생한 공감과 혐오의 결과물이다.

자경단은 개인의 안전을 확보함과 동시에 일본인이라는 집단의 공공치안을 위해 조직되었으므로, 그 중심에는 공감이 자리할 수밖에 없다. 공감으로 형성된 조직은 개인의 문제를 집단의 문제로 확장하면서 당위성을 확보하게 된다. 이로써, 재난의 상황 속에서 공감을 중심으로 뭉친 자경단 소속 일본인은 공감대를 형성할 수 없는 조선인을 혐오의 대상으로 위치시킨다. 이는 일본인이 아무런 죄책감 없이 조선인을 학살하는 기제로 작용한다. 주지하다시피, 그 원점은 바로 유언이다. 어떤 형태로 조성된 유언이 일본인에게 공감을 형성하게 하였으며, 그 공감이 혐오로 작동했는지 보다 구체적으로 살펴보자.

처음에는 "조선인이 폭동을 일으켰다"는 소문으로 유언이 시작된다. '조선인 폭동' 전문에 점점 이야기가 덧붙여지고 변화하면서 일본인은 유언을 사실처럼 받아들인다. 여기에서 주목해야 할 것은 '조선인 폭동'에서 언급한 '불령不逞'이 일본인만의 공감을 형성하는 데 크게 기여했다는 점이다. 일본인에게 있어 '불령'이라는 용어는 '불령선인不逞鮮人'을 자연스럽게 떠오르게 했다. 국립국어원 표준국어대사전에 따르면 '불령선인'은 "일제 강점기에, 불온하고 불량한 조선 사람이라는 뜻으로, 일본 제국주의자들이 자기네 말을 따르지 않는 한국 사람을 이르던 말"이라는 사전적 의미를 지닌다. '불령선인'이라는 용어가 사용된 배경과 출처는 분명하지

---

15) 1923년 관동대지진 당시, 조선인들에 의한 조사에 따른 조선인 희생자 인원은 6,661명이었으나, 일본 정부 사법부의 기록에는 226명으로 기재되었다. 강효숙은 「관동대지진 당시 조선인 학살의 의미」, 『전북사학』 52, 전북사학회, 2018, 276을 통해 "6,661명이라는 숫자는 야마다 쇼지가 「일본 사법성 조사 발표」, 「재일본관동지방이재조선동포위문단의 조선인학살수 최종조사보고서」, 「상해교민보고서」, 「一萬의 犧牲者!!!」(《독립신문》, 1923. 12. 5.), 「東京地方罹災朝鮮人救濟會」, 「요시노 사쿠조 보고서」, 각종 신문기사 등을 종합하여 면밀하게 비교·분석하여 발표한 것으로 한일역사학계 모두 이를 인정하고 있다"고 밝혔다.

않지만, 그 파급력은 매우 크다.

"'단두대 형틀에 끌어내어 말살시키고 싶은 단어"가 '불령선인'이라고 밝힌 사회학자 이마무라 도모今村鞆는 '불령선인'이라는 말이 없었다면 관동대지진 때의 불상사는 경미한 정도에 지나지 않았을 것이라고 까지 언급한다. 그는 이 단어가 "잠재적 군중심리를 작동시켜 기성사회에 해독을 미치고 있다"고 말했다. 처음에는 배일선인排日鮮人이라는 용어를 사용했었으나 이토 총감이 배일선인이라는 말을 매우 싫어하여 공문에 이 문자를 쓰는 것을 금하였다. 이 때문에 경무국의 누군가가 '불령선인'이라고 하는 단어를 만들었다"16)고 한다. 일본의 언어, 사상, 문화 등을 배척하는 배일선인과 달리 불령선인은 조선인을 불량한 범죄자와 같은 이미지를 형성한다. 이 때문에 관동대지진 당시, 일본인은 조선인을 쉽게 혐오의 대상으로 분류할 수 있게 되었다. 또한, 유언과 계엄령이 맞물리면서 일본인은 '조선인은 군대가 나서야만 진압할 수 있는 대상'으로 인식했을 것이다. 이러한 인식에 의해 조선인 학살이 정당화되었을 가능성이 크다.

① 10월 25일 도쿄시 본향소학교에서 개최된 혼고구 구회의원, 구의 유지, 자경단 대회의 모임에서 서정의 무라다 자경단 대표의 보고의 내용을 살펴보면, "9월 1일 저녁 서정 파출소의 순사가 자경단에게 와서" "각 마을에서 나쁜 조선인이 살인방화하고 있으니 주의하라"고 두 번이나 통지하고 갔다."

② 가나카와현 귤수군 중원촌의 고바야시 히데오의 일기에 따르면, "이날 오후 경찰로부터 "게이힌 방면의 조선인 폭동에 대비하기 위해 출동하라"는 전달이 있었고, 재향군인·청년단·소방단 등, 부락의 혈기왕성한 남자는 각각 무기를 휴대하고 집합하여, 시의 평경까지 진군했다."

③ 1923년 10월 22일자 《東京日日新聞》 게재 투서에 따르면, "'나는 미타 경찰서장에게 질문한다. 9월 2일 밤, ××내습의 경보를 귀하의 부하로부

---

16) 今村鞆, 『歷史民俗朝鮮漫談』, 南山吟社, 1930, 389-390.(강경자, 「관동대지진 조선인 학살 전후 '불령선인'을 둘러싼 언설과 시책」, 『일본문화학보』 86, 한국일본문화학회, 2020, 46 재인용.)

터 들은 우리들은, 주의에 따라 자경단을 조직할 때, ××라고 판단된다면, 본서로 끌고와라. 저항한다면 ○해해도 문제없다"라는 말을 친한 귀하로부터 받았다."

④ 내무성 경보국장 점문을 살펴보면, "(9월 3일 오전 8시 15분, 해군무선전신주교송신소로부터 각 지방장관 앞, 다만 남아 있는 전문에는 "이 번보를 기병에게 시키면 2일 오후면 기억한다."라고 기록하고 있다. 따라서 내무성 경보국장이 조선인 폭동을 사실로 생각한 것은 9월 2일이다.) 동경 부근의 지진을 이용해서 조선인은 각지에 방화하고 불량한 목적을 하려고 하며, 현재 동경시내에서 폭탄을 소지하고 석유를 뿌려 방화하는 자가 있다. 이미 동경부 내에서는 일부 계엄령을 시행한 까닭에 각지에서 충분히 사찰하고 조선인의 행동에 대해 엄밀한 검색이 가해졌다.

열거한 유언비어 사례[17]는 관헌이 유포한 유언임과 동시에 조선인 학살을 용인하는 발언이다. ①은 관동대지진이 발생한 당일인 9월 1일에 경관이 유포한 유언비어 내용이다. 순사가 자경단에게 "조선인이 살인방화를 하고 있으니 주의하라"고 언급한다. 국가적 재난 상황 속에서 순사로부터 전해 들은 유언은 진실 여부를 확인할 틈도 없이 사실로 받아들여졌을 것이다. 이러한 유언은 자경단을 더욱 결속시키는 요소로 작용할 수밖에 없다. 이미 공동의 목적을 갖고 조직된 자경단에게 있어 유언은 조직을 결속시킴과 동시에 공감을 형성하게 하여 혐오의 대상(조선인)을 만들어 냈다.

②의 경우도 마찬가지다. ②는 9월 2일에 경관과 군인이 유포한 유언비어 중 하나이다. '조선인 폭동'이라는 유언이 사실로 받아들여지면서 재향군인과 청년단, 그리고 소방단에 이르기까지 무기를 휴대하고 조선인의 폭동을 잠재우기 위해 앞장섰다. 이 역시 유언으로 일본인이 공감대를 형

---

17) 인용한 유언비어는 야마다 쇼지, 「일본 민중은 관동대지진 당시 조선인 학살사건의 역사적 의미를 어떻게 받아들이고, 오늘날 일본의 정치적·사상적 상황에 어떻게 대처할 것인가」; 강덕상 외, 『관동대지진과 조선인 학살』, 동북아역사재단, 2013, 52-55의 내용을 선별 및 재정리하였다.

성하고 결속했음을 시사한다. ③은 유언이 기정사실화되어 '조선인 학살'을 용인한다는 내용을 담고 있다. 자경단이 합법적으로 조선인을 학살할 수 있게 되었음을 보여 준다. 나아가 조선인 학살이 일본을 위해 노력한 것으로 간주되어, 학살을 자랑하는 지경에 이르렀음을 시사한다. ④의 경우는 내무성 경보국장의 조선인 경계지령이다 보니, 최초로 타전한 전문의 내용과 유사하다.

이외의 유언으로는 "'①조선인이 불필로 표시하여 폭탄을 던지도록 하였다. ②조선인이 폭탄을 가지고 다닌다. ③흰 셔츠에 통이 좁은 바지를 입은 남자와 한국옷을 입은 여자가 독약을 우물에 넣고 있다. ④폭탄과 독약을 가지고 다니는 조선 사람이 있었다. ⑤각처에 조선인의 폭행·습격·방화 등의 계획을 암호로 기록하였'와 같은 허무맹랑한 내용이다. 사실관계를 확인하자면, ①은 청소회사 인부가 작업할 집은 표시한 것이었다. ②는 조선인이 갖고 다닌 것은 폭탄이 아닌 사과였다. ③의 경우, 여성이 쌀을 씻는 것을 독약을 우물에 넣는다고 한 것이다. ④는 폭탄과 독약이 아닌 파인애플 깡통과 설탕을 들고 다녔다. ⑤의 경우는 분노수집인과 신문·우유 배달부가 단골집을 표시해둔 것이다."[18] 천황제국가의 충실한 신민이었던 일본인은 관헌에서 전달하는 유언을 사실로 받아들인다. 관헌의 유언을 받아들인 일본인은 공감을 기반으로 결속한다. 이를 통해 알 수 있는 사실은 당시에 조선인 학살의 정당화까지 이끈 유언은 일본인을 공감을 통해 결속시켰으며, 이러한 공감은 공감의 영역 밖에 있는 대상을 혐오하게 만들었다.

---

18) 김인덕, 「한국 역사교육 속의 재일조선인과 관동대지진 조선인 학살사건」; 강덕상 외, 『관동대지진과 조선인 학살』, 동북아역사재단, 2013, 194.

4. 출판콘텐츠 속 관동대지진과 혐한

일본에서는 재난과 재난 이후의 사회의 변화를 소재로 한 재난문학이 많이 창작된 나라 중 하나이다. 본 연구에서 다루는 출판콘텐츠인 『간토대지진과 작가들의 심상풍경』은 관동대지진 이후의 상황을 구체적으로 잘 묘사하고 있다. 또한 관동대지진이 발생한 후에 작가들의 눈에 비친 재난상황과 사회현상, 그리고 미래에 대한 심정이 잘 드러난다. 특히 유언비어에 의한 조선인 학살, 사회주의자와 무정부주의자의 탄압을 목도한 작가들의 일본 문명에 대한 의문과 이의를 제기하는 글을 담고 있어 혐오에 대한 연구에 매우 적합하다.

> 투명 무색한 온천으로, 집이라고 할 만한 것은 여관 건물을 포함해 세 채 정도뿐이었다. 다른 두 채의 집은 시나노강 <u>수력전기공사에 동원된 조선인 토목공들의 숙소였다</u>. <u>여성 목욕객들은 다소 불안해하기도 했지만</u> 온천물이 좋고 가격이 싼 점 때문에 손님이 꽤 붐볐다.(밑줄은 필자)
> ─미야지 가로쿠, 「지진발생 1주년을 맞는 감상」 부분(108쪽)

위 인용문은 지진이 일어나기 전, 조선인에 대한 일본인의 인식이 잘 드러난다. "식민지 통치로 인해 궁핍해진 조선인은 일본으로 건너와 노동으로 생계를 유지했다. 주로 자유노동에 종사했던 조선인은 낮은 임금과 일본 자본 차취의 제1대상이 되어 시달렸다. 이러한 상황 속에서 일본은 노동자와 학업을 위해 도일한 조선인을 주목하며 지속적으로 감시해왔다."[19] 감시의 대상이 된다는 것은 일본인과 엄밀히 구분되어 있음을 의미한다.

일본인 집단과 전혀 다른 집단으로 분류된 조선인은 공감의 영역에서

---

19) 김인덕, 「한국 역사교육 속의 재일조선인과 관동대지진 조선인 학살사건」; 강덕상 외, 관동대지진과 조선인 학살』, 동북아역사재단, 2013, 193.

이미 벗어나 있다. 이러한 상황에서 발생한 관동대지진은 일본인과 조선인을 더욱 명확하게 구분 짓는 계기가 된다. 나아가 조선인을 혐오의 대상으로 삼고 재난의 상황에서 국가를 향한 국민의 시선을 돌릴 수 있는 도구로 활용한다. 관헌이 유언을 배포함으로써 조선인 혐오는 정당성을 확보한다. 이러한 정당성은 조선인을 학살해도 아무런 죄책감을 느낄 필요가 없을 뿐만 아니라, 학살을 용인하고 격려하는 상태로까지 치닫게 만들었다.

> 등이 높은 체격, 움푹 꺼진 볼, 긴 얼굴, 특색 있는 눈빛 등으로 그 100명 정도 되는 일행이 어떤 사람들인지 나는 바로 알 수 있었다. 그 중에는 16,7세 정도 된 소년도 두세 명 섞여 있었다. <u>그 사람들이 바로 지금부터 30일 쯤 전에 실로 무서운 유령으로서 시민들에 눈에 비춰졌던 이들이었다.</u>(밑줄은 필자)
> ─시마자키 도손, 「이구라 소식─아들에게 보내는 편지」 부분(13쪽)

위 인용문은 관동대지진 당시 일본인에게 조선인이 어떻게 묘사되고 있는지를 잘 보여 준다. 같은 동양인이기에 엄청난 차이가 없었음에도 일본인과 확실히 구분되는 조선인으로 묘사한다. 또한 일본인은 선량한 '시민들'이라는 집단으로 표현하지만 조선인은 '실로 무서운 유령'으로 표현한다. '유령'은 "죽은 사람의 혼령", "죽은 사람의 혼령이 생전의 모습으로 나타난 형상", "이름뿐이고 실제는 없는 것"이라는 사전적 의미를 지닌다.

이는 재난상황 속에서도 살아가고 있는 일본인과 그들은 괴롭히는 무서운 유령으로서의 조선인을 명확하게 구분한다. 나아가 관동대지진이 발생한 당시인 30일 전쯤에 혼란한 상황을 틈타 일본인을 위협한 집단이 조선인이었음을 확신하고 있다. 여기서 주목한 점은 삶과 죽음으로 이분화된 구분 방식이다. 살아남아 있고 살아가야 하는 일본인에게 있어 죽음은 일종의 혐오에 가깝다. "죽음은 인간이 가장 피하고 싶은 가장 치명적인 사건이기라서, 죽음과 직·간접적으로 관련이 되는 이미지는 혐오감을 주기 때문이다."[20]

"적이 온다, 적이 와..."
　이천 명이나 되는 적이 습격해 올 것이라고 하는 옛날이야기라고 해야 믿을
법한 풍문은 그 다음날에도 계속되었다. 적은 이미 로쿠고 강 부근에서 격퇴 당
했으니 안심하라고 하는 사람이 있는가 하면, 아니다, 그 잔당이 잠입해 오지
않으리란 법은 없다고 하는 사람도 있었다.
　(…중략…)
　이다지도 많은 사람들이 고통 받고 있는 것을 보면 아무리 적이라고 해도 우
리를 도와주고픈 마음이 들지 않을까. 이 비참한 지진에 편승해 한층 사람 마음
을 혼란스럽게 만드는 동포들이 있을 것이라고는 믿고 싶지 않았다. 우리들은
우리들 안에서 출몰할지 모를 유령을 두려워했다. 그런 유언비어에 자극 받아
적도 아닌 상대방이 진짜 적이 되어 나타날 것을 겁냈다.(밑줄은 필자)
　　　　　　　-시마자키 도손, 「이구라 소식-아들에게 보내는 편지」 부분(31-32쪽)

　　후반부에는 조금 더 노골적으로 조선인을 혐오의 대상으로 표현하는
일본의 상황과 유언이 사실이 아닐 것이라는 작가의 인식이 동시에 나타
난다. 먼저 눈에 띄는 점은 조선인을 '적'이라고 정확하게 명시하는 것이
다. 여기서 적은 대적해야 할 대상이다. 이는 일본인에게 있어 조선인은
대적하고 제거해야 할 혐오의 대상인 것으로 이해된다. 하지만 시간이 점
차 지나면서 일본인은 유언이 사실이 아닐 수도 있음을 직감한다. 그럼에
도 일본인은 그 누구도 앞장서서 조선인을 변호하지는 않는다. 혐오의 대
상이 사라지는 순간, 공감의 울타리가 무너지면서 결속하고 있던 집단은
와해되어 적이 될 수 있기 때문이다. 그렇기 때문에 일본은 유언을 끊임없
이 재생산해냈던 것일지도 모른다.
　　주지하다시피, 유언이 끊기는 순간 일본인의 적은 일본인이 될 수 있
는 상황이다. 이러한 이유로 일본 관헌에서 적극적으로 나서서 유언을 배
포한 것이다. 유언을 통해 일본인을 결속시킴과 동시에 조선인을 혐오의
대상으로 삼을 수 있기 때문이다. 그런데 인용문을 통해 유추할 수 있는
사실은 작가가 일본인의 적은 몇몇 일본인일지도 모른다는 자각을 하고

---

20) 김종갑, 『혐오, 감정의 정치학』, 22.

있을 수도 있다는 점이다. 이는 조선인은 유언이 만들어낸 가짜 적이고 진짜 적은 일본인 집단에서만 발생할 수밖에 없음을 의미한다. 같은 일본인이 진짜 적이 되었을 경우의 파급력이 너무나 크고 겁이 났기 때문에 사람들은 유언을 사실인 것처럼 행동할 수밖에 없었다. 이로 인해 조선인은 공감에서 벗어난 혐오의 대상으로 오랜 기간 지속되었다.

> 또한 이어서 그 화재는 불령한 XX집단이 이 기회를 틈타 무서운 계획을 수행하고자 어떤 행동을 취한 결과로, 그렇기 때문에 이 천재지변이 초래한 참사를 한층 키운 것이라고 하는 얘기도 어느 틈엔가 전해졌다.
> 그리고 그에 대한 경계를 각자 한층 엄격히 해야만 한다고 하는 취지가 대중들에게 전달되었다. 하룻밤의 무사함을 기뻐한 우리들은 한층 심각한 불안과 공포를 느끼지 않을 수 없었다.(밑줄은 필자)
>
> ─가노 사쿠지로, 「진재일기」 부분(54쪽)

위 인용문에 등장하는 '불령한 XX집단'은 조선인을 의미한다. 화재의 원인이 불령한 조선인에 의해 발생한 것으로 기정사실화하고 있다. 나아가 천재지변을 한층 키운 것이 바로 조선인의 화재로 인한 것이라고 전하며 혐오의 감정을 키운다. 이제 일본인에게 조선인은 불안과 공포를 느끼게 하는 혐오의 대상이다. 이로써 "하룻밤의 무사함을 기뻐한 우리들"로 묶이는 일본인은 조선인을 배제하고 제거하기 위하여 더욱 결속하게 된다.

이후에 불령한 조선인 집단에 대한 일본인의 두려움은 증오로 변모한다. "두려움에 휩싸인 사람은 두려워하는 위험요소로부터 거리를 두려고 한다. 하지만 그 대상을 증오하게 되면 피해가거나 거리를 두는 것이 아니라 그 대상을 '파괴'할 수 있도록 다가간다"[21]는 점에서 일본인은 조선인을 학살하기에 이른 것이다.

---

21) 카롤린 엠케, 정지인 역, 『혐오사회』, 다산북스, 2017, 68.

지진에 이어 조선인들의 소동이 있었다. 평생 우리들의 현재 생활이 안전할 것이라고 믿어 의심치 않았던 만큼, 시민들의 불안과 공포는 극심했다. 검게 타 죽은 사람이나 무기를 든 광폭한 남자들의 모습은 더 이상 드문 것이 아니게 되었고 적어도 4, 5일 간은 그런 모습이 도쿄에서의 일상인 것처럼 이어졌다.

우리들은 그 지진에 이어 혁명의 공포와 불안을 맛보았다. 그런 천재지변을 당하면 의외로 인간은 솔직해지기 마련이다. 잠재적인 의식 아래 계속 잊어버리고 있던 한국병합이란 사실이 그 대지진과 함께 새롭게 국민의 마음을 일깨운 것은 아닐까. 그때의 불안이 단지 간토지역 사람들 뿐 아니라 거의 전국적으로 퍼졌었다고 하는 사실은 그 방증일 것이라고 나는 생각한다.(밑줄은 필자)

—나가타 히데오, 「대지진회고」 부분(122쪽)

조선인들의 소동에 대한 유언은 간토 지역뿐만 아니라 거의 전국적으로 퍼졌다. 이제 조선인은 전국 각지의 일본인에게 혐오의 대상이 된 것이다. 일본인이 조선인을 혐오할 수밖에 없는 구조는 '한국병합' 이후에 일본 정부에 의해 만들어졌다. "한일병탄 이후 1913년경의 일본 신문에서는 조선인을 불만, 불령, 불온이라는 단어로 집약했다. 이는 식민 통치에 대한 조선인의 불만 표출을 두고 일본 정부가 조선인을 경계하기 위해 사용한 것이다"[22] 이러한 구조가 갖춰진 상태에서 퍼진 유언은 너무나 쉽게 사실로 받아들여진다.

특히 국가적 재난상황 속에서 일본인의 불안감이 최고조를 향해 있을 때 관헌이 퍼뜨린 유언은 일본인에게 안정감을 가져다 주었다. 이는 자신들의 안전을 확보하기 위해 조선인을 혐오의 대상으로 만들었음을 의미한다. 이때 중요한 기제로 작용한 요소가 공감이다. 관동대지진 이전부터 일본 정부가 조성한 조선인의 인식이 일본인의 공감을 이끌어 내면서 조선인을 혐오의 대상으로 만든 것이다. 유언은 일본인 개인의 공감을 이끌어 냈고, 이 공감이 집단으로 확장하면서 혐오가 정당화되기에 이르렀다. 이

---

22) 강효숙, 「관동대지진 당시 조선인 학살의 의미」, 『전북사학』 52, 전북사학회, 2018, 280.

로써 개인적 혐오는 모두가 공감할 수 있는 혐오가 되어 '학살'로 이어졌다.

관동대지진 발생 이후의 출판콘텐츠에서 동일하게 나타나는 것은 조선인이 철저히 타자화됐다는 점이다. 동시에 일본인의 정체성은 공고해졌다는 것도 명확히 드러난다. 그 결과 일본인은 공감의 영역 안에서 결속했고 공감의 영역에 속하지 않고 타자화된 조선인을 혐오하고 학살하게 되었다. 이로써 일본은 재난으로 인해 불안한 상황을 혐오, 나아가 학살을 통해 해결하였다. 이는 천재天災를 빙자한 인재人災로, 세계사에 유례가 없는 비인도적 학살이다.

5. 결론

혐오에서 비롯된 혐한은 현대에 등장한 용어이다. 그러나 혐한 의식만 놓고 보면 그 역사성은 유구하다. 현재까지도 개인 또는 집단은 자신들과 다르다고 인식하는 대상을 타자화하면서 혐오의 대상으로 분류한다. 이때 개인은 같은 공감대를 형성하는 개인과 만나 집단을 이루고, 이 집단은 자신들이 공감할 수 없는 대상을 혐오하여 제거하기에 이른다. 이러한 상황은 관동대지진을 통해서 이미 목도하였다.

관동대지진 당시 조선인 학살의 근거가 된 유언은 혐한의 원점이다. 유언은 일본인을 공감으로 결속시킴과 동시에 조선인을 혐오의 대상으로 만들었다. 즉, 일본인은 자신이 처한 상황이 조선인에 의해 발생한 것이라는 것에 공감했다. 또한 일본인이 살기 위해서 조선인을 학살해야 하는 처지에 놓인 일본인에 공감했다. 이러한 상황이 중첩되면서 일본인은 공감의 영역을 형성했고, 공감의 영역에 포함되지 않는 조선인을 학살해야만 자신들의 안전이 확보된다고 여겼다. 이러한 과정 속에서 일본인의 정서에 혐한이 뿌리내리기 시작했다.

『간토 대지진과 작가들의 심상풍경』을 통해 조선인 혐오 과정을 고찰한 결과, 현대에 일어나는 혐한 의식 또한 유언에서 비롯된 것임을 유추할 수 있다. 가령, 혐한을 유발하는 내용을 다룬 일부 언론의 가짜 뉴스를 접하고 공감한 일본인이 있다고 가정해 보자. 공감한 일본인이 늘어나면서 공감에 기반한 집단이 형성되면 이 집단은 혐한을 정당화하는 과정에 이르게 된다. 이러한 과정은 관동대지진의 유언이 일본인 집단을 결속시키고 조선인 학살을 정당화한 과정과 별반 다르지 않다. 이는 우리가 현대판 조선인 학살을 방지하기 위해서는 유언에 의해 공감하는 집단이 발생하고, 그 공감이 혐오의 대상을 만들어낼 수 있다는 사실에 대한 경각심을 가져야 함을 시사한다.

참고문헌

정병호·최가영 편역, 『간토대지진과 작가들의 심상풍경』, 역락, 2017

강경자, 「관동대지진 조선인 학살 전후 '불령선인'을 둘러싼 언설과 시책」, 『日本文化學報』 86, 한국일본문화학회, 2020

강덕상, 『관동대지진과 조선인 학살』, 동북아역사재단, 2013

강덕상, 『학살의 기억, 관동대지진』, 역사비평사, 2005

강효숙, 「관동대지진 당시 조선인 학살의 의미」, 『전북사학』 52, 전북사학회, 2018

김광열, 「1923년 일본 관동대지진 시 학살된 한인과 중국인에 대한 사후조치」, 『東北亞歷史論叢』 48, 동북아역사재단, 2015

김도형, 「관동대지진 한국인 피살자 명부 자료의 분석」, 『북악사론』 12, 북악사악회, 2020

김인덕, 「1923년 관동대지진 조선인학살 사건이 재일한인 사회에 주는 현재적 의미」, 『한일민족문제연구』 33, 한일민족문제학회, 2017

김인덕, 「관동대지진 조선인학살과 일본 내 운동세력의 동향」, 『東北亞歷史論叢』 49, 동북아역사재단, 2015

김종갑, 『혐오, 감정의 정치학』, 은행나무, 2017

마사 누스바움(Martha C. Nussbaum), 조계원 역, 『혐오와 수치심: 인간다움을 파괴 하는 감정들』, 민음사, 2020

다나카 마사타카, 「일본 내 관동대지진 때의 학살사건 진상 규명 운동의 현황」, 『한일민족문제연구』 33, 한일민족문제학회, 2017

박혜순, 「혐오를 넘어 환대로」, 『인문학연구』 30, 인천대학교 인문학연구소, 2018

배영미, 「1920년대 두 번의 조선인학살」, 『한일관계사연구』 67, 한일관계사학회, 2020

성주현, 「1923년 관동대지진과 국내의 구제활동」, 『한국민족운동사연구』 81,

한국민족운동사학회, 2014

성주현,『관동대지진과 식민지 조선』, 선인, 2020

이미경,「관동대지진 관련 문학에 나타난 사건의 표현 양상」,『일본어문학』
70, 일본어문학회, 2015

조화순 외,『네트워크와 혐오사회』, 한울, 2021

최가형,「전전(戰前)의 일본문학과 내셔널리즘」,『한일군사문화연구』26, 한
일군사문화학회, 2018

최인철 외,『헤이트(Hate) 왜 혐오의 역사는 반복될까』, 마로니에북스, 2021

카롤린 엠케, 정지인 역,『혐오사회』, 다산북스, 2017

폴 블룸, 이은진 역,『공감의 배신』, 시공사, 2019

허 석,「근대일본문학에 나타난 자연재해와 그 폭력성의 연원에 대한 연구」,
『일본어문학』65, 일본어문학회, 2015

국회입법조사처,「일본 내 혐한(嫌韓)현황과 우리의 대응과제」,『의회외교 동
향과 분석』제62호, 국회입법조사처, 2020

한국학중앙연구원,「관동대학살(關東大虐殺)」, 한국민족문화대백과사전
[http://encykorea.aks.ac.kr/Contents/SearchNavi?keyword=%EA%B4%80%EB%
8F%99%EB%8C%80%ED%95%99%EC%82%B4&ridx=0&tot=8295]
(검색일 2022. 2. 12.)

레이시즘과 1952년 체제*

량영성

도쿄외국어대학교 세계언어사회교육센터 강사

1. 문제의식

재특회在特會(在日特権を許さない市民の会)를 비롯한 극우 세력이 21세기 일본 사회에서 대두되고 있다. 재일조선인을 겨냥한 민족차별 현상은 해방 후/전후(제2차 세계대전 후) 일본 사회에 존재하지 않았던 극우 현상(樋口直人, 2014)이라는 점에서 매우 중요하다. 그 발생 원인을 히구치樋口는 동아시아의 지정학적 요인에서 찾는다.

그러나 필자는 히구치와 다른 관점에서 바라본다. 1970년대 말 오누마 야스아키大沼保昭는 "1952년 체제"라는 전후 일본의 입관법제入管法制를 정식화하였고, 그것은 21세기인 지금까지 이어지고 있다. 사실 일본에서는

---

* 원래 이 글은 필자의 박사논문 『一九五二年体制と現代日本の新自由主義的レイシズムに関する一考察』을 기초로 쓴 「シティズンシップに潜むレイシズム」의 일부를 가필·수정한 후에 번역한 것이며, 梁英聖, 『レイシズムとは何か』, 筑摩書房, 2020 제5장 및 梁英聖, 「レイシズムとしての在日コリアン差別をどのように分析するか」「在日特権」を生み出す一九五二年体制を再論する」, 『人権と生活』五二号, 在日本朝鮮人人権協会, 2021의 내용과도 일부 중복되는 부분이 있다. 그 후 필자는 완성된 원고를 2021년 12월 16일에 개최된 한중관계연구원 HK+동북아시아인문사회연구소와 일본 히토츠바시대학교 한국학연구센터가 주최한 제6차 국제학술대회 "동북아 혐오의 지정학, 그 역사성과 현재성"에서 발표했는데, 본고는 당시의 발표문을 수정 및 보완한 것이다. 대회를 주최해 주신 분들과 귀중한 코멘트를 주신 심희찬(연세대) 선생님께 감사의 말씀을 드린다.

구미제국欧米諸国이 반세기 전에 성립시켰던 인종차별 금지법이 성립되지 않았다. 그 때문에 "1952년 체제" 하에서 재특회와 같은 21세기형 신흥 극우 세력이 대두했다고 볼 수 있다. 필자는 전부터 이 문제를 분석해 왔다(량영성, 2018; 梁, 2016; 梁,2020b등).

이 글의 목적은 이 "1952년 체제"라는 입관법제를 레이시즘과의 연관 속에서 분석해서 그 특징을 정리하고, 이를 통해 일본의 레이시즘을 비판하는 새로운 이론적 틀의 기초를 세우는 것에 있다.

필자는 우선 레이시즘을 민족/인종차별[1]을 일으키는 권력이라고 정의한다. 미셸 푸코는 근대의 레이시즘이 생권력bio-pouvoir의 대상인 인구를 인종으로 구분하며, "살아야 할 자와 죽어야 할 자를 구분"하는 매우 중요한 기능을 가진다고 지적했다.(Foucault, 1997: 227=2007b: 253). 그리고 근대적 레이시즘이 인구를 관리하는 생권력과 죽음을 연결시킨다고 지적했다(Foucault, 1997: 227-228=2007b: 253-255). 위와 같은 푸코의 분석에 기초하여 이글은 레이시즘을 인종차별을 일으키는 권력이자, 인종을 만들어내고 없애는 권력으로 정의한다.

이와 같은 권력으로서의 레이시즘에 있어서, 법제도法制度는 전략 혹은 전술상 매우 중요하다. 법률 제도가 인종차별 행위를 방해하거나 억제하는 효과를 가지는지, 그 반대로 이를 지지하거나 촉진 혹은 선동하는 효과를 가지는지가 극히 중요하다는 것이다. 따라서 레이시즘에 있어 입관 체제는 중요한 제도이다. 하르샤 왈리아Harsha Wallia(2021)가 강조하듯이 현재 세계 각지에서 대두하는 극우 세력은 이민·난민 배척을 공통의 슬로건으로 삼으며, 인종차별 행위나 언설을 생산할 때 입관법과 citizenship(시민권)을 도구로 삼고 있다. 이 점은 일본뿐만 아니라 세계적으로 공통된 측면이라 할 수 있다.

---

1) 이하 민족/인종차별을 인종차별철폐조약 제1조가 금지하는 인종차별로 정의한다. 민족차별도 이렇게 정의된 인종차별에 포함된다.

그런데 일본에는 인종차별 행위를 금지하는 법률이 없다. 일본과 마찬가지로 자본주의 세계 시스템의 중심부에 있는 구 제국주의/구 종주국인 구미제국에서 반세기 전에 성립했던 기본적인 인종차별 금지법이 일본에는 존재하지 않는다는 것이다(량, 2018; 梁, 2020b). 이것은 일본 사회의 특수성이라 할 수 있다. 레이시즘의 권력이 작동할 때에 그것을 방해하거나 억제하는 효과를 가지는 반레이시즘 규범反レイシズム規範이 일본 사회에 없다는 특수성을 고려해서, 필자는 다음과 같이 생각한다. 구미제국에서 보편적으로 나타나는 것처럼, 일본의 입관법은 인종차별 행위 혹은 언설 생산의 도구로 사용되고 있고, 그 측면은 앞에서 언급한 특수성에 인해 더욱 강화되고 있다고 말이다.

이 글은 이상의 관점에서 일본의 입관법제인 "1952년 체제"가 레이시즘의 권력이 작동하는 데 있어서 나타나는 전략적 의미를 차별금지법으로 대표되는 반레이시즘 규범과의 관계에서 고찰한다. 이를 통해서, 재일교포에 대한 인종차별 현상을 비판할 새로운 이론을 기초 작업에 착수하고자 한다.

2. "1952년 체제"란 무엇인가

"1952년 체제"는 오누마가 정식화한 「출입국관리령[①입관법], 외국인등록법[②외등법], 법률 제126호[③법126]를 중심으로 하는 입관법제」(大沼保昭, 1993: 94)를 말한다. 이것은 1952년 전후 일본이 GHQ점령을 벗어나 독립을 승인 받은 샌프란시스코강화조약이 발효된 날 즉, 1952년4월 28일에 성립한 외국인 관리 제도다. 이 제도는 전후 일본이 시행하는 입관체제의 기초가 되었다.

여기서 중요한 것은 역사가 아니라 법제도 상의 구조이다. "1952년 체제"는 일반법으로서의 입관법(①, ②)과 그 예외를 규정하는 특별법(③)

이라는 두 종류의 법률로 이루어진다. 여기서 일반법을 평등의 잣대로 삼고 특별법을 특권으로 삼는 구조에 주목하기 바란다.

①입관법은 국경을 출입하는 사람들의 관리를 규율하는 법률이며 ②외등법은 국외에서 입국한 외국인을 출국할 때까지 관리하는 법률이었다 (2009년의 개정으로 ②외등법 자체가 폐지되어 ①의 입관법으로 통합됨). 이 ①과 ② 차원의 입관법제는 기본적으로 외국인을 여권(외국정부 발행)을 통해 입국 전 사증을 발급해주고, 상륙·입국을 거쳐 정해진 체류 자격·체류 기간 동안 재류하게 한 다음, 그 기간 내에 출국시키는 방식으로 관리한다.

위의 일반법(①과 ②)에 대하여 ③법126은 특별법이다. 그 정식 명칭은 『포츠담선언의 수락에 수반하여 발하는 명령에 관한 건에 근거한 외무성관계제명령의 조치에 관한 법률』(1952년 법률 제126호[『ポツダム宣言の受諾に伴い発する命令に関する件に基づく外務省関係諸命令の措置に関する法律』(昭和二七年法律一二六号)])이다. 이름이 길기 때문에 관계자는 이법을 간단하게 '법126'이라 부른다. 해당 법률은 1952년 4월 28일에 성립했는데, 그날 당일 일본 국적을 "상실"한 조선인·대만인(구 식민지 출신자)에게 특별한 체류 자격없이 체류할 것을 가능하게 한 특별법이었다. 이것이 재특회와 극우 세력들이 "재일특권"의 필두로 꼽는 입관 특례법의 기원이다.

이와 같이 "1952년 체제"는 원칙적으로 외국인을 일본에 입국할 권리도, 체류할 권리도 없는 존재로 삼으면서(①, ②) 재일조선인/대만인만은 입관법 상 특별히 우대하는 논리를 내포하고 있다. 특별영주 자격이 특권이라는 재특회와 극우 세력의 발상은 52년 체제 구조에서 유래한 셈이다.

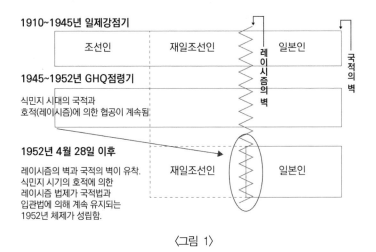

〈그림 1〉

위의 〈그림 1〉(량영성, 2018: 140)은 52년 체제의 성립 과정을 (1)국적의 벽国籍の壁과 (2)레이시즘의 벽レイシズムの壁의 두 가지 벽이라는 구조로 요약한 것이다(자세한 것은 량, 2018: 제3장, 梁, 2020b: 제5장 참조). 이하 이 그림을 해설하는 방식으로 "1952년 체제"를 설명하고자 한다.

식민지 시기 일본이 조선인을 지배한 법적 틀은 다음과 같았다. "조선인의 지위는 ① '한국병합에 관한 조약'을 근거로 조선인을 제국 신민으로서 일률적으로 일본의 통치권에 포함한다, ②조선인의 일본 국적 이탈을 방지하기 위해 조선에 국적법을 시행하지 않는다, ③지배 민족과 피지배 민족의 차이를 유지하기 위하여 호적으로 조선인·일본인을 계속 구별한다"는 세 가지 기둥으로 이루어져 있었다(鄭栄桓, 2013: 5頁). 이 구조를 위와 같이 (1)국적 (2)레이시즘의 벽으로 정리하면, 1910년의 한국 병합에 의해 ①(1)"일본 국적의 벽"으로 조선 민족을 에워싸고 ②(1)"일본 국적의 벽"에서 벗어나지 못하도록 자물쇠를 채우고 ③그 위에 호적이라는 (2)'레이시즘의 벽'을 법 제도로 관철하는 방식이라 할 수 있다.

조선에 대한 식민지 지배가 (1)국적의 벽과 (2)레이시즘의 벽을 교묘하게 구분한 레이시즘 법제이기도 했다는 점에 주목해 보자. 즉 식민지 지배에서 조선인의 법적인 지배는 (1)일본 국적의 벽에 가둬 의무를 부과하는 것과 동시에 (2)호적이라는 레이시즘의 벽을 통해 권리를 박탈하고 차별하는 방식을 취하였다는 것이다. 이 (1)국적 (2)레이시즘이라는 이중의 벽으로 조선인을 협공하는 독특한 방식을 일본은 기본적으로 제2차 세계대전 후인 GHQ 점령기에도 계승한다.

위의 식민지 시기 법제는 일제 패망/조선 해방 이후 조선 반도에서 실질적으로 효력을 상실하였다. 그러나 일본에 남겨진 재일조선인에 대한 태도는 달라지지 않았다. GHQ는 당초부터 재일조선인의 국적 문제에 대해서는 애매한 태도를 취해 사태의 추이에 따라 재일조선인을 일본 국적 보유자로 취급한 일본 정부의 법적 구속을 추인했다. 일본 정부에 의한 지배 권한을 승인해주었다.

그리고 1952년 4월 28일 샌프란시스코강화조약 발효 당시 일본 정부는 외지外地 호적자의 일본 국적을 일률적으로 상실시키는 폭거를 단행했다. 그것은 강화조약이 조선의 독립을 인정하고 있으니까 그에 따른 원상복구가 필요하고, 그 결과 국적도 원래대로 되돌렸다는 터무니없는 논리였다. 이것은 일본 의회의 입법이 아니라, 1952년 4월 19일에 통달(법무부 민사국장통달 제438호法務府民事局長通達第四三八号)에 의해 이루어졌다.

일본 국적을 빼앗긴 재일조선인의 법적 지위는 (1)일본 국적이라는 벽 밖으로 추방된 자라는 의미로서 "외국인"이 되었다. 출입국관리령(입관령入管令)의 전면 적용 대상이 됐다. 결국, 재일조선인은 사실상 생존권의 기반이 되는 재류권을 빼앗기고 사소한 구실로 강제 송환 당할 수 있는 불안정한 처지로 내몰렸던 것이다.

3. "재일특권"으로서의 법126

위와 같은 상황을 역사적 아니라 입관법제의 구조에 주목해, 보다 자세히 분석해 보자.

일반적으로 입관법이 상정하는 외국인이란 일본이 인정한 외국 여권으로 사증을 발급받아 특정 체류 자격을 인정받은 자이다. 그와 대조적으로 여권도, 비자도 없는 외국인은 기본적으로 재류 자격이 없다. 원칙적으로 일본에 입국할 수도, 체류할 수도 없다.

한편, 식민지 지배로 인하여 일본에 거주하게 된 조선인은 당연히 여권도, 비자도 없다. 여권·비자·재류 자격을 가질 리가 없는 재일조선인을 입관령상 (1)국적의 벽 밖에 있는 "외국인"으로서(다른 일반 외국인과 같이) "평등하게" 전면 적용하면 어떻게 될까? 그렇게 되면 입관령 상 어느 재류 자격에도 해당되지 않는 불법 체류의 "외국인"이 하루아침에 약 60만 명이나 늘어나게 된다.

그래서 만들어진 특별법이 '법126'다. 일본에 계속 거주하는 구 식민지 출신자에 대해서는 당면("따로 법률로 규정할"때까지) 재류 자격 없이 재류해도 좋다는 조치를 취한 것이다. 이것은 결코 우대 조치가 아니라 재류 자격이 없는 극히 불안정한 상황으로 몰아넣는 (2)레이시즘 정책이었다. 부당하게도 법 126의 대상에는 GHQ점령기에 한 번이라도 한반도에 다녀간 사람은 제외되는 등 모든 재일조선인을 포함시키지 않았다. 법126 해당자의 후손은 더욱 체류 자격이 불안정해졌다(金東鶴, 2006).

여기에 재특회가 말하는 "재일특권"의 레이시즘 논리가 나타난다. 일본 정부는 이때부터 (1)일본 국적을 박탈한 후 일반 외국인과 재일조선인의 형식적 평등을 빌미로 (2)공적인 레이시즘 정책을 차별법·차별 정책으로 따로 제정할 필요없이 사실상 관철할 수 있었던 것이다.

다시 한번 〈그림 1〉을 살펴보자. 재일조선인의 인권 문제를 논하는 연구는 위에서 본 1952년 4월 28일의 (1)일본 국적 박탈 자체를 비판하는 경향이 있다(大沼保昭, 1993; 大沼保昭, 2004; 朴沙羅, 2017등). 그러나 (1) 국적과 (2)레이시즘의 벽, 이 둘의 관계가 중요하다. 일본 국적 박탈 자체보다도 그 결과로 (1)국적과 (2)레이시즘의 벽의 유착을 통해 우리는 그후 일본이 공식적인 정책 없이, 입관법제를 통해 레이시즘 정책을 관철했던 특수성을 밝힐 수 있을 것이다.

4. 공적인 반 차별·외국인 정책 없이 외국인 정책으로 대용代用되었던 입관법제

문제는 위에서 설명한 "1952년 체제"가 오늘날까지도 계속되고 있다는 것이다. "1952년 체제"의 일반법 부분은 2009년의 대규모 개정에 따라 외등법이 폐지되고 입관법 속에 흡수되어 일원화되어 있다. 재일 구 식민지 출신자를 예외로 취급하는 특별법 부분은 법126 이후에도 1966년의 입관특별법(한일 법적 지위 협정 시의 협정영주), 1982년의 개정 입관법(난민조약 체결 시의 특례영주)을 거쳐 1991년 입관특례법日本国との平和条約に基づき日本の国籍を離脱した者等の出入国管理に関する特例法에 따라 오늘날 특별영주 자격이 만들어졌다.[2]

지금까지 전후 일본 사회에서 "1952년 체제"가 수행한 역할을 세 가지 관점에서 정리하면 다음과 같다.

---

2) 1989년 입관법 개정으로 인하여 "1990년 체제"가 성립했다고 하는 아카시 준이치로(明石純一, 2010)와 필자의 견해는 다르다. 중요한 점은 아카시가 다른 일본 입관·이민 연구자와 같이 1952년 체제가 레이시즘 법제인 점을 밝히지도, 입관법제를 반레이시즘 규범과의 대항 관계로 파악하지도 않았다는 것이다.

1) 레이시즘법을 입관법으로 위장하는 체제의 성립

종래 "1952년 체제"에 관해서는 52년의 국적 박탈 조치가 그 자체로 부당하다는 주장에 초점이 맞춰진 경향이 있었다.[3] 하지만 보다 깊은 문제는 레이시즘이다. 즉 (1)일본 국적의 벽의 위치가 하루아침에 (2)국적의 벽의 위치로 이동했던 것이다.

"일본의 경우 1980년대 중반까지 재일 외국인≒재일 구 식민지 출신자인 조선 민족과 한민족이며, 정부에 의한 구 식민지 출신자에 대한 민족 정책은 국적 제도 및 동화를 요구하는 귀화 제도로 대체되었다. 이를 통해 민족 차별이 "국적 구별"이라는 형태로 민간에서도 외국인 차별≒민족 차별이 행해져 왔다"(岡本雅享編, 2005: 三八頁)

(2)레이시즘의 벽이 (1)국적의 벽과 유착되어 정책·법률 차원의 (2)레이시즘이 (1)국적 "구별"로 위장됨으로써 (2)레이시즘이 잘 드러나지 않는다는 것은 큰 의미를 가진다.

2) 전후 일본의 외국인 정책으로 대용된 입관법제

레이시즘법을 입관법제로 위장한 "1952년 체제"는 이하 사회적 조건이 겹쳤기 때문에 공교롭게도 전후 일본 정부의 외국인 정책의 대용물로 지금까지 계속 사용되었다. 그 양태는 다음과 같다.

첫째 반레이시즘 법도, 그 발전으로서의 마이너리티·다문화주의 정책도 마련되지 못했다. 그러므로 재일교포의 경우 국가로부터 마이너리티로

---

3) 이와 같은 일본 국적 박탈 조치를 다른 레이시즘과 따로 고립시켜서 고찰하는 태도부터 이후의 오누마를 포함한 레이시즘 정책을 무비판적으로 받아들인 일본 국적 회복론이나 선택론이 나오게 된다. 이것은 1910년 한국합병조약의 불법성에 무비판적인 태도뿐만 아니라 레이시즘 법제로서의 입관법제와 그것을 억제하는 반레이시즘 규범의 대항 관계의 무관심으로부터 나오게 되는 것이다.

서 공인(인종 차별 철폐 조약의 의무)받지도 않았을 뿐만 아니라 국적 외에 그 정책상의 정의조차 존재하지 않는다.

둘째 국적법이 계속 혈통주의로 유지되었다. 그 결과 출생지주의 국적법 그리고 이민 수용을 상정한 미국의 이민국적법 속의 엄격한 입관법 부분이 일본의 법 제도(혈통주의 국적법)와 결합되었다. 그래서 정주 외국인은 원칙적으로 법무대신의 재량에 의한 귀화 없이는, 일본에서 태어난다고 해도 "1952년 체제"의 관리하에서 벗어날 수 없다. 게다가 대를 이을수록 법적 지위가 더욱 불안정해진다.

셋째 전후 일본에는 공적인 외국인·이민 정책이 정립되지 않았고 담당 부처조차 존재하지 않았다.

3) "재일특권"론을 뒷받침하는 입관법제

그 때문에 "1952년 체제"는 전후 일본 정부가 재일조선인을 취급하는 거의 유일한 기준이 되었다. 비非 일본 국적자는 누구나 잠재적으로 강제 퇴거의 대상으로 간주되는 입관법이 기준인 이상, 정주 외국인이 일정한 권리를 인정받는 것 자체가 "특권"으로 간주된다. 차별금지법도, 재일조선인의 권리도 마이너리티 정책이 정리되지 않는 이상 입관법제에 예외·특별 규정을 둘 수밖에 없다.

그 결과 재일조선인의 권리 향상도 차별금지법제나 마이너리티 정책의 확립과 같은 결실을 맺지 못했다. 기껏해야 "1952년 체제"의 특별법 부분 개정 아니면 혁신자치단체가 시행했던, 명목도 제도도 각각 다른 조선학교 보조금 등 매우 제한적이며 불충분한 조치에 그쳤던 것이다. "재일특권"론에서 중요한 것은 우리가 쉽게 반론할 수 있는 표면적인 유언비어가 아니다."재일특권"론의 핵심은 레이시즘 법제로서 입관법제의 일반법 부분(즉 외국인에게는 평등한 인권은 없는 것이다)을 기준으로 법 126계열에서 인정하는 미약한 권리를 "특권"으로 간주해서 공격하는, 극히 위험하고 유해한 차별 전략이다. 사실 이것은 미국 EU 등 다른 구미 선진국에서 볼 수 있는 차별금지법제·적극적 차별시정affirmative action 정책·다문화주의 정책에 대항하는 백래시backlash 및 신자유주의 속에서 증대되는 레이시즘이라는 문맥을 공유하고 있다. 한편, 그 수준과 악랄함·혹독함이라는 점에 주목해 보자. 일본의 "재일특권"론은 쟁취된 반反 차별 제도에 대한 백래시라기보다 오히려 반 차별 법제가 없는 "1952년 체제"의 일반법을 평등이라는 잣대를 내세워 특별법·예외 규정의 여러 조치를 철저하게 공격하는 입장이라는 점에서 질적으로 더욱 악랄하다고 할 수 있다.

5. 입관법제의 레이시즘 vs 반레이시즘 규범
    : (1) 엽케의 국제비교와의 비교

위의 분석을 이민의 시티즌십 이론에 비추어 보면 더욱 의미가 명확해질 것이다. 일본에는 구미 선진국들이 반세기 전에 통과시킨 기본적인 차별금지법제가 존재하지 않고 공식적인 이민 정책도 없다. 그러므로 일본에서는 이민의 시티즌십이 공인되고 있다고 보기 어렵다.[4]

제2차 세계대전 후 T. 마셜이 영국의 복지국가 성립을 염두에 두고 시티즌십을 시민적·정치적·사회적 권리가 중첩된 「기본적 인간의 평등성이 공동체성원자격과 결부된」(Marshall and Bottomore, 1992=1993)것으로 정식화할 때, 그가 상정한 것은 이민이 아니었다.

그러나 제2차 세계대전 후의 구미제국은 대규모 (입)이민을 경험했는

---

4) 이민통합정책지수(MIPEX)2015년도 조사에서 일본은 38개국 중 총합 지수로 27위, 차별금지는 37위이다.(梁英聖, 2020b; 近藤敦, 2019)이 글에서 "이민"이란 OECD의 정의에 따라서 1년 이상 체재하는 외국 출신자 일반을 의미한다.

데, 90년대의 시티즌십 연구는 오로지 이민의 시티즌십을 대상으로 했다. 시티즌십을 "내부는 포섭적이지만 외부에는 배타적인 것"이라고 본 로자스 블루베이커의 정의는 이러한 연구 사상의 맥락에서 성립된 것이었다(ブルーベイカー, 2005: 第一章). 이런 시티즌십의 배타적 공동성은 레이시즘의 근대적 형태로 파악할 수 있다.5)

한편, 야스민 소이살은 세계화 시대에 구미제국에서 사실상 시티즌십이 이민을 통해 공인되어갔던 것에 주목했다. 그는 시티즌십이 글로벌 인권 규범으로 규정된 다음, 인격성personhood으로 확장되어 간다고 주장했다.

시티즌십의 배타성을 강조하는 블루베이커와 포섭성을 강조하는 소이살의 대립에서 오늘날 시티즌십론의 기본적 대립점을 보는 크리스티앙 엽케는 양자를 모두 비판한 제3의 이론적 틀을 내놓았다. 즉 블루베이커가 정식화한 시티즌십의 외부 배타성이라는 형태를 인정하는 한편, 이민의 시티즌십을 확장해 나가는 것은 소이살이 말하는 글로벌 인권 규범이 아니라 국내의 반레이시즘 규범을 비롯한 인권 규범이라고 본 것이다(Joppke, 1999).

엽케의 이론이 중요한 것은 근대 국민국가를 뒷받침하는 레이시즘의 근대적 형태가 국내 반레이시즘의 시티즌십 투쟁에 의해 일정 정도 제약이 가능함을 이론적으로 분석할 수 있다는 점이다. 예를 들어 엽케는 반레이시즘 규범이 이민의 시티즌십을 확장시키는 데 있어서 얼마나 중요했는가를 다음과 같이 지적했다.

역사적으로 이러한 역학에서 벗어난 계기가 된 것은 20세기 중반에 사회적 차이의 표식으로서 인종이 그 정통성을 잃은 것이다. 사회적 차이의 표식으로서의 인종은 곧 인간성의 공유를 부정한다는 것을 의미했다. 그러므로 국제법과 국내법하에서 시민과 외국인을 구별하는 것이 [여전히] 타당할 지라도 적어도 입국관리법과 관련된 좁은 영역 밖에서는 외국인에게 부여되는 최소한의 권리가 현저하게 상승되어왔던 것이다. 그 이유는 그때서야 비로소 외국인에 대

---

5) 隅田聡一郎, 2021, 梁英聖 2021b를 참조.

한 권리 제한이 인종 차별 냄새가 배어 있는 것으로 간주되었기 때문이다. (Joppke, 2010: 83 괄호안에 설명과 밑줄은 인용자.)

　이것이야말로 제2차 세계대전 후 미국과 유럽에서 외국인의 권리의 진화를 특징지어 온 법과 정치가 내적으로 대립하는 역학이다.(Joppke, 2010: 84 밑줄은 인용자.[6])

　이와 같이 반 차별 규범의 유무는 매우 중요하다. 반레이시즘 규범이 사회의 차별을 억제하며 입관법제의 레이시즘을 어느 정도까지 억제할 수 있는지 없는지 이것이야말로 문제의 핵심이기 때문이다.[7]

　엽케는 Joppke(1999)에서 미·독·영 3개국의 전후 이민 레짐immigration regime을 국제 비교했는데, 각각의 케이스가 이민 레짐의 패턴을 대표하고 있다고 한다. 즉 (A)"반복적으로 새롭게 영주할 멤버를 모집하는 이주자 레짐"(미국)과 (B)"일시적인 이주노동자를 모집하지만 즉시 이주하는 노동자가 영속적으로 정주하는 것을 조정하는 문제에 직면하는 게스트워커 레짐"((서)독일), 그리고 (C)"철저하게 통합하면서도 구 식민지로부터의 이주자의 유입을 제한하는 데 적합한 포스트콜로니얼 레짐" (영국)이다.(Joppke, 1999: ch1.)엽케의 세 가지 분류가 흥미로운 것은 입관 정책에 나타나는 주권의 레이시즘과 각국별로 고유한 역사적·사회적 문맥을 가진 국내의 반레이시즘을 비롯한 인권 규범과의 상극·대결을 분석하고 그

---

6) 위의 번역은 Joppke 2010=2013: 116-117의 일본어 번역을 참고로 했다.
7) 입관법제의 레이시즘과 반레이시즘의 대항관계라는 분석 시각은 隅田(2021)의 "이론적으로는 내셔널한 국경에 입각한 '"배타적 공동성"'이란 레이시즘의 근대적 형태(자본주의의 정치적 형태)와 그 제도적 매개(국가 제도)를 구별할 필요가 있다"는 지적에 따른 것이다. 즉 "레이시즘의 근대적 형태가 어느 만큼 관철하는지는 국적과 공민권법이란 제도적 매개의 내용에 의존한다"(132-3頁). 말하자면 레이시즘의 근대적 형태로서의 시티즌십의 배타적 공동성이 국적법이나 입관법제를 규정하고 있다고 한들 미국의 공민권 운동과 같은 강력한 반레이시즘의 시티즌십 투쟁에 의하여 차별금지법과 이민 통합 정책을 확립시킬 수 있으며 그것에 따라서 입관법제를 어느정도 제약시킬 수 있다. 梁(2020b)第四章 참조.

것을 정리했다는 점에 있다(필자 작성의 아래 표 참조).

〈표 1〉

타입	국내인권 규범	3가지 전후 immigration regime(Joppke[1999])과 일본	1990년대 당시 리버럴 레짐 여부
A 이주자 레짐 (settler regime) (미국)	공민권법	"이민의 네이션"으로서 영주 멤버를 항상 수용.	O
B 게스트워커 레짐 (gestworker regime) ([서]독일)	헌법의 망명자수용 규범	공식적으로는 "이민국이 아니다"고 하면서도 망명과 가족의 권리를 규정한 헌법 규범에 의해 정주를 부정하지 못해서 사실상 "이민국"이 됨.	O
C 포스트콜로니얼 레짐 (post-colonial regime) (영국)	인종관계법	옛 대영제국의 "신민"이었던 식민지 출신자의 유입을 방지하기 위해 시티즌십 제도를 구축(81년 등)함. 구미에서는 예외적인 "제로 이민 정책"실시.	O
일본	X (차별금지법 없음)	재일조선인/대만인의 구 식민지 출신자의 일본 국적을 상실시켜 입관법으로 관리하는 "1952년 체제"(大沼保昭 1979, 梁 2020)	X (공식적인 이민정책은 없음)

표와 같이 3개국과 비교하면 일본의 "1952년 체제"가 가진 특수성이 명확하게 나타난다(도표의 회색 부분). 미·독·영 중 가장 엄격한 영국의 포스트콜로니얼 레짐과 비교해 보아도 일본의 1952년 체제는 독특하다. 필자는 이것을 "일본형 포스트 콜로니얼 레짐"이라고 부른다.[8]

첫째 일본은 1952년 강화조약 발효 당시, 일본에 거주하는 구 식민지

---

8) 2차대전 후 일본·영국의 이민 통합정책의 비교를 시도한 樽本英樹(2012)는 그 결말에서 일본과 영국의 시티즌십 정책의 차이의 원인을 (1)제국 해체 방식의 차이, (2)지역공동체에 의한 통합의 유무, (3)국내 인권 규범의 유무로 보았다. 그러나 입관법의 레이시즘과 반레이시즘의 관계라는 관점이 없다. 이 글은 이 과제를 1952년 체제의 계속성에서 분석했다.

출신자의 일본 국적을 "상실"시켰지만, 영국의 경우는 식민지 독립 당시에 독립국의 국내법 제정, 국적 선택의 자유, 독립국과의 2국 간 협정 등을 통해 당사자들이 무국적자가 되는 것을 방지했다(大沼, 2004).

둘째 일본은 조선·대만 본국의 주민을 같은 "국민"으로 취급하지 않았지만, 영국은 1981년까지 구 영연방(코몬외르스)의 주민을 "신민subject"으로 취급해 입국과 그 후의 권리 행사도 가능하게 했다. 역사에 "만약"이란 없지만, 같은 대응을 일본이 취했다면 70년대까지 한국으로부터 "밀항" 형태로 일본에 들어온 이민·난민은 "일본 국민" 취급을 받았을 것이다.

셋째 일본은 차별금지법을 만들지 않았지만, 영국은 인종관계법 등을 만들어 일단 입국한 비 백인의 이민의 권리는 일정하게 옹호했다.

마지막으로 영국은 유럽 통합에 의해 이민의 "리버럴 레짐(엽케)"을 채택하게 되었지만, 일본은 1990년대 이후에도 아시아 지역 차원의 안전 보장기구나 이민의 인권을 보장하는 협정을 채택하지 않았던 것이다.

이러한 비교를 통해 우리는 "1952년 체제"라는 입관법의 레이시즘이 국내의 대항적 인권 규범에 의해 제약받지 않았다는 점, 이민 정책이 마련되지도 않았다는 점 등의 특수성을 파악할 수있다.

6. 입관법제의 레이시즘 vs 반레이시즘 규범
   : (2) 해머의 쓰리게이트 모델과의 비교

엽케의 국제 비교를 소개했다. 마지막에 일본의 국제사회학에서 잘 참조되고 있는 토마스 해머의 쓰리게이트 모델과 "1952년 체제"를 비교해 보자. 곤도 아츠시는 일본에서 귀화에 필요한 최저 연한이 5년인데 비해, 영주 자격에 필요한 최저 연한이 10년이라는 역전된 상황을 문제시하며 이것을 "쓰리게이트 모델에 반하는 일본의 특수성을 나타내고 있다"라고 평가하고 있다(近藤, 2019).

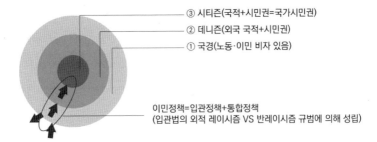

구미의 이민 정책

③ 시티즌(국적+시민권=국가시민권)
② 데니즌(외국 국적+시민권)
① 국경(노동·이민 비자 있음)

이민정책=입관정책+통합정책
(입관법의 외적 레이시즘 VS 반레이시즘 규범에 의해 성립)

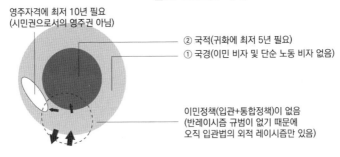

일본 1952년 체제

영주자격에 최저 10년 필요
(시민권으로서의 영주권 아님)

② 국적(귀화에 최저 5년 필요)
① 국경(이민 비자 및 단순 노동 비자 없음)

이민정책(입관+통합정책)이 없음
(반레이시즘 규범이 없기 때문에
오직 입관법의 외적 레이시즘만 있음)

〈그림 2〉

위에 그림을 참조해 보자(梁, 2020b: 제4장에서 인용). 구미에서의 데니즌denison(비국적자인 영주시민)에게 사실상의 시티즌십을 인정하는 이민 정책을 이론적으로 표현한 쓰리게이트 모델(토마스 해머)은 일본에서는 통용되지 않는다(梁, 2020b: 제4장). 쓰리게이트 모델은 보편적인 반레이시즘 규범과 (국가의 레이시즘 법제인) 입관법이 대결해 전자가 후자를 규제하고 침식함으로써 사실상의 시티즌십을 정주 외국인에게 부여한 다음, 비로소 "이민"이라는 카테고리가 생기고, 이를 통해 이민 정책이 성립하는 것이라고 볼 수 있다. 그러한 반레이시즘 규범이 없는 경우에는 일본

처럼 입관법제라는 국가의 국적에 기초한 레이시즘이 사회 규범이 될 수
도 있다. 최악의 헤이트스피치hate speech인 "재일특권"론이 아직도 인터넷
과 극우 정치인의 차별 선동에서 자주 쓰이며 그 효력을 얻고 있는 이유
는 이러한 반레이시즘 규범의 결여되어 있고, "1952년 체제"가 계속 유지
되고 있기 때문이다. 최근 일본에서는 저조한 난민 인정률, 비정규 등 지
나치게 엄격한 입관 행정이 사회 문제로 대두되고 있다. 그 문제에 관해서
는 이미 구미에서 성립되어 있는 (반레이시즘 규범이 일본에서는 어 있지
않다는 것을 고려해야 분석이 가능하다.

지금도 "1952년 체제"는 살아 있다. "1952년 체제"가 외국인 정책의 대
용물로 쓰이는 한, 다시 말해 최소한의 차별금지법제 마이너리티 정책·다
문화주의 정책이 확립되어 재일조선인이 정책상의 마이너리티로서 공인되
는 일이 없는 한, 입관법제를 통해 행해지는 차별 정책은 계속될 것이다.

참고문헌

량영성·김선미 역, 『혐오표현은 왜 재일조선인을 겨냥하는가: 사회를 파괴하는 혐오표현의 등장과 현상』, 산처럼, 2018

Balibar Etienne & Wallerstein Immanuel, *Race, Nation, Classe*, La Decouverte, 1990 (エティエンヌ·バリバール、イマニュエル·ウォーラステイン, 若森章孝·岡田光正·須田文明·奥西達也訳, 『人種、国民、階級-「民族」という曖昧なアイデンティティ』, 唯学書房, 2014)

Fitzpatrick, Peter & Golder, Ben, *Foucault's Law*, Cavendish Pub Ltd, 2009 (ピーター·フィッツパトリック, ベン·ゴールダー, 関良徳訳, 『フーコーの法』, 勁草書房, 2014)

Foucault, Michel, *La volonté de savoir (Volume 1 de Histoire de la sexualité)*, Paris: Gallimard, 1976(渡辺守章訳, 『性の歴史I-知への意志』, 新潮社, 1986)

Foucault, Michel, *Il faut défendre la société: cours au Collège de France (1975-1976)*, Gallimard/Le Seuil, 1997(石田 英敬·小野 正嗣訳, 『社会は防衛しなければならない:コレージュ·ド·フランス講義1975~1976年度(ミシェル·フーコー講義集成6)』, 筑摩書房, 2007b)

Foucault, Michel, *Naissance de la biopolitique: cours au Collège de France (1978~1979)*, Gallimard/Le Seuil, 2004(慎改 康之 訳, 『生政治の誕生:コレージュ·ド·フランス講義1978~1979年度)ミシェル·フーコー講義集成8)』, 筑摩書房, 2008)

Joppke, Christian, *Immigration and the Nation-State: The United States, Germany*, and Great Britain, Oxford Univ Press, 1999

Joppke, Christain, *Citizenship and Immigration*, Cambridge: Polity Press, 2010(C. ヨプケ著,遠藤乾他訳, 『軽いシティズンシップ:市民, 外国人, リベラリズムのゆ

くえ, 『岩波書店, 2013)

Hammar, Tomas, *Democracy and the Nation State*, Aldershot: Avebury, 1990 (近藤敦監訳, 『永住市民と国民国家: 定住外国人の政治参加』, 明石書店, 1999)

Harsha Walia, B*order and Rule: Global Migration, Capitalism, and the Rise of Racist Nationalism*, Haymarketbooks, 2021

Marshall, T. H. &Bottomore, T., *Citizenshipand Social Class, London*, Pluto Press, 1992(T. H. マーシャル著, 岩崎信彦・中村健吾訳, 『シティズンシップと社会的階級:近現代を総括するマニフェスト』, 法律文化社, 1993)

大沼保昭, 『新版 単-民族社会の神話を超えて-在日韓国・朝鮮人と出入国管理体制』, 東信堂, 1993

大沼保昭, 『在日韓国・朝鮮人の国籍と人権』, 東信堂, 2004

大沼保昭, 「大上段に振りかぶった国民国家の相対化と「在日」の人権を結びつけるべきではない」, 『日本国籍を取りますか?』, 新幹社, 2007

岡本雅享編, 『日本の民族差別』, 明石書店, 2005

鄭栄桓, 『朝鮮独立への隘路』, 法政大学出版局, 2013

金東鶴, 「在日朝鮮人の法的地位・社会的諸問題」, 『在日朝鮮人の歴史と文化』, 明石書店, 2006

近藤敦, 『多文化共生と人権-諸外国の「移民」と日本の「外国人」』, 明石書店, 2019

樋口直人, 『日本型排外主義-在特会・外国人参政権・東アジア地政学』名古屋大学出版会, 2014

樽本英樹, 『国際移民と市民権ガバナンス』, ミネルヴァ出版, 2012

朴沙羅, 『外国人をつくりだす-戦後日本における「密航」と入国管理制度の運用』, ナカニシヤ出版, 2017

明石純一, 『入国管理政策-「一九九〇年体制」の成立と展開』, ナカニシヤ出版, 2010

隅田聡一郎, 「国家に抗する政治的共同体-カール・マルクスのシティズンシップ論」, 『ロバアト・オウエン協会年報』44号, 2020

隅田聡一郎, 「資本主義・国民国家・レイシズム」, 『レイシズムを考える』, 共和国, 2021

梁英聖, 『日本型ヘイトスピーチとは何か─社会を破壊するレイシズムの登場』, 影書房, 2016

梁英聖, 「新自由主義的統治性において不正とみなされる特権としての在日特権に関する一考察」, 修士論文(未刊行), 2017

梁英聖, 『一九五二年体制と現代日本の新自由主義的レイシズムに関する一考察』(一橋大学大学院言語社会研究科、未刊行、加筆修正の上、河出書房新社より来年刊行予定), 2020a

梁英聖, 『レイシズムとは何か』, 筑摩書房, 2020b

梁英聖, 「レイシズムとしての在日コリアン差別をどのように分析するか─「在日特権」を生み出す一九五二年体制を再論する」, 在日本朝鮮人人権協会, 『人権と生活』 五二号, 2021a,

梁英聖, 「シティズンシップに潜むレイシズム」, 岩波書店, 『思想』1169号, 2021b

시진핑 시대 중국의 혐한*

: 현황과 원인, 완화 방안

조정원
원광대학교 동북아시아인문사회연구소 HK교수

1. 서론

 2022년은 한국과 중국이 국교를 수립한 지 30주년이 되는 해이다. 1992년 8월 24일 한중 수교 이후 중국 기업들은 한국의 범용 기술과 기업 경영 노하우를 습득하고 한국 기업들은 중국 시장에 진출해서 제품의 생산 및 중국 내수 시장 판매, 해외 수출을 하면서 서로에게 이득이 되는 관계를 형성하였다. 그리고 2000년대에는 한국의 일부 드라마와 영화가 중국에서 인기를 얻으면서 '한류韓流'로 일컬어지는 한국 대중문화가 중국인들 사이에서 호평을 받게 되었다. 그러나 한국의 드라마들 중에서 구성과 내용이 새롭지 않고 인륜을 거스르는 내용의 작품들도 중국에 소개되면서 이를 시청한 중국 시청자들이 이들 작품에 대한 악평과 혐오를 드러내는 '혐한嫌韓' 현상이 발생하였다(이희진, 2017: 394). 또한 2007년 1월 31일 중국 창춘长春에서 개최되었던 제6회 동계아시안게임 쇼트트랙 여성 계주 종목 결승에서 은메달을 획득했던 한국의 국가대표 쇼트트랙 선수 5명(진선유, 전지수, 변천사, 김민정, 정은주)이 "백두산은 우리 땅"이라는

---

 * 본고는 한국연구재단 등재지『외국학연구』제59집에 게재된 논문을 수정 및 보완하였음.

문구가 적힌 7장의 종이를 이용한 세리머니를 연출하자 일부 중국인들은 이에 대한 불쾌감과 혐한 정서를 드러냈다(박상후, 2007). 당시 중국의 인터넷 포털 '바이두白度'의 옌볜延邊 게시판에는 한국 선수들의 사진과 함께 '백두산은 우리 땅'이란 한글 문구를 "화성도 우리 땅火星也是我們的"이란 중국어로 바꾼 뒤 "한국이 겨울 아시안게임에서 표어로 중국에 도발했다"는 제목의 글을 실었고 이 게시판에는 한국 선수들의 사진에 "우리의 양아버지는 미국", "우리는 미국의 대군을 원한다" 등의 한국을 미국의 속국으로 비하하는 패러디물이 올라오기도 하였다(유철종, 2007).

2000년대에 한국의 대중문화 콘텐츠의 소비와 평가, 한중 간의 스포츠 경기에서의 우리 선수의 백두산 세리머니 등을 계기로 발생했던 혐한은 2013년 3월 시진핑 중심의 중국 공산당 제5세대 지도부가 등장하면서부터 예전보다 간헐적이고 다양한 방식으로 발생하고 있다. 특히 중국발 미세먼지로 인해 발생하는 한국의 월경성 대기오염, 한국 대학에 재학 중인 중국 유학생들의 처우, 한양대에서 발생한 한국 학생들과 일부 중국 학생들 간의 홍콩의 반중 시위에 대한 이견으로 인한 충돌은 일부 중국인들 사이의 혐한 정서 표출의 계기가 되었다.

본고에서 다루는 일부 중국인들의 한국에 대한 혐오(혐한)는 일시적 혹은 개인적 차원에서 발현되는 감정으로서의 혐오가 아닌 자민족중심주의와 중국의 대국으로서의 자부심에 기반한 사회적 의미에서의 혐한을 의미한다(김민정, 2019: 12). 본고에서는 시진핑 시대에 중국의 자민족중심주의인 중화사상과 대국으로서의 자부심에 바탕을 둔 사회적 의미의 혐한이 지속되는 원인을 규명하고자 한다. 이를 위해 본고에서는 연구 주제 관련 문헌들에 대한 분석과 중국 국내 전문가들의 인터뷰를 통해 시진핑 중심의 중국공산당 제5세대 지도부가 2013년 3월에 출범한 이후부터 2021년 2월까지 중국의 사회적 의미의 혐한에 대하여 연구하고자 한다. 본고는 다음과 같은 내용으로 구성하였다. 우선 2장에서는 시진핑 시대의 중국의 혐한에 대한 이해에 필요한 주요 개념들을 소개 및 설명하고자 한다. 3장에서는 시진핑 시대 중국의 혐한의 현황을 소개하고 4장에서는 그 원인에 대하여 분석하고자 한다. 5장에서는 2장, 3장과 4장의 내용들을 토대로 중국의 혐한 정서 완화 방안들을 제시할 것이다. 이를 통해 2022년에 수교 30주년을 맞이하는 한국과 중국의 국민들이 서로를 진심으로 존중하고 함께 지속적으로 협력할 수 있는 방향을 모색하고자 한다.

2. 시진핑 시대 중국의 혐한을 이해하기 위한 주요 개념들

1) 투사적 혐오

혐한 정서가 있는 중국인들 중에서 일시적 혹은 개인적 차원의 한국에 대한 혐오(이하 혐한)를 하는 사람들은 향후 한중 간의 분야별 협력이 활성화되고 사안별로 자신에게 이득이 되는 한중 협력 사업이 진행될 경우 혐한의 감정이 한국에 대한 호감으로 전환될 가능성이 있다. 그러나 중국의 자민족중심주의인 중화주의와 면적과 인구 규모가 큰 대국으로서의 자부심에 기반을 둔 혐한의 감정이 있는 사람들은 분야별, 사안별로 중국과 한국 간의 이견이 발생하면 면적이 작고 인구 규모가 작은 소국인 한국이 대국인 중국에게 불손하고 불편한 언행을 하는 것으로 받아들이고 혐한 정서를 더욱 강하게 표출할 수도 있다. 누스바움의 인지주의에 기반한 혐오에 대한 연구를 살펴보면 중화주의와 대국으로서의 자부심에 기반을 둔 일부 중국인들의 혐한은 사회적 경험과 학습, 관습을 통해 습득한 투사적 혐오projective disgust로 분류할 수 있다(김용환, 2015: 15). 투사적 혐오는 개인의 유한함과 소멸 가능성을 회피하고 불멸성을 강화하려는 속성에서 비롯되며 이를 위해 자신의 취약한 동물적 특성을 상기시키는 혐오를 외부로 투사하는 것을 의미한다(고현범, 2016: 143). 일부 중국인들의 혐한 정서는 중국의 애국주의 교육에 의해 형성된 민족주의 정서와 그들의 개별적인 유한함과 소멸 가능성, 취약성을 중국이 세계의 중심이며 자신들의 대국의 국민이라는 생각으로 극복하려는 의도의 결합에서 비롯되었다. 한국에 대한 투사적 혐오를 표출하는 일부 중국인들은 자신들보다 면적과 인구 규모가 작은 나라인 한국의 국민들이 중국과 중국인들을 불편하게 하는 행동을 한다고 판단할 경우 자신들의 취약성을 상기시키는 혐오를 한국과 한국인들에게 투사하게 된다. 이와 같이 한국에 대한 투사적 혐오를 하는 사람들은 혐한을 유발하는 보도와 문장에 대한 댓글 게시를 통해 인터넷 공간에서 군집화하면서 자신들의 정서를 공유하고 확산하고자 한다.

2) 신민족주의와 디지털 공간에서의 배제와 투쟁

민족주의는 민족의 독립, 자주와 통합 및 확대, 영광을 추구하는 이념을 의미한다(김영명, 2016: 230). 한 개인이나 단체, 국가가 속한 민족이 민족주의를 추구하는 과정은 자신과 자신이 속한 단체, 국가를 구성하는 민족의 자긍심을 고양하면서 다른 국가와 민족에게 '우리'를 인정하라는 요구를 하게 된다. 중국은 다민족 국가이지만 중국 내 인구의 다수를 차지하는 한족은 한 왕조와 당 왕조를 한족 중심의 중국의 전성기로 보는 '한당성세汉唐盛世'를 언급하면서 한족과 중국 문화의 우수성을 국내외에 주장하였다(林辰, 2018: 61). 그런데 2000년대 이후 중국의 민족주의는 한족의 우수성을 다른 국가와 민족에게 인정할 것을 요구하는 수준을 넘어서 한족이 다른 국가와 민족보다 더 우수하다는 비교우위로 변화하는 모습이 나타난다. 이는 중국의 국제사회에서의 위상 강화, 중국의 각급 학교의 민족주의, 애국주의 교육이 결합되면서 중국에서 애국주의 성향이 강한 청년들이 증가하는 계기로 작용하고 있다. 중국 교육부는 2021년 2월 5일

중국의 초등학교와 중학교 교과서에 중화 문화의 기초 배양, 민족의 자부심 증강, 문화에 대한 자신감 강화, 정정당당한 중국인 양성을 목표로 인재 양성 교육을 추진할 것임을 공개하였다(中华人民共和国 教育部, 2021). 일부 애국주의 청년들의 중국과 한족에 대한 과도한 자신감은 중국이 다른 국가들과의 관계에서 불편한 일이 있을 때 인터넷과 모바일 공간에서 자국을 불편하게 하는 타국에 대한 반감과 혐오, 공격으로 연결되고 있다. 이와 같이 애국주의적이고 타국을 배척하는 심리를 가진 대중의 결집은 감정적이고 비이성적이며 포퓰리즘적인 신민족주의로 변화하게 된다(조성환, 2005: 179).

인터넷과 모바일 공간에서의 신민족주의는 민족적 저항의 수단으로 디지털 기술이 활용되는 경향과 연계되어 있다. 마누엘 카스텔스Manuel Castells는 디지털 기술을 민족적 저항의 수단으로 활용함으로 인하여 디지털 공간에서 민족주의가 더욱 증폭되고 있으며 디지털 공간이 민족들 간의 다양한 불만과 불협화음이 표출되는 공간이 되고 있음을 지적하였다(류석진, 2016: 83). 중국은 인터넷과 스마트폰의 모바일 공간에서의 표현의 자유가 한국, 일본과 미국을 비롯한 다른 서방 세계 국가들에 비해 제한적이며 중국 중앙정부가 민감한 이슈라고 판단하는 문제는 중국의 주요 포털 검색어 입력이 차단되는 경우가 적지 않다. 그럼에도 불구하고 중국의 네티즌들은 인터넷과 스마트폰의 모바일 공간에서 자신들의 역사와 주요 이슈들에 대한 인식을 공유하면서 신민족주의적 정서와 언행을 유통하고 있다. 이는 중국 중앙정부가 중국과 중화민족에 대한 우월감과 자부심이 충만한 대중들의 결집을 위해 인터넷과 모바일 공간의 댓글과 커뮤니티 사이트에서 일부 네티즌들이 중국을 불편하게 하는 타국의 정책 결정 혹은 타국의 개인의 언행에 대한 혐오와 배제, 투쟁을 유발하는 발언을 올리는 것을 용인하고 있기 때문이다. 그로 인해 중국에서도 디지털 공간이 신민족주의 확산과 타국에 대한 혐오와 배제, 투쟁의 공간으로 활용되고 있다.

3) 스포츠 내셔널리즘, 개별 불안형 내셔널리즘

중국에서의 신민족주의 발호 외에 스포츠 분야에서의 내셔널리즘의 확산도 일부 중국 네티즌들이 다른 국가들에 대한 혐오와 반감을 표출하는 요인으로 작용하고 있다. 스포츠는 민족국가의 시스템에 기반을 두고 진행되었고 19세기부터 각국의 국민들의 애국심을 고양하고 국가를 중심으로 결집하게 만드는 수단으로 활용되었다(Amara Mahfoud, 2012: 10). 특히 올림픽에 출전하는 각국의 국가 대표팀 선수들과 그들의 유니폼, 시상식에서의 국가 연주는 각국의 국민들이 올림픽을 국가 간 경쟁의 공간으로 인식하는 기능을 수행한다(Horne and Whannel, 2012: 109).

이러한 경향은 1978년 개혁개방 이후 중국에서도 나타나고 있다. 중국은 개혁개방 이후 중앙정부가 엘리트 체육을 육성하면서 해외에서는 올림픽, 아시안게임, 종목별 세계선수권대회를 비롯한 각종 국제 메가 스포츠 이벤트에서의 좋은 성과의 창출을 독려해 왔다. 특히 1980년대에 중국 중앙정부는 중국 선수들이 올림픽에서 좋은 성적을 낼 수 있게 하고자 엘리트 스포츠의 육성을 통한 올림픽 전략 수립 및 시행에 초점을 맞췄다(Liang Shen, 2020: 32). 중국 중앙정부의 엘리트 스포츠 육성을 통한 올림픽에서의 메달 획득 전략이 지속적으로 시행되고 다수의 중국 선수들이 올림픽을 비롯한 국제 대회에서 좋은 성적을 거두면서 국제 스포츠 메가 이벤트들은 중국에서 국가와 민족의 자긍심을 제고하는 수단으로 활용되고 있다. 이는 스포츠가 내셔널리즘의 확산과 통합에 기여하는 특성과 연계되고 있다(Richard Arnold, 2021: 3). 그러나 스포츠 내셔널리즘에 경도된 중국의 일부 네티즌들은 올림픽과 월드컵 축구대회 등 주요 스포츠 메가 이벤트에서 중국 선수들이 좋은 성적을 내지 못할 경우 과도한 비판과 질책을 하고 있다. 또한 중국과 다른 국가의 선수들 간의 올림픽에서의 종목별 경쟁에서 판정 문제가 발생하여 다른 국가의 선수가 불이익을 받는 일이 생기더라도 맹목적으로 중국을 옹호하고 다른 국가에 대한 혐오와 반감을 표출하고 있다. 이는 중국의 일부 네티즌들이 여러 종목의 국제 대회에서 중국과 다른 국가들의 선수들 간의 경쟁에 과몰입하고 중국 중심의 민족주의 정서를 통제하지 못하면서 중국을 무조건 옹호하고 한국을 비롯한 다른 국가에 대해서는 혐오와 반감을 표출하는 것을 당연하게 여기고 있기 때문이다.

개혁개방 이후 중국의 스포츠 내셔널리즘의 지속과 일부 네티즌들의 중국을 과도하게 옹호하는 과정에서 발생하는 혐한 언행에는 중국의 일부 젊은 네티즌들이 참여하고 있다. 1992년 구소련의 해체에 따른 자본주의 진영과 공산주의 진영 간의 냉전 종식 이후에도 중국과 한국 청년들 사이의 혐한과 혐중 언행은 인터넷을 중심으로 지속되고 있다. 이에 대해 다카하라 모토아키는 국가의 고도성장이 가능하지 않게 되면서 나타나는 개별 불안형 내셔널리즘으로 분석하였다(다키하라 모토아키, 2007: 36). 개별 불안형 내셔널리즘은 중국과 일본, 한국이 고도성장이 둔화되고 기업들의 인력 채용에서 정규직 공급이 줄어들면서 나타나는 미래에 대한 불안의 원인을 외부의 적에게 찾는 감정적인 메커니즘이다(김지환, 2022). 최근 코로나19 팬데믹에 따른 해외 입국자들에 대한 일정 기간의 격리 조치와 격리비용 자비 부담으로 인해 중국과 한국 간의 자유로운 이동과 어학연수, 유학이 예전보다 어려워지고 중국과 한국 관련 일자리의 공급이 늘어나지 않게 되었다. 그로 인해 중국과 한국의 청년들은 팬데믹 이전의 자유로운 교류를 통해 우정을 돈독히 하고 자아실현을 할 수 있는 기회를 갖기가 어려워졌다. 또한 기업들의 수요가 많은 분야들 외에는 양국의 청년들이 자신이 선호하는 안정적인 일자리를 갖기가 쉽지 않은 상황에 직면하였다. 이와 같은 자아실현과 생활의 어려움은 한국과 중국의 일부 청년들이 미래에 대한 불안의 원인을 외부에서 찾는 감정적인 메커니즘에 빠져드는 원인으로 작용하고 있다. 이들은 양국 간의 입장이 다르고 이해관계의 충돌이 발생하는 사안들이 나올 때마다 인터넷 커뮤니티와 인터넷 보도의 댓글창에서 혐한과 혐중 언행을 주고받는 키보드 배틀을 진행하고 있다.

4) 호모필리 원칙

특정 국가의 일부 언론과 국민들이 다른 국가에 대한 혐오의 감정을 공개적으로 표출하고 공유하는 커뮤니티를 자연스럽게 구성하게 되는 원인은 소통의 확장 과정에서 같은 생각을 공유하는 사람들끼리 교류하는 경향이 강해지기 때문이다. 이를 완화하고 억제하기 위해서는 언론과 국민들이 보다 이성적이고 합리적으로 사고할 수 있도록 서로 이질적인 생각을 가진 언론과 국민들이 다양하게 활동함으로써 보다 원활한 사회 소통이 이뤄질 수 있어야 한다. 보다 원활한 사회 소통의 문제는 유사하거나 같은 종류의 사람들이 모이면서 같은 생각을 공유하는 상호작용을 하는 "호모필리Homophily"의 축소와 다른 종류의 사람들이 모이면서 다양한 생각을 공유하며 이질적인 상호작용을 주고받는 "헤테로필리Heterophily"의 확장과 연계해서 접근할 수 있다(Rogers, E., & Bhowmik. D. K., 1972: 527).

"호모필리 원칙Homophily principle"은 사회적 지위나 직업, 성향이 비슷할수록 사람들이 서로 친근감을 느끼게 되고, 긴밀한 네트워크를 구성하면서 더 많은 상호작용을 하게 되는 경향을 의미한다(안민호, 2014: 115). 시간이 지나면서 호모필리 네트워크는 제도화되고 내부에서의 커뮤니케이션을 활발하게 진행하면서 네트워크 내부의 동질성을 강화하게 된다(안민호, 2014: 115). 같은 생각을 가지고 있는 언론 매체와 국민들의 군집화는 사회적 동물인 인간들에게는 매우 자연스러운 현상이다. 이와 같은 원칙은 중국 내에서 한국에 대한 반감과 혐오를 갖고 있는 사람들 사이에도 적용될 수 있다. 중국 매스컴에서 한국에 대한 반감과 혐오를 유발하는 보도들을 접한 중국인들은 댓글에 한국에 대한 반감과 혐오를 표출하게 된다. 그리고 중국 매스컴의 혐한, 반한 성향을 드러내는 보도의 댓글창은 보도에 동의하는 중국인들이 자신의 생각을 공유하면서 동질감을 느끼는 공간으로 변모하게 된다. 이를 완화하고 억제하려면 중국에 이질적이고 다양한 언론 매체들과 국민들이 자유롭게 활동하면서 서로의 의견들을 공개적으로 주장하고 논쟁도 벌일 수 있어야 한다. 그런데 중국은 대다수 언론 매체들이 중국 중앙정부나 중국 각지의 지방정부가 통제하는 관영 매체들이고 보도의 논조와 방향도 정부의 정책 기조를 정면으로 비판하기 어렵다(Bijie Bie & Andrew C Billings, 2015: 789). 그리고 중국 공산당은 각급 정부가 소유한 언론 매체들을 국민들의 교육과 중국에 대한 애국심, 자긍심 고양, 공산당의 정책들에 대한 정치적 지지 유도의 수단으로 활용하고 있다(Kennedy JJ, 2009: 525). 또한《런민르바오人民日报》의 자매지인《환치우스바오环球时报》와 중국의 포털 사이트인 왕이网易, 중국의 일부 인터넷 커뮤니티 사이트는 특정 국가의 언행이 중국의 입장과 이익에 부합하지 않을 때 감정적이고 자극적인 기사를 게재하여 일부 중국인들이 그 국가에 대한 혐오와 반감을 표출하게 유도하고 있다. 그로 인해 중국에서는 호모필리의 축소와 헤테로필리의 확장을 통한 효과적인 사회 소통의 유도가 쉽지 않은 상황에 직면해 있다.

3. 시진핑 시대 중국의 혐한의 현황

1) 언론에서의 혐한

중국 공산당 기관지인《런민르바오人民日报》의 자매지인《환치우스바오 环球时报》는 중화주의와 민족주의 성향이 강한 후시진胡锡进이 2005년부터

2021년까지 편집장을 맡으면서 중국을 불편하게 하는 언행을 하는 국가에 대한 감정적인 보도를 게재하였다. 시진핑의 중국공산당 지도부가 등장한 이후 《환치우스바오》는 중국과 한국의 이견이 표출되었던 경상북도 성주의 사드 배치, 중국발 월경성 대기오염, 2019년 홍콩의 민주화 운동 및 시위, 김치와 갓에 대한 한중 간의 기원 논쟁에 대하여 객관적인 사실에 근거한 보도의 기본 원칙에서 벗어나 중국의 입장을 옹호하는 보도를 게재하였다.

<표 1> 《환치우스바오》의 혐한, 반한 유발 보도와 주요 내용

일시	제목	주요 내용
2017.02.28.	자동차와 휴대전화 구입을 준비하는 중국인은 한국 브랜드를 비켜갈 수 있다 (准备买车和手机的中国人可绕开韩国品牌)	2017년 2월 한국 롯데그룹과 한국군 간의 경상북도 성주군 롯데골프장 부지와 군부대 국유지 교환에 따른 한국의 사드 배치 확정을 언급 한국의 수출 흑자의 약 40%가 중국에서 발생했고, 한국 제품의 중국에서의 성공은 한중 간의 우호 협력에서 비롯되었으나 한국의 사드 배치는 이를 감안하지 않고 미국, 중국, 러시아 간의 전략적 핵무기 억제 게임에 개입했다고 주장 중국 시장에서의 롯데 브랜드 퇴출, 한국의 사드 배치에 대한 중국 소비자들의 한국산 자동차와 휴대전화 불매 및 한국 여행 취소 권유 한국의 대중문화콘텐츠와 한국 유명 연예인들의 중국 시장 퇴출 주장
2018.12.29.	중국 관방 한국의 중국발 미세먼지 주장 즉각 반박, 한국 매스컴은 오히려 중국의 책임이라는 입장을 견지 (中国官方驳斥"韩国雾霾来自中国",	2018년 12월 28일 중국 생태환경부 대변인 류어우빈(刘友宾)이 한국의 미세먼지는 중국발이 아니라 대부분 한국 국내에서 발생한다고 반박.

일시	제목	주요 내용
	韓媒却在坚持甩锅)	이에 대해 한국의 매스컴들은 여전히 한국의 미세먼지 발생 원인은 중국이며 류대변인의 반박에 대하여 신뢰하지 않고 있음.
2019.03.08.	한국이 요며칠 좀 미쳤다: 중국 대사관 앞 시위, 중국 유학생 혐오 직면 (韩国这几天有点疯:中国大使馆前示威, 中国留学生遭嫌弃)	2019년 3월 7일 한국 외교부 장관이었던 강경화의 중국 외교부 루캉(陆康) 대변인의 한국의 대기오염에 대한 중국 책임을 부정하는 기자회견에 대한 반박 소개. 2019년 3월 7일 한국의 일부 보수단체의 명동 주한 중국대사관 앞에서 실시한 중국의 월경성 대기오염 책임 부정에 대한 항의 시위 소개. 일부 재한 중국유학생들이 한국의 대기오염으로 인해 한국에서 혐오의 대상이 되고 있다는 근거 없는 주장 전개. 한국의 중국발 월경성 대기오염에 대한 중국의 원인 제공에 대한 설명 없이 한국이 보다 과학적인 조사를 통해 원인을 규명해야 한다고 주장.
2019.11.14.	홍콩을 난잡하게 펀드는 견해가 한국에 만연하여 중국유학생이 팩트를 가지고 반격 (乱港声浪蔓延至韩国 中国留学生用事实反击)	2019년 홍콩의 민주화 운동 및 시위에 대하여 한국에서 홍콩 현지인들의 입장을 지지하는 견해 확산에 대하여 재한 중국유학생들이 중국의 입장에서 반박하고 있음을 소개.
2020.11.28.	중국이 김치 국제표준 제정을 주도하자 한국 매스컴이 흥분했다: 김치 종주국의 치욕 (中国主导制定泡菜业国际标准, 韩媒炸了:泡菜宗主国的耻辱)	중국이 김치에 대한 국제 표준을 제정하자 한국 매스컴이 이에 대한 감정적인 비판을 하고 있다고 힐난. 자국을 김치종주국으로 여기는 한국은 2018년 4월 김치산업 종합진흥계획을 공개하며 추진했으나 2020년 태풍과 장마로 인해 김치의 원재료

일시	제목	주요 내용
		인 배추 가격이 폭등하여 계획을 추진하기 어렵게 되었다고 주장.
2021.12.08.	중국 배우가 갓의 기원을 바로잡자 한국 교수가 다시 등장했다. (中国演员纠正"帽子起源", 又是这个 韩国教授跳出来了!)	어느 중국 네티즌이 중국 배우 우시저(吳希澤)가 출연한 중국 사극 '한 조각 얼음 같은 마음이 옥항아리 안에 있다(一片冰心在玉壶)'에서 썼던 갓이 자신이 한국 사극에서 봤던 것과 유사하다고 하자 우시저가 자신이 착용했던 갓이 중국에서 나온 것이라고 주장. 우시저의 주장에 대하여 서경덕 성신여대 교수가 자신의 인스타그램에서 우시저의 무지에서 비롯된 잘못이라고 반박하자 환치우스바오의 웨이신 계정에서 이에 대한 반박과 서경덕 교수의 한국문화 수호 언행에 대하여 비난

* 자료: 「环球时报:准备买车和手机的中国人可绕开韩国品牌」,《环球时报》(2017. 2. 28.) [http://www.
ce.cn/xwzx/gnsz/gdxw/201702/28/t20170228_20567699.shtml](검색일 2022. 1. 11.); 张静, 「中
国官方驳斥"韩国雾霾来自中国", 韩媒却在坚持甩锅」,《环球时报》(2018. 12. 29.) [https://world.h
uanqiu.com/article/9CaKrnKgqhD](검색일 2022. 1. 11.); 李军·王伟, 「韩国这几天有点疯: 中国
大使馆前示威, 中国留学生遭嫌弃」,《环球时报》, (2019. 3. 8.) [https://baijiahao.baidu.com/s?id=
1627398010888970075&wfr=spider&for=pc](검색일 2022. 1. 12.); 环球时报, 「乱港声浪蔓延至韩国
中国留学生用事实反击」,《新浪新闻》(2019. 11. 14.)[https://news.sina.cn/2019-11-14/detail-iihnzhfy9
204463.d.html](검색일 2022. 1. 13.); 环球网, 「中国主导制定泡菜业国际标准, 韩媒炸了:泡菜宗主
国的耻辱」,《新浪科技》(2020. 11. 28.)[https://finance.sina.com.cn/tech/2020-11-28/doc-iiznezxs410
0936.shtml](검색일 2022. 1. 15.) 环球网微信公众号, 「中国演员纠正"帽子起源", 又是这个韩国教
授跳出来了!」,《环球网》(2021. 12. 8.)[https://world.huanqiu.com/article/45u9unAjUEA](검색일:
2022. 1. 15.)

〈표 1〉에 소개한 《환치우스바오》의 보도들은 일부 중국 네티즌들이 "괴뢰 국가에는 작은 괴뢰들이 많다傀儡国家, 小傀人特多", "나는 한국인이 정말 싫어!我很讨厌韩国人!", "한국인은 정말 역겹다韩国人真够恶心的" 등의 감정적이고 자극적인 댓글을 통해 혐한, 반한 정서를 공유하고 확산하는 원인으로 작용하였다(李军·王伟, 2019; 环球网微信公众号, 2021).

2) 스포츠에서의 한중 경쟁으로 인한 혐한

　상술한 바와 같이 쇼트트랙은 2007년 한국 여자 대표팀 선수들의 백두산 세리머니 이후부터 현재까지 한국과 중국 간의 경쟁이 치열하게 진행되었던 종목이다. 2022년 2월 4일부터 20일까지 개최되었던 제24회 베이징 동계올림픽은 일부 중국 네티즌들의 혐한, 반한 정서와 한국 네티즌들의 혐중, 반중 정서가 인터넷 공간에서 정면으로 맞서는 상황이 등장하였다. 동년 동월 4일의 개막식에서는 중국의 소수민족 대표들이 중국 국기인 우싱훙치五星红旗를 들고 나오는 장면에서 한복을 착용한 조선족 여성이 등장하였다. 그로 인해 한국에서는 한복에 대한 중국의 문화공정을 의심하고 일부 네티즌들이 혐중, 반중 발언을 인터넷 댓글에 올리는 상황이 등장했고 일부 중국 네티즌들은 이에 "소국 주제에 나대지 말고 가만 있어라", "나라가 작아 하는 짓도 하찮다", "중국은 한국의 아버지"라는 거친 댓글로 대응하였다(김남희, 2022). 동년 동월 7일에는 한국과 중국의 경쟁이 치열했던 남자 쇼트트랙 1,000m에서 한국의 황대헌, 이준서 선수가 실격으로 탈락하고 중국 선수 2명이 각각 금메달과 은메달을 차지하자 양국 네티즌들이 키보드 배틀을 벌이는 상황이 전개되었다. 그 과정에서 일부 중국 네티즌들은 쇼트트랙 경기에서의 중국의 판정 공정성에 대한 의구심과 문제를 공개적으로 제기했던 한국 쇼트트랙 대표팀의 곽윤기 선수의 SNS에는 영어, 중국어 욕설, 구토 이모티콘과 한국에 대한 혐오 발언을 올리기도 하였다(김하나, 2022).

3) 문화 영역에서의 혐한

　2022년 2월 12일에는 중국의 OTT 플랫폼 아이치이에 공개된 중국의 쇼트트랙 영화 〈날아라, 빙판 위의 빛(飞吧, 冰上之光)〉(이하 〈날아라, 빙판 위의 빛》)에서는 쇼트트랙에서의 한중 경쟁을 소재로 중국 관객들에게 혐한을 유도하는 내용이 공개되었다. 〈날아라, 빙판 위의 빛〉에서는 배달 원으로 일하던 소년 청환이 국가대표 출신 모친의 영향으로 쇼트트랙을 배워서 치열한 훈련을 통해 국가대표로 성장하여 올림픽에서 성공하는 내 용을 담고 있다. 이 영화에서 청환과 경쟁하는 한국 쇼트트랙 선수들은 주인공과 부딪히거나 발을 걸고 스케이트 날로 청환의 눈을 공격하는 모 습으로 묘사되었다(김예랑, 2022). 이와 같이 승리를 위해 반칙을 불사하 는 한국 쇼트트랙 선수들과의 경쟁에서 승리하는 청환의 모습은 영화를 관람하는 중국인들에게 자긍심을 고양하고 한국에 대해서는 혐오와 반감 을 유도하게 된다.

4) 1인 미디어에서의 혐한

중국의 인터넷 포털인 왕이网易와 웨이보微博, 틱톡, 위챗, 샤오훙슈小红 书 등의 SNS에서 1인 미디어가 활성화되면서 1인 미디어를 운영하는 일 부 중국 네티즌들이 혐한 발언을 공개적으로 올리고 있다. 왕이에 블로그 를 운영하는 중국 네티즌 예팅신위夜听訊语는 2022년 2월 4일 중국의 유명 영화감독 장이모우가 연출한 베이징 동계올림픽 개막식에서 조선족 여성 이 한복을 입고 나온 것에 대하여 일부 한국 네티즌들의 비판에 대하여 분개하며 한반도가 일본의 지배하에 있을 때 중국이 조선족들에게 토지를 제공하며 정착을 도왔던 사실을 언급하였다(夜听訊语, 2022). 또한 베이징 동계올림픽에서 중국의 쇼트트랙 판정 공정성에 대하여 문제를 제기한 곽 윤기 선수에 대한 비난과 함께 중국 쇼트트랙 선수들이 2008년 월드컵 쇼 트트랙, 2010년 상하이 월드컵 쇼트트랙에서 한국 선수들과의 경쟁에서 부당한 대우를 받았지만 한국이 현재까지 사과하지 않는다고 주장하였다 (夜听訊语, 2022).

4. 시진핑 시대 중국의 혐한 지속의 원인

1) 민족주의, 애국주의 성향의 중국 네티즌들

중국 네티즌들의 민족주의, 애국주의 성향은 시진핑 시대에 더욱 강해지고 있다. 이는 중국 공산당과 중국 중앙정부가 중국에 대한 자긍심과 애국심을 고양하는 교육을 지속적으로 강화하고 있기 때문이다. 중국 공산당과 중국 중앙정부는 1990년대부터 애국주의 교육을 시작했는데 시진핑 시대에 중화민족의 위대한 부흥, 중국몽을 내세우면서 더욱 강화되고 있으며 일국양제를 시행하면서 교육자치를 시행했던 홍콩에서도 애국주의 교육을 시행하려 하고 있다(최유식, 2022). 중국 중앙정부의 중앙 교육 영도소조는 2019년에 "초심을 잊지 말고, 사명을 기억하자라는 주제의 애국주의교육 강화와 애국주의정신 발양에 관한 통지關於在"不忘初心, 牢記使命"主題教育中加強愛國主義教育, 弘揚愛國主義精神的通知"를 내놓은 이후 각급 학교에서 애국주의와 민족의 자긍심을 고양하는 교육을 강화하였다(공봉진, 2019: 118). 중국 중앙정부 중앙선전부는 중국 공산당의 사상과 정책, 애국심 관련 학습을 위해 쉐시창궈學習強國(https://www.xuexi.cn/) 앱을 운영하여 학생과 직장인들이 시진핑 사상을 공부하고 애국심을 고양하게 유도하고 있다(공봉진, 2019: 124).

이와 같은 애국주의 교육을 받은 중국인들 중의 일부는 중국의 지속적인 경제 성장과 세계 최대의 외환보유고, 2008년 뉴욕발 금융위기 이후 미국과 함께 G2로 일컬어지는 국제사회에서의 중국의 위상 제고에 대한 자긍심을 느끼는 수준을 넘어서 인터넷 공간에서 중국에 대하여 불편한 언행을 하는 다른 나라의 매스컴과 전문가들에게 혐오와 반감을 표출하고 있다. 특히 중국보다 면적이 좁고 인구 규모가 작은 나라들은 소국으로 규정하고 인터넷 공간에서 소국인 국가들의 네티즌과 전문가가 중국의 문제점에 대하여 지적하는 상황이 발생하면 일부 중국 네티즌들은 소국은 대국인 중국에 대하여 불편한 발언을 자제하라는 발언을 올리고 있다(김남희, 2022).

2) 혐오를 유발하는 보도 및 발언 관련 규제 미비

본고의 3장에서 소개한 중국의 일부 매스컴의 자극적이고 감정적인 언론 보도는 베이징 동계올림픽에서의 한복 논쟁과 남자 쇼트트랙에서의 불공정 판정 문제로 인하여 다시 등장하였다. 환치우스바오는 후시진 편집장의 퇴진 이후 노골적인 혐한, 반한 보도를 자제하는 경향이 있었다. 그러나 베이징 동계올림픽에서의 개막식에서의 한복을 입은 조선족 여성, 한국과 중국의 쇼트트랙 남자 1,000m 경기에서의 판정 시비를 계기로 《환치우스바오》는 영문 자매지인 《글로벌 타임즈》와 함께 혐한, 반한 정서를 자극하는 보도를 재개하였다. 《환치우스바오》와 《글로벌 타임즈》의 혐한, 반한 보도들이 인터넷과 모바일에 게재되면서 일부 중국 네티즌들이 이에 동조하는 댓글을 올리면서 언론과 일부 네티즌들의 군집화도 재개되었다. 다행히 《환치우스바오》는 2022년 2월 9일 황대헌 선수의 남자 쇼트트랙 1,500m 금메달 획득을 진정한 스포츠 정신을 구현한 사례로 평가하는 사설을 내놓으면서 쇼트트랙 관련 혐한 보도를 중단했다(环球时报, 2022). 그러나 향후 중국과 한국 간의 갈등이 첨예한 이슈가 재등장하면 《환치우스바오》와 《글로벌 타임즈》의 혐한 보도와 이에 따른 중국 네티즌들의 동조와 군집화에 따른 호모필리 원칙이 재현될 가능성이 있다. 이와 함께 베이징 동계올림픽에서의 조선족 여성의 한복 착용, 한중 간의 쇼트트랙 경쟁을 중국의 입장에서만 주장하는 1인 미디어를 운영하는 네티즌들의 활동을 통해 중국의 일부 네티즌들은 혐한, 반한 정서를 공유하고 있다.

중국 중앙정부는 인터넷에서 중앙정부와 공산당, 중국의 정치 지도자들에 대한 비판 발언들은 발견되는 대로 발언을 올린 사람을 찾아서 구속하고 있으며 중국의 주요 인터넷 포털 검색어에서 차단하고 있다. 그러나 중국은 언론의 혐오 유발 보도와 1인 미디어에서의 다른 국가들에 대한 혐오 발언에 대한 구체적인 법적인 제재나 처벌 조항이 나와 있지 않다. 그로 인해 일부 중국 네티즌들의 혐한 발언은 현재까지 계속되고 있으며 이는 한국의 일부 혐중 네티즌들과의 인터넷에서의 언쟁으로 이어지고 있다.

3) 한국의 사드 배치와 미중관계의 변화

북한의 핵 실험과 장거리 미사일에 대응하기 위한 한국의 사드 배치, 버락 오바마, 도널드 트럼프의 미국 행정부의 대 중국 견제와 미중 간의 무역 분쟁과 기술 패권 경쟁에 따른 미중관계의 변화도 시진핑 시대의 혐한 유발 보도와 일부 중국 네티즌들의 혐한 발언의 원인으로 작용하고 있다. 버락 오바마 행정부는 두 번째 임기에서 추진한 아시아로의 회귀pivot to Asia를 통해 중국 인민해방군의 아시아 태평양 지역에서의 활동을 경계하고 남중국해와 동중국해에서 중국이 영유권과 자원 소유권을 차지하려는 행동을 필리핀, 베트남, 일본과 협력하여 차단하고 있다. 또한 한국 경상북도 성주의 사드 배치를 통해 한미 동맹을 재확인하면서 한국이 중국과 안보 문제에 있어서 대립하는 구도가 만들어졌다. 사드 배치로 인한 한미 동맹과 이에 반대하는 중국과 러시아, 북한의 연대는 한반도에서 새로운 냉전 구도의 등장을 의미하며 일부 중국인들에게는 미국의 동맹인 한국에 대한 호감이 줄어들거나 사라지는 계기가 되었다(베이징 B대학 S 교수와의 인터뷰, 微信, 2022. 1. 13.).《환치우스바오》의 사설에서 언급했던 한류 문화콘텐츠의 중국 방영은 사드 배치 이후 현저히 감소하였고 한국 유명 배우들의 중국에서의 활동량도 줄어들었으며 경상북도 성주의 사드 부지를 제공하여 중국의 경제보복 대상이 되었던 롯데그룹은 2018년 4월 화베이 지역의 21개 점포는 위메이에 매각하고 화둥 지역의 74개 점포를 리췬에 매각하면서 중국에서의 대형마트 사업을 중단하였다(김영문, 2018). 그리고 현대자동차는 사드 배치로 인한 중국인들의 한국에 대한 반감과 중국 로컬 업체들의 저가 SUV에 효과적으로 대응하지 못하면서 중국에서의 판매량이 사드가 배치되기 전인 2016년에 비해 3분의 1로 감소하였다(류지영, 2021: 30). 특히 중국인들의 한국에 대한 호감 유지에 도움을 주었던 한류로 일컬어지는 한국의 대중문화 콘텐츠들의 중국 TV와 인터넷에서의 방영이 줄어들면서 일부 중국인들은 한국에 대한 호감을 유지하기 어렵게 되었다. 이와 함께 도널드 트럼프의 미국 공화당 행정부에서의 미중관계의 악화도 일부 중국인들의 한국에 대한 불편한 감정을 유발하는 계기가 되었다. 트럼프 행정부는 중국의 주요 IT 기업들인 화웨이, 중싱에 대한 제재와 중국 제품들에 대한 관세 부과를 시행하였고 중국이 미국 기업들의 기술과 특허를 훔치고 있다는 의혹을 제기하였다. 또한 2018년 12월 1일 캐나다 연방정부가 미국의 요청으로 화웨이의 이란과의 거래와 관련해서 화웨이 부회장인 멍완저우孟晩舟를 체포하고 미국이 멍완저우의 중국으로의 귀국을 막으면서 화웨이를 강하게 압박하였다. 중국 중앙정부도 미국산 대두를 비롯한 미국의 대 중국 수출 품목들에 대한 고율 관세를 부과하였다. 다행히 2019년 12월 13일 미국과 중국은 1단계 무역 협상 합의에 도달하였고 2020년 1월 15일 미국과 중국은 1단계 무역 협상 합의에 서명하면서 양국의 무역 갈등은 더 이상 악화되지 않았다. 1단계 무역협상 합의에서 중국은 농산물, 공산품, 서비스, 에너지 등의 분야에서 향후 2년간 2,000억 달러 규모의 미국산 제품을 구매하고 미국은 2019년 12월 15일부터 부과할 예정이었던 중국산 제품 1,600억 달러에 대한 관세를 면제하고 1,200억 달러 규모의 중국 제품들에 부과해 온 15%의 관세를 7.5%로 인하하였다(연원호·정지현·양평섭·나수엽·윤여준·강구상, 2019: 5). 그러나 미국이 IT, AI 등의 미래 산업의 주도권을 좌우할 분야에서의 중국의 기술 진보를 견제하려는 흐름이 지속되고 있다. 미국의 지원으로 중국은 개혁개방과 WTO 가입, 비약적인 경제 성장을 할 수 있게 되었다. 그러나 트럼프 행정부에서의 미국과의 무역 분쟁, 기술 패권 경쟁으로 인하여 다수의 중국인들은 미국을 경계해야 할 국가로 생각하게 되었다(베이징 B대학 S교수와의 인터뷰, 微信, 2022. 1. 13.).

또한 중국 영화계는 한국전쟁에 참전하여 미군과 한국군과 맞섰던 중국 지원군의 실화를 다룬 〈장진호長津湖〉, 〈저격수狙擊手〉 등의 항미원조抗美援朝 영화를 중국 각지의 영화관에서 상영하면서 미국에 대한 대결 의지 강화를 유도하였다. 그로 인해 일부 중국인들은 미국의 오랜 동맹인 한국에 대한 호감을 유지하기보다는 한국도 유사시 미국과 연대하여 중국을 곤란하게 할 수 있는 가능성을 염두에 두게 되었다. 또한 이들 중 일부는 중국과 한국 간의 이견이 발생하는 이슈들에 대한 보도를 접하게 되면 한미관계와 연계된 한국에 대한 혐오와 반감을 표출하는 댓글을 올리기도 한다. 미국의 바이든 행정부도 대 중국 정책과 아시아태평양 지역에서의 동맹국들과의 안보 협력은 버락 오바마, 도널드 트럼프 행정부의 정책과 큰 차이를 보이지 않고 있다. 그로 인해 일부 중국 네티즌들은 한국과 미국, 중국이 이견을 보이고 있는 사드가 한국에 추가 배치될 경우 인터넷 공간에서 혐한, 반한 정서를 표출하게 될 가능성이 있다.

5. 결론

2013년 3월 시진핑 중심의 중국공산당 지도부의 출범 이후 중국의 혐한은 일부 중국 네티즌들과 중화주의와 애국주의 성향이 강한 중국 매스컴(《환치우스바오》, 《글로벌 타임즈》)의 자국보다 면적과 인구 규모가 작고 국력이 약하다고 생각되는 한국에 대한 투사적 혐오로 볼 수 있다. 이는 중국인들 사이에서 중국의 국제사회에서의 위상 제고, 중국 교육기관의 애국주의와 중화주의 교육에 따른 민족주의 정서와 한족 중심의 중국에 대한 우월 의식이 고조된 것과 연계되어 있다. 그리고 일부 중국 매스컴의 감정적인 보도, 한국 민간의 대 중국 멸시 및 경시에 대한 인터넷과 모바일에서의 중국 언론과 네티즌들의 반격, 한국의 사드 배치와 중국발 월경성 대기오염, 양국의 한복, 갓, 김치 등의 기원에 대한 한중 간의 이견, 미중관계의 변화에 따른 한미동맹에 대한 반감이 복합적으로 작용하여 확산되었다. 그리고 2022년 2월 4일부터 18일까지 중국 베이징에서 개최했던 제28회 동계올림픽은 개막식에서의 중국 측의 한복 착용 입장에 대한 한국 언론의 반발에 대한 중국 네티즌들의 반격, 한국과 중국의 경합이 치열한 종목인 쇼트트랙에서 한국 국가대표 곽윤기 선수의 중국 측의 판정 공정성에 대한 우려 및 문제 제기 대한 중국 네티즌들의 감정적인 댓글은 중국의 혐한 정서가 재발하는 계기로 작용하였다.

시진핑 시대의 중국의 혐한은 상술한 바와 같은 요인들로 인해 일부 네티즌들이 같은 정서를 공유하는 수준이며 현재 한국의 일부 청년들을 중심으로 발생하는 혐중, 반중 정서에 비해 심각하지 않다(중국 국가정보센터 R박사와의 인터뷰, 微信, 2022. 1. 16.). 그리고 대다수 중국인들은 한국과 한국의 대중문화에 대한 호감을 갖고 있고 혐한과 반한 감정을 가진 중국인들은 일부분에 불과하다(중국 국가정보센터 R박사와의 인터뷰, 微信, 2022. 1. 16.). 그리고 《환치우스바오》, 《글로벌 타임즈》를 제외한 대다수 중국 관영 매체들은 베이징올림픽에서의 쇼트트랙 판정 문제 발생 이후 한국을 자극할 수 있는 보도를 자제하고 있다. 그렇지만 2022년으로 수교 30주년을 맞이하는 한국과 중국이 향후 분야별 협력을 보다 안정적으로 진행하기 위해서는 중국의 일부 매스컴의 분별없는 보도와 혐한 정서를 표출하는 일부 중국 네티즌들의 언행 반복으로 인해 발생하는 중국의 혐한 정서를 완화할 방안을 모색해야 한다.

시진핑 시대의 중국의 혐한 정서를 완화하기 위해서는 우선 한국과 중국의 정부, 학계, 기업 및 언론이 객관적인 사실을 근거로 한 소통과 보도를 통해 서로에 대한 반감과 혐오가 발생하지 않게 관리하는 것이 필요하다. 특히 중국과 한국의 인터넷 포털과 커뮤니티, 언론사 인터넷 홈페이지들의 댓글창이 양국 간의 혐오와 반감을 주고받는 감정적 언쟁의 공간이 되고 있는 점을 주목할 필요가 있다. 양국의 주요 인터넷 포털과 커뮤니티, 언론사들의 인터넷 홈페이지에서의 댓글이 혐오와 반감을 유발하는 발언들의 공간으로 지속적으로 활용될 경우 중국의 혐한 정서, 한국의 혐중 정서를 완화하기 어려울 것이다. 이를 위해 한국과 중국의 중앙정부 차원에서 양국의 인터넷, 모바일 공간에서의 댓글창에서 다른 국가들에 대한 혐오 발언을 금지하는 입법이 필요하다. 인터넷, 모바일 공간에서의 혐오 발언 금지 입법은 양국 모두 국내 일부 전문가들과 네티즌들 사이에서 언론 자유를 침해한다는 반발이 발생할 가능성이 있다. 그렇지만 한국과 중국의 중앙정부는 인터넷과 오프라인에서의 혐오 발언에 대한 금지법안의 시행 없이 양국 민간의 혐오 정서의 확산을 통제하기가 쉽지 않다는 점을 자국의 국민들에게 주지시키면서 특정 국가에 대한 혐오 발언 금지법안의 입법과 실행을 추진할 필요가 있다. 또한 한국과 중국의 스포츠 관련 중앙정부 부처와 양국 체육회가 올림픽과 아시안게임, 월드컵 축구예선 등의 국제 스포츠 메가 이벤트에서 양국의 국가대표 선수들이 양국 간의 혐오 정서를 자극할 수 있는 세리머니와 반칙을 자제하는 협정을 체결하는 것도 필요하다. 2007년 선양 동계아시안게임부터 2022년 베이징 동계올림픽까지 한국과 중국 선수들 간의 치열한 경쟁이 진행된 쇼트트랙 종목은 일부 중국 네티즌들의 온라인에서의 혐한 발언의 원인으로 작용하고 있다(중국 H증권 B연구원과의 인터뷰, 微信, 2022. 2. 6.). 쇼트트랙을 비롯한 여러 종목에서 양국의 국가대표 선수들이 경기 중에는 승리를 위해 최선을 다해야겠지만 경기 전후 온라인과 오프라인에서 양국 국민들의 정서를 자극하는 언행을 자제하면 중국의 혐한, 한국의 혐중 정서를 완화하는 데 도움이 될 것이다.

그리고 한국의 일부 대학들의 중국 유학생들에 대한 부실한 관리와 처우도 일부 중국 언론의 대 한국 비판 및 혐한의 원인이 되고 있다. 각 대학의 국제교류처와 중국 유학생들이 재학 중인 학과들을 중심으로 중국 유학생들에 더 많은 관심을 가지고 그들의 한국에서의 안정적인 생활과 졸업 이후 진로 설정에 대한 구체적인 지도와 지원이 이뤄져야 한다. 그리고 한국의 각 대학에서 공부하고 있는 한중 청년들 간의 교내 교류 및 협력 프로그램도 기존의 문화 교류, 어학 공부, 각종 동아리 활동 외에도 양국의 학부생들, 대학원생들의 전공별 학술행사 및 토론의 활성화, 양국의 학생들의 창업 지원 프로그램의 확충 및 실행이 필요하다. 또한 코로나19 팬데믹에 따른 양국 간의 입국 후 일정 기간의 격리 조치가 완전히 해제된 후에는 한국과 중국의 민간의 협력 수요에 따른 상호 방문과 분야별 협력 프로그램들을 활성화하여 양국 간의 반감과 혐오 완화를 유도해야 한다. 아울러 한국과 중국의 중앙정부 부처 간의 협의와 양국 정상의 합의를 통해 한국과 중국의 영상콘텐츠 공동제작과 협력을 추진해야 한다. 한국의 자본이 중국의 지방정부 및 중국 로컬 영상콘텐츠 제작사와 협력하여 중국의 TV드라마, 극장 상영용 영화, 아이치이와 넷플릭스 등 OTT에 상영할 영화 제작을 지원하고 한국과 중국의 드라마, 영화 제작사들이 공동으로 드라마, 영화를 제작해서 한국과 중국의 관객들이 함께 시청할 수 있는 콘텐츠들을 점진적으로 증대해야 한다. 중국 국가대표 쇼트트랙 선수가 주인공인 스포츠 영화인 〈날아라, 빙판 위의 빛〉은 베이징시 정부 부서인 베이징시 라디오TV국北京市广播电视局의 지도와 베이징 라디오TV인터넷시청청취발전기금北京广播电视网络视听发展基金扶持项目의 지원을 받아서 제작되었다(曾胜玉, 2022). 그러나 이 영화의 제작 과정에서 한국에 대한 혐오와 반감을 유도할 수 있는 내용들이 베이징시 정부와 중국 중앙정부의 검열에서 삭제되지 않고 중국인들에게 공개되었다. 이는 중국의 지방정부의 지원을 받은 영화나 드라마에서 특정 국가에 대한 혐오와 반감을 유발하는 내용이 등장할 수 있음을 보여 주는 사례이다. 이러한 사례가 반복되는 것을 최소화하기 위해 한국과 중국의 중앙정부 관련 부처 간의 협의와 양국 정상의 합의를 통해 한국의 자본과 인력이 중국 주요 도시의 지방정부와 로컬 제작사들의 드라마, 영화 제작에 참여할 수 있게 해주는 것이 필요하다. 개혁개방 이후 한국과 중국이 영화와 드라마를 공동제작이 가능했을 때는 중국에서 한국에 대한 과도한 반감이나 혐오를 유발하는 드라마와 영화를 찾아보기 어려웠다. 그러나 한국의 사드 배치 이후 중국의 한국 문화콘텐츠에 대한 제한과 규제 시행으로 인해 한국과 중국 간의 영상콘텐츠 공동제작이 어려워졌다. 그리고 미국의 버락 오바마 행정부와 도널드 트럼프 행정부의 대 중국 견제와 미중 간의 기술 패권 경쟁으로 인해 중국에서 항미원조 영화들이 개봉되어 흥행하고 있고 한중 간의 쇼트트랙에서의 치열한 경쟁으로 인해 중국에서 OTT를 통해 혐한 영화가 방영되는 상황에 직면하였다. 항미원조 영화 붐과 혐한 영화 제작이 지속되면 중국의 혐한 정서를 완화하기 어려워지고 양국 청년들의 혐한과 혐중 정서의 인터넷 키보드 배틀도 근절할 수 없을 것이다. 그러므로 한국과 중국의 중앙정부가 한국과 중국의 영상물 제작 협력의 재개에 합의하여 영상콘텐츠로 인한 혐한 정서의 유발을 예방하고 한중 문화협력의 강화를 유도하는 것이 바람직하다.

참고문헌

강상중, 『내셔널리즘』, 이산, 2004

김범송, 「중국의 한류 열풍과 혐한류 현상에 대한 담론 -한중 언론의 한류 견해와 주장을 중심으로-」, 『한중인문학연구』 25, 한중인문학회, 2008

김종법, 「한류와 혐한의 문화갈등과 충돌의 경계넘기를 위한 제안: 동북아시아 혼종문화거버넌스 체제의 모색」, 『아태연구』 22/2, 경희대학교 국제지역연구원, 2015

김원곤, 「한·중 교류에 있어서 혐한감정 표출에 대한 분석」, 『중국학논총』 30, 한국중국문화학회, 2010

김영명, 「한국 민족주의의 쟁점: 개념과 과제」, 『한국정치외교사논총』 26/1, 한국정치외교사학회, 2016

김용환, 「혐오와 관용의 관점에서 "이방인(난민)" 바라보기」, 『가톨릭철학』 31, 한국가톨릭철학회, 2018

김태식, 「한중 문화산업 교류와 그 문제점에 관한 연구 - 정치·경제적 난제를 중심으로」, 『중국학』 74, 대한중국학회, 2021

고현범, 「누스바움의 혐오 회의론」, 『철학탐구』 43, 중앙대학교 중앙철학연구소, 2016

공봉진, 「중국 '신시대 애국주의'에 관한 연구 - '신시대 애국주의 교육'을 중심으로」, 『국제정치연구』 22/4, 동아시아국제정치학회, 2019

다키하라 모토아키, 정호석 역, 『한중일 인터넷 세대가 서로 미워하는 진짜 이유 불안형 내셔널리즘의 시대, 한중일 젊은이들의 갈등 읽기』, 삼인, 2007

박영배·박현지, 「인터넷을 통해 나타난 한국과 일본의 민족주의특성 및 해소방안」, 『일본근대학연구』 53, 한국일본근대학회, 2016

류석진, 「디지털 기억공간에서 민족주의가 발현되는 방식에 대한 연구-한중일 네티즌의 갈등사례와 정체성을 중심으로」, 『민족연구』 75, 한국민족연구원, 2020

류석진·조희정, 「온라인 공간의 민족주의적 갈등에 대한 연구: 게시판과 동영상 UCC를 중심으로」, 『사이버커뮤니케이션학보』 25/4, 사이버커뮤니케이션학회, 2008

류석진·조희정·박설아, 「온라인 신민족주의의 정치화 가능성: 한 중 일 온라인 갈등 유형과 확산 사례를 중심으로」, 『한국정치연구』 32/3, 서울대학교 한국정치연구소, 2013

안민호, 「SNS는 얼마나 동종애적인가? SNS와 오프라인의 정치적 동질성 비교 분석」, 『한국방송학보』 28/5, 한국방송학회, 2014

이승재, 「키워드를 중심으로 살펴본 중국 네티즌의 반한류 유발 요인과 제언: 티엔야논단(天涯论坛)을 중심으로」, 『커뮤니케이션학 연구』 25/5, 한국커뮤니케이션학회, 2017

이희진, 「한류콘텐츠 이용정도가 중국인의 혐한정서에 미치는 영향: 한류호감 한국인에 대한 긍정적 인식의 이차매개효과검증을 중심으로」, 『한국콘텐츠학회 논문지』 17/10. 한국콘텐츠학회, 2017

연원호·정지현·양평섭·나수엽·윤여준·강구상, 「미·중 무역협상 1단계 합의와 향후 전망」, 『KIEP 오늘의 세계경제』 19/28, 대외경제정책연구원, 2019

조성환, 「세계화 시대의 동아시아 민족주의: 신민족주의의 분출과 동아시아주의적 모색」, 『세계지역연구논총』 23/2, 한국세계지역학회, 2005

Amara Mahfoud, Sport, Politics, and Society in the Arab World. New York: Palgrave Macmillan, 2012

Bijie Bie & Andrew C Billings, ""Too good to be true?": US and Chinese media coverage of Chinese swimmer Ye Shiwen in the 2012 Olympic Games", International Review for the Sociology of Sport 50(7), 2015

Horne J & Whannel G (eds), Understanding the Olympics, London: Routledge, 2012

Kluver, Alan R., "New Media and the End of Nationalism: China and the

US in a War of Words", Mots Pluriels 18, 2001

Kennedy JJ, "Maintaining popular support for the Chinese Communist Party: The influence of education and the state-controlled media", Political Studies 57, 2009

Liang Shen, "Olympic Strategy, Nationalism and Legitimacy: The Role of Ideology in the Development of Chinese Elite Sports Policy in the First Reform Decade, 1978~1988", The International Journal of the History of Sport 37, 2020

Richard Arnold, "Nationalism and Sports: A review of the field", Nationalities Papers 49(1), 2021

Reilley, James., "China's History Activism and Sino-Japanese Relations", China: An International Journal 4(2), 2006

Rogers, E., & Bhowmik. D. K., "Homophily-Heterophily: Relational Concepts for Communication Research", The Public Opinion Quarterly 34(4), 1972

林辰, 「新时代中国特色社会主义文化自信的价值哲学维度」, 『学术交流』 291(6), 2018

김민정, 「혐오표현 규제와 자유」, 《미디어리터러시》, 2019 여름호

류지영, 「중국은 진심으로 한국과의 화해를 원하는 걸까」, 《서울신문》(2021. 3. 15.)

최유식, 「[최유식이 만난 사람] 안치영 인천대 중국학술원장이 보는 反韓·反中 정서」, 《조선일보》(2022. 2. 14.)

김남희, 「[베이징 2022] 다시 불붙은 대국·소국 논란…'작은 나라'는 아무 말도 못했다」, 《조선비즈》(2022. 2. 9.) [https://biz.chosun.com/internatio nal/international_general/2022/02/09/QLWVEMNPJ5FQ3NUEJXBCN KECVY/?utm_source=naver&utm_medium=original&utm_campaign=b iz](검색일 2022. 2. 11.)

김예랑, 「한국 선수가 반칙왕? 중국 쇼트트랙 영화 '눈살'」, 《한국경제》(2022.

2. 15.)[https://www.hankyung.com/international/article/2022021553917] (검색일 2022. 2. 13.)

김영문, 「중국에서 완전 철수한 롯데마트 스토리」, 《포브스코리아》 100[https://jmagazine.joins.com/forbes/view/321483](검색일 2022. 2. 9.)

박상후, 「중국, "역사왜곡"··· 반발」, 《mbc 뉴스》(2007. 2. 4.)[https://imnews.imbc.com/replay/2007/nwdesk/article/1495495_30657.html](검색일 2022. 2. 5.)

이주연, 「"감히 소국의 선수가…" 곽윤기에 쏟아진 욕설 테러, 대체 왜?」, 《국민일보》(2022. 2. 5.)[http://news.kmib.co.kr/article/view.asp?arcid=0016737919&code=61121111&cp=nv](검색일 2022. 2. 6.)

유병민, 「쇼트트랙 곽윤기, 일부 중국인이 보낸 욕설 메시지 공개」, 《SBS》(2022. 2. 5.)[https://news.sbs.co.kr/news/endPage.do?news_id=N1006629493&plink=SEARCH&cooper=SBSNEWSSEARCH](검색일 2022. 2. 11.)

유철종, 「'백두산 세리머니' 그 후 중국 네티즌들 "화성도 …" 보복성 패러디」, 《중앙일보》(2007. 2. 5.) [https://www.joongang.co.kr/article/2626177#home](검색일 2022. 1. 11.)

유철종, 「环球时报:准备买车和手机的中国人可绕开韩国品牌」, 《环球时报》(2019. 2. 28.)[http://www.ce.cn/xwzx/gnsz/gdxw/201702/28/t20170228_20567699.shtml](검색일 2022. 1. 11.)

环球时报, 「乱港声浪蔓延至韩国 中国留学生用事实反击」, 《新浪新闻》(2019. 11. 14.)[https://news.sina.cn/2019-11-14/detail-iihnzhfy9204463.d.html](검색일 2022. 1. 13.)

环球时报, 「社评:体育精神才是最耀眼的金牌」, 《环球网》(2022. 2. 10.)[https://opinion.huanqiu.com/article/46lRTYkbJ7c](검색일 2022. 1. 13.)

环球网, 「中国主导制定泡菜业国际标准，韩媒炸了:泡菜宗主国的耻辱」, 《新浪科技》(2020. 11. 28.)[https://finance.sina.com.cn/tech/2020-11-28/doc-iiznezxs4100936.shtml](검색일 2022. 1. 15.)

环球网微信公众号, 「中国演员纠正"帽子起源", 又是这个韩国教授跳出来了!」, 《环球网》(2021. 12. 8.)[https://world.huanqiu.com/article/45u9unAjUEA](검

색일 2022. 1. 15.)

李军·王伟, 「韩国这几天有点疯:中国大使馆前示威, 中国留学生遭嫌弃」,《环球时报》(2019. 3. 8.)[https://baijiahao.baidu.com/s?id=1627398010888970075&wfr=spider&for=pc](검색일 2021. 1. 12.)

夜听詑语, 「冬奥惊艳世界之后, 韩国人疯了-"中国人又「偷」我们东西啦!」,《网易》(2022. 2. 6.)[https://www.163.com/dy/article/GVHKIOVO0537B5O6.html](검색일: 2022. 2. 17.)

张静, 「中国官方驳斥"韩国雾霾来自中国", 韩媒却在坚持甩锅」,《环球时报》, (2018. 12. 29.)[https://world.huanqiu.com/article/9CaKrnKgqhD](검색일 2022. 1. 11.)

曾胜玉, 「《飞吧, 冰上之光》定档2月12日 草根外卖员逆袭逐梦冬奥」,《中国娱乐》(2022. 2. 8.)[http://ent.china.com.cn/xwtt/detail2_2022_02/08/3255969.html](검색일 2022. 2. 13.)

中华人民共和国教育部, 「统筹规划中华优秀传统文化和革命传统进中小学课程教材, 为学生成长培根铸魂-教育部印发《中华优秀传统文化进中小学课程教材指南》和《革命传统进中小学课程教材指南》」,《中华人民共和国教育部》 (2021. 2. 5.)[http://www.moe.gov.cn/jyb_xwfb/gzdt_gzdt/s5987/202102/t20210205_512630.html](검색일 2022. 1. 12.)

베이징 B대학 S교수와의 인터뷰, 微信, 2022. 1. 13.
중국 국가정보센터 R박사와의 인터뷰, 微信, 2022. 1. 16.
중국 H증권 B연구원과의 인터뷰, 微信, 2022. 2. 6.

동북아다이멘션 연구총서 9

동북아시아의 상호인식과 혐오

초판 인쇄 | 2022년 12월 1일
초판 발행 | 2022년 12월 15일

엮 은 이 원광대학교 한중관계연구원 동북아시아인문사회연구소
발 행 인 한정희
발 행 처 경인문화사
감   수 김정현 유지아 윤현명
교   정 손유나
편   집 이다빈
출판번호 406-1973-000003호
주   소 파주시 회동길 445-1 경인빌딩 B동 4층
전   화 031-955-9300 팩 스 031-955-9310
홈페이지 www.kyunginp.co.kr
이 메 일 kyungin@kyunginp.co.kr

ISBN 978-89-499-6672-4
ISBN 978-89-499-4821-8 (세트)
값 26,000원